旅游文化

主　编　王毓梅
副主编　闫海莹

西南财经大学出版社
中国·成都

图书在版编目(CIP)数据

旅游文化/王毓梅主编;闫海莹副主编.—成都:西南财经大学出版社,
2022.9(2025.8重印)
ISBN 978-7-5504-5431-6

Ⅰ.①旅… Ⅱ.①王…②闫… Ⅲ.①旅游文化—教材 Ⅳ.①DF590

中国版本图书馆CIP数据核字(2022)第125832号

旅游文化

LÜYOU WENHUA

主　编　王毓梅
副主编　闫海莹

策划编辑:李邓超
责任编辑:廖术涵
责任校对:周晓琬
封面设计:墨创文化
责任印制:朱曼丽

出版发行	西南财经大学出版社(四川省成都市光华村街55号)
网　　址	http://cbs.swufe.edu.cn
电子邮件	bookcj@swufe.edu.cn
邮政编码	610074
电　　话	028-87353785
照　　排	四川胜翔数码印务设计有限公司
印　　刷	郫县犀浦印刷厂
成品尺寸	185 mm×260 mm
印　　张	10.625
字　　数	252千字
版　　次	2022年9月第1版
印　　次	2025年8月第2次印刷
印　　数	2001—3000册
书　　号	ISBN 978-7-5504-5431-6
定　　价	35.00元

▶▶ 前言

虽然国内高校旅游管理专业教学层次较多，包括本科院校、高职高专本科、成人教育本专科、旅游从业人员培训，但是“旅游文化”课程的开设却具有普遍性，这源于旅游与文化之间的天然的紧密联系。旅游文化往往是与专业主干课相关联的旅游专业的基础课，课程内容丰富，涉猎面较广，对学生了解业界、提升文化素养和专业素养，提高旅游管理能力都有着重要意义。

2018 年 3 月，中华人民共和国文化和旅游部组建成立，文化和旅游部提出“以文促旅、以旅彰文”方针，进一步说明了文化旅游的重要性。在旅游开发中，我们应该注重文化旅游资源的开发，突出中国文化，展示中国文化，增强文化自信。在此方针的指导下，旅游工作者不仅要培养自我的文化素养，还应有对外展示、对外传播中国文化的能力。“文旅融合”为我国旅游发展指明了新的方向。文化和旅游虽然在历史上从来都是密不可分的，但是旅游文化作为一门交叉学科却长期面临着核心概念有争议、知识体系不清楚等问题，这给旅游文化的课程建设带来了极大的困难。在文旅融合的指引下，我们有必要重新审视文化和旅游的关系，明确新时期文化和旅游行业人才培养的创新方向，厘清旅游文化课程建设的新方向和新思路。

《旅游文化》作为旅游类专业的基础教材，其系统性、应用性和前瞻性尤为重要。2015 年 10 月国家旅游局、教育部联合出台了《加快发展现代旅游职业教育的指导意见》，其中指出要“加强普通本科旅游类专业，特别是适应旅游新业态、新模式、新技术发展的专业应用型人才培养”。本书在多次文旅行业调研、选题讨论、审题等的基础上，由成都银杏酒店管理学院、四川旅游学院 6 位教师共同探讨开发，是一本适合跨界融合、应用型旅游人才发展需求的本科教材。

1. 本教材的适用范围

本教材可作为应用型本科院校、高等职业院校旅游类、文化产业类、休闲类专业的课程教材，也可作为文化、健康、农业、体育、生态、考古、研学等行业从业人员的业务参考书和提升培训教材，还可供文旅相关部门的领导、专家和工作者参考。

2. 内容与结构

全书共分为七章：第一章是旅游文化的内涵；第二章是中国历史文化；第三章是宗教文化；第四章是中国建筑文化；第五章是中国古典园林；第六章是中国民族风情与民俗文化；第七章是中国饮食文化。全书遵循应用型本科既注重基础理论知识又强调实践操作能力的原则，结合我国文旅行业发展的实际，比较系统地阐述了旅游文化的内涵。

3. 本教材的特点

本教材紧跟我国文旅行业的发展现状和趋势，力求满足“旅游+”跨界融合人才的实际需要，具有较强的应用性、融合性、指导性。该教材具有以下两个显著特点：

第一，立足创新，理论联系实际，强调对现实问题的解读。本教材将知识学习与能力培养紧密结合，正文链接了丰富的资料，穿插了很多现实生动的与旅游文化相关的案例，同步设有案例实务训练，在拓展学习的同时，训练学生发现、分析和解决实际问题的能力。

第二，体例完整，按照学生认知规律来设计教学环节。在正文前设置了“学习目标”“引导案例”，在正文中设置了“小知识”“小贴士”，在正文后设置了“核心知识小结”“案例解析”“思考题”栏目，便于学生从不同的角度来掌握旅游学基础知识和理论，提升理论的应用能力和实践能力。

4. 编纂分工

本教材由王毓梅提出写作大纲，王毓梅和闫海莹拟订大纲，各章初稿的写作分工如下：

第一章：王毓梅（成都银杏酒店管理学院）；第二章：孙晓艳（成都银杏酒店管理学院）；第三章：王毓梅；第四章：张辉辉（成都银杏酒店管理学院）；第五章：李汶桐（成都银杏酒店管理学院）；第六章：张莞（四川旅游学院）；第七章：闫海莹（成都银杏酒店管理学院）。初稿完成后，由王毓梅对各章内容进行了修改、总纂和定稿。

5. 鸣谢

本教材参阅了国内外大量的相关研究成果，在书中我们都尽可能地做了说明，在此谨向原作者表示诚挚的谢意！最后，本教材由成都银杏酒店管理学院教材建设资金资助，感谢成都银杏酒店管理学院秘涛处长前后奔忙，为本教材顺利出版付出的辛苦，谢谢。

由于编者水平及资料所限，本书在内容、体例编排等方面尚有诸多不足之处，恳请同行和广大读者朋友们批评指正，以便今后再作修订和完善。

编者

2022 年 8 月 22 日

目录

第一章 旅游文化的内涵

■学习目标

- 了解文化的概念
- 了解研究旅游文化的意义
- 了解旅游文化的结构、功能和特征
- 掌握旅游文化的概念

■引导案例

文化是旅游的灵魂，创新是旅游的生命

2019年1月13日，由新华网主办的“第六届旅游业融合与创新论坛”在京举办。全国人大社会建设委员会委员、人民日报社原副总编辑谢国明在致辞时认为，文化是旅游的灵魂，创新是旅游的生命，融合是旅游的方向。推进文化与旅游的融合与创新，对于保持经济持续健康发展、满足群众对美好生产的向往，具有积极作用。

谢国明表示，旅游可以开阔视野、饱览山河之壮阔，文化可以深化对山河的认识，提升人文素养。旅游与文化融合，有助于传承文明、提高修养，培养家国人文之爱。没有文化为魂，旅游就是简单的游山玩水。“‘行万里路，读万卷书’，中华民族自古就把旅行与读书等量齐观，相得益彰。”

“创新是旅游的生命。”谢国明说，名山大川，是亿万年的客观存在，但是，打开名山大川的方法、观赏名山大川视野，可以而且必然随着时代的脚步而不断创新。比如，登山，过去只能攀爬，后来发展了缆车，还有低空飞行游览观赏。“没有创新，名山大川永远只能用脚步丈量。有了创新，为名山大川的游览观赏提供了新的视野、新的体验，延续和拓宽了名山大川的旅游生命。”

“融合是旅游的方向。”谢国明说，这是一个跨界的时代，也是一个融合的时代。跨界就是把不同领域、不同界别的事物融合起来共谋发展。文化和旅游融合发展，是方向，是路径。推进文化与旅游融合，在传承传统历史文化的同时，不断注入崭新的时代内容。讲好中国故事，特别是当代中国故事，拓展文化旅游融合的广阔空间，使文化和旅游呈现出多层面、多领域相互融合的态势，文化和旅游发展相得益彰，经济效益和社会效益并举。

（资料来源：https://baijiahao.baidu.com/s?id=1622530985991665712&wfr=spider&for=pc）

第一节　旅游文化的概念

一、旅游的概念

旅游，从字面上理解，包括旅行和游览两种行为。“旅”是旅行、外出，即为了实现某一目的而在空间上从甲地到乙地的行进过程；“游“是外出游览、观光、娱乐，即为了达到这些目的所做的旅行。

英文中的“旅游”（tour）源于拉丁语的“tornare”和希腊语的“tornos”，其含义是“车床或圆圈；围绕一个中心点或轴的运动”。这个含义在现代英语中演变为“顺序”，后缀“-ism”被定义为“一个行动或过程，以及特定行为或特征”。而后缀“-ist”则意指“从事特定活动的人”。词根“tour”与后缀“-ism”和“-ist”连在一起，指按照圆形轨迹的移动。所以旅游指一种往复的行程，即指离开后再回到起点的活动；完成这个行程的人也就被称为“旅游者（tourist）”。

关于旅游的概念，目前学界依然存在很多分歧，综合国际旅游组织和各学派的定义，旅游的定义基本上可以划分为两类：概念性定义和技术性定义。

（一）概念性定义

概念性定义也被称为理论性定义，是从理论抽象出发而下的定义，旨在提供一个理论框架，用以确定旅游的基本特点以及将它与其他类似的、有时是相关但又不相同的活动区分开来。国际上普遍接受的“艾斯特定义”，是1942年由瑞士学者汉泽克尔和克拉普夫提出的。其认为，旅游是非定居者的旅行和暂时逗留而引起的现象和关系的总和，这些人不会导致长期定居，并且不牵涉任何赚钱的活动。

（二）技术性定义

技术性定义也被称为实务性定义，是人们出于某些实际工作需要，特别是出于旅游统计工作的需要，而对旅游做出的比较具体的定义。各种旅游技术性定义所提供的含义或限定在国内和国际范畴上都得到了广泛应用。技术性定义的采用有助于实现可比性和国际旅游数据收集工作的标准化。目前普遍使用的是世界旅游组织和联合国统计委员会推荐的技术性定义：旅游指为了休闲、商务或其他目的离开他们的惯常环境，到某些地方并停留在那里，但连续不超过一年的活动。

二、文化的定义

在中国，“文化”一词古已有之。中国古代典籍《周易·贲卦》中的“观乎天文以察时变；观乎人文以化成天下”，这大概是中国人论述“文化”之始，但其中“文化”一词尚未连在一起。西汉时期，“文化”一词才正式出现在刘向的《说苑·指武》：“凡武之兴，为不服，文化不改，然后加诛。”晋代典籍《补亡诗·由仪》中也讲“文化内辑，武功外悠”。在这些句子中，“文化”是国家的文教治理手段，与武功相对应，是文治教化的意思，含有修养、教养、德行以及与之相关的一些东西，与现代所讲的“文化”相差甚远。

现代汉语中所讲的“文化”一词是从日文转译而来，源于拉丁文“cultura”，相当于英语中的“culture”和德语中的“kultur”，其原意为耕种、栽培、教育、教养、修养、祭拜等，后来引申为物质生产与精神创造。自从19世纪人类学、社会学和文化学等与文化有关的科学兴起之后，关于文化的定义就层出不穷。据有关学者统计，国外关于文化概念的表述至少有250种。

文化学奠基者、“人类学之父”泰勒（E. B. Tylor）在1871年出版的《原始文化》一书中将“文化”定义为：文化是“由知识、信念、艺术、伦理、法律、习俗以及作为社会成员的人所需要的其他能力和习惯所构成的综合体”。

《苏联大百科全书》将文化概念做了广义和狭义的区分：认为广义的文化，“是社会和人在历史上一定的发展水平，它表现为人们进行生活和活动的一种类型和形式以及人们所创造的物质和精神财富”；狭义的文化“仅指人们的精神生活领域”。

《大英百科全书》将文化概念分为两类：第一类是一般性定义，即文化同于“总体的人类社会遗产”；第二类是多元的、相对的文化概念，即“文化是一种渊源于历史的生活结构的体系”，包括“语言、传统、习惯和制度，包括有激励作用的思想、信仰和价值以及它们在物质工具和制造场中的体现”。

《中国大百科全书·社会学卷》对文化的定义是：广义的文化是人类创造的一切物质产品和精神产品的总和；狭义的文化专指语言、文学、艺术以及一切意识形态在内的精神产品。

虽然不同学科、不同民族对文化的定义有不同的理解，存在一定的差异，但是从上述关于文化的种种定义中，依然可以看出人们对文化的理解存在一定的共性。

第一，文化是人类进化过程中衍生出来或创造出来的。自然存在物不是文化，只有经过人类有意无意加工制作出来的才叫文化。

第二，文化是共有的。文化是人类共同创造的社会性产物，它必须被一个社会或群体的全体成员所共同接受和遵循。

第三，文化是后天习得的。文化是后天习得的经验和知识，并通过人类创造的物质产品和精神产品体现出来，而非先天的遗传本能。文化的一切方面，从语言、习惯、风俗、道德直到科学知识、技术，都是后天习得的并借助各种物质或精神载体表现出来。

三、旅游文化的概念

（一）旅游与文化的关系

旅游与文化两者密不可分。文化是旅游的灵魂，是旅游资源的魅力所在，是旅游主体的出发点和归宿点，是旅游业兴旺发达的源泉。旅游是文化的载体，以旅游为媒介有利于挖掘文化、丰富文化、优化文化和保护文化。旅游与文化相辅相成，相得益彰。

1. 旅游的文化属性

旅游活动从本质上讲是一种文化活动。无论是旅游消费活动还是旅游经营活动，都具有强烈的文化性。只有挖掘出文化内涵，它才会具备吸引旅游者的魅力。正如孙尚清指出的，“旅游在发展的一定阶段时经济——文化产业，在发展的成熟期是文化——经济产业”。此言透彻地阐明了旅游与文化关系的密切程度。

（1）旅游主体的文化本质。旅游作为一种跨时空的消费活动，它的广泛出现是经济发展驱使的结果，但一个人能否成为旅游者更需要内在的动因。正如先秦思想家墨子所讲，“食必常饱，然后求美；衣必常暖，然后求丽；居必常安，然后求乐”。人类在基本生存需求满足之后，随着收入的增长，必然会追求更高的物质享受和精神享受。但是，旅游活动是文化驱使的结果。从历史发展的观点看，经济发展固然为社会进步提供了物质基础，但是社会发展最根本的是社会文化与观念的革命。二战以后世界范围内旅游活动的兴盛，从客观条件看，是全球经济恢复、繁荣的结果；从深层次看，是文化观念转变的结果。

（2）旅游客体的文化含量。旅游资源按基本成因和属性，大致可分为自然资源和人文资源两大类。人文旅游资源，无论是实物形态的文物古迹还是无形的民族风情、社会风尚，均属于文化的范畴。由各种自然环境、自然要素、自然物质和自然现象构成的自然景观，只有通过人为的开发利用，才能由潜在旅游资源变为现实的旅游资源。即使是自然美，也必须通过鉴赏来反映和传播，而鉴赏是一种文化活动。因此，自然旅游资源同样也具有文化性。

（3）旅游媒体的文化特征。旅游者以追求精神享受为目的，可以说是文化消费者。因此，旅游业的核心产品是文化产品或文化含量高的产品，旅游经营者只有为消费者提供高质量的文化产品，才能从交换中实现盈利的目的。在市场经济条件下，旅游资源的开发者不仅要了解旅游资源本身的特征和功能，还必须了解游客所追求的文化特征，开发出满足各类旅游者的文化旅游产品。旅游业的文化特征还体现在各旅游部门的运行过程中，如现代旅游饭店已不是简单地提供膳食的场所，而是集膳宿、社交、娱乐、审美等功能于一体的综合性场所。因此，一个优秀的饭店，有必要不断提高餐饮、客房、娱乐等环节的文化品位，有必要培养和提高服务人员的文化素养，有必要提供有情调的个性文化服务。

2. 文化的旅游功能

旅游的文化性是其产业特殊性的集中表现。文化既是旅游业的物质资源基础，又是它的精神动力支撑。

（1）文化的本质决定了文化的旅游功能。文化作为人类劳动和智慧创造的结晶，贯穿着人类发展和演化的整个过程，从而构成了世界丰富多彩的文化类型及其内涵。这些异彩纷呈的文化现象，其特质有三个：第一，文化是人的创造物，而不是自然物，它是一种社会现象，而不是自然现象。比如，原始的名山大川等自然物不是文化，但经过人们的智慧进行设计加工后所产生的园林、景观则是一种文化，从而使旅游产品和文化融为一体。第二，文化是人类社会活动所创造的，为社会所普遍享用，具有强烈的大众性，从而为广大游客的参与提供了可能。第三，文化不是游离存在的，它体现在人们社会实践活动的方式之中，体现在所创造的物质产品和精神产品中。比如中国的长城、埃及的金字塔体现了文化，不在于它们的外在建筑材料，而主要在于它们所体现的人类的科技水平和成就及其审美观念，这些极大地扩充了旅游的文化含量。

（2）文化的基本类型决定了文化旅游资源的存在形式。从广义的文化概念来讲，每种文化都存在三个方面的要素：一是文化的物质要素，也是文化的物质实体层面，一般称为物质文化，正是这种物质层面的文物遗址，为我们发展旅游提供了大量的文物古迹和历史遗存。二是文化的行为要素，也是文化的行为方式层面，一般称为行为文化，其为旅游业提供了多样化的民俗风情。三是文化的心理要素，也是文化的精神观念层面，一般称为精神文化、心态文化或观念文化，如宗教情绪、道德情操等，都是极具吸引力的旅游资源。

从文化的分类来看，依据不同的标准，可以划分出不同的类型。从旅游的视角出发，可分为主体文化、客体文化和媒体文化；从范畴和时间的角度考量，可分为外来文化和本土文化、历史文化和现代文化；以文化的物质载体为依据，可分为山文化、水文化等。所有这些，都是文化多样性的表现形式。从旅游开发建设的角度看，要依据各种不同的文化类型，以不同的视角去考虑和发掘各种资源的文化内涵，构建特色鲜明的旅游产品。

（二）旅游文化的定义

虽然旅游与文化的密切关系很早就为一些人所认识，但是“旅游文化”一词最早是由美国旅游学家罗伯特·麦金托什和夏希肯特·格波特提出来的。1977 年他们合著的《旅游学》中便使用了“旅游文化”一词作为标题。而在中国，1982 年出版的《中国大百科全书·地理学·人文地理》最先使用这一概念。但这两本书上并没有对这一名词做出界定，只是简单阐述了旅游与文化的关系。

目前世界各国学者对“文化”这一概念的表述有很大的分歧，导致了大家对“旅游文化”产生了不同的认识和解释，它的内涵和外延都还停留在探讨的阶段。总的来说，学者们对旅游文化的表述，大致有下面三种类型：

第一类认为，旅游文化是与旅游有关的物质财富与精神财富的总和。它是人类过去和现在所创造的与旅游活动紧密相关的精神文明与物质文明。有的学者还进一步指出，它包括两方面的内容：一是广义的，举凡旅游路线、旅游途中、旅游景点上一切有助于增长旅游者文化知识的物质财富和精神财富，都属于旅游文化的范畴；二是狭义的，举凡一切能够使旅游者在旅途中舒适、愉快并能提高旅游文化素质的物质财富和精神财富，也都属于旅游文化的范畴。这两个旅游文化的概念既有联系，也有区别。前者，我们要求弘扬民族优秀文化；后者，我们要求加速旅游事业的现代化。

第二类认为，旅游文化是旅游主体、旅游客体和旅游媒介相互作用的结果。它不是旅游和文化的简单结合，而是旅游主体（旅游者的文化需求和情趣）、旅游客体（旅游资源的文化内涵和价值）、旅游媒介（旅游业的文化意识和素质）三者相互作用所产生的物质和精神成果。具体地说，“潜在的旅游者由于受到旅游动机的冲击和旅游客体的吸引，在旅游业的介入下，实现了旅游，在旅游过程中产生了欢快愉悦的心理状态和审美情趣，这种心态和情绪是旅游三要素中任何一个要素都没有的，这就是旅游文化最初和最核心的部分”（冯乃康《旅游资源与旅游文化》）。因此，旅游者处于旅游文化的中心位置，旅游者在旅游活动中所显示出来的特殊的欣赏取向、审美情绪、心理状态及其文字、形象的记载，构成了旅游文化的主要内容。

第三类认为，旅游文化是旅游生活的一种文化形态，是旅游这一独特的社会现象体现出来的文化内涵。它是由旅游者与旅游从业者在旅游活动中共同创造的，说得具体一点，就是旅游者或旅游服务者在旅游观赏中或服务过程中所反映出来的观念形态及其外在表现。

这三类定义从不同角度揭示了旅游文化的本质属性。本教材倾向于“旅游文化是与旅游有关的物质财富与精神财富的总和”这一定义。因为该表述简洁明了，内涵具体，包含的内容也很宽泛，避免了把对旅游事业有用的文化知识排除在外的消极后果。在这一定义的基础上，可以把旅游文化表述如下：旅游文化是人类过去和现在创造的与旅游关系密切的物质财富与精神财富的总和。凡在旅游活动过程中能使旅游者舒适、愉悦、受到教育，能使旅游服务者提高文化素质和技能的物质财富和精神财富，都属于旅游文化的范畴。

延伸阅读

清明上河园：文化与旅游深度融合 走出独特发展之路

1998 年 10 月 28 日，开封市第一个由民营控股、政府参股的旅游企业清明上河园（以下简称“清园”）正式开园迎宾，今年，这个活化的“清明上河图”已历经二十年运营。潮涌二十年、筑梦新时代，清园紧抓改革开放的机遇，不断创新景区产品、提升景区管理、完善景区服务，创造了全国旅游业界称颂的“清明上河园现象”。

清明上河园是以宋代画家张择端的传世作品《清明上河图》为蓝本，并在《清明上河图》的故地八朝古都开封，按原图 1∶1 的比例复原再现的大型主题公园，是河南省第一家通过旅游演艺、剧目表演来展现宋文化历史内涵的景区。1998 年开园初期，清园便以“宋文化”为生命和灵魂，将“一朝步入画卷，一日梦回千年”作为永久的座右铭。从此，在开封这片历史厚重、文化出彩的土地上，清园茁壮成长，创造着一个个旅游传奇。

二十年来，清园始终坚持对中国传统文化的保护、传承和弘扬，始终坚持走市场化之路，坚持规范的企业化运营。通过不断摸索和创新，景区逐渐形成了大型剧目震撼化、中型剧目精品化、小型剧目景观化的立体表演体系。在静态景观中，融入活化的历史，赋予人文景区源于历史又高于历史的不一样的灵魂温度。

开业初期，清园即引进宋韵十足的民俗演艺，恢复再现了喷火、斗鸡等众多民间技艺，深度挖掘了吹糖人、捏面人、木版年画等非物质文化遗产，不仅活化了《清明上河图》，也开创了河南旅游演艺的先河。2005 年，景区推出二期工程，将《清明上河图》向皇家园林延续，扩大了景区的文化内涵。2008 年 4 月，景区投资 1.35 亿元推出大型水上实景演出《大宋·东京梦华》，其深厚的人文内涵和绚丽多彩的舞美表现，深受游客喜爱，现已成为河南文化的知名品牌，夜游开封的亮丽名片。

面对旅游大众化时代，清园在践行“文化+旅游”的同时，持续加大旅游服务设施及景观的投资力度，并延伸出“文化+餐饮”“文化+购物”“文化+住宿”的发展新模式。通过多年的持续投入、提升改造和转型升级，景区的服务设施、接待水准得到了极大改善，产业链条也随之延长，实现了由单一门票经济模式向旅游综合经济模式的转变。探索清明上河园 20 年来的成功“秘诀”不难看出，通过差异化、精品化、市场化的经营策略和不断提升的景区文化内涵，打造出不可复制的旅游强势品牌，是清明上河园永不衰老的核心竞争力。

（资料来源：https://www.sohu.com/a/285734074_100230048）

第二节　旅游文化的结构、特征与功能

一、旅游文化的结构

目前，学术界对旅游文化结构的理解，由于角度不同、标准不同，因此观点各异，纷繁复杂。归纳起来，主要有以下几种：

（一）按照现代旅游业的三大基本要素划分

卢云亭先生从现代旅游业的三大要素出发，将旅游文化分为旅游主体文化、旅游客体文化和旅游介体文化三部分。

旅游主体文化是与旅游者的思想观念、心理特征和行为方式有关的文化，它包括旅游者自身的文化素养、兴趣爱好、性格心理、行为方式，旅游者的政治主张、思想和信仰以及旅游者的职业、生活背景等。面对同一旅游客体，为什么不同年龄段、不同知识层次的旅游者认知不同，甚至差异很大，这就与旅游主体文化有关。例如看庐山，有人认为是山，有人认为是峰，雄姿各不相同，具有哲学视野的苏轼在《题西林壁》中写道，“横看成岭侧成峰，远近高低各不同”，这在很大程度上就是旅游主体文化的差异所致。

旅游客体文化是与旅游资源关系密切的文化，主要包括旅游历史文化、旅游地理文化、旅游饮食文化、旅游服饰文化、旅游园林文化、旅游建筑文化、旅游宗教文化、旅游民俗文化、旅游娱乐文化、旅游文学艺术以及人文化的自然景观等。

旅游介体文化是联系旅游主体与客体，与旅游供给、旅游产品关系密切的文化，包括旅游餐饮文化、旅游商品文化、旅游服务文化、旅游管理文化、旅游文化教育、旅游政策和法规、导游文化和其他旅游中介文化等。

（二）按照文化的结构模式划分

旅游文化是文化大系统中的一个子系统，旅游文化的产生与发展必然建立在一般文化的基础之上。于是，一些学者直接套用文化的结构模式，将旅游文化分为旅游物质文化、旅游制度文化和旅游精神文化。

旅游物质文化也称为旅游文化的物质层面，指蕴藏丰富文化意义的自然景观和人文景观及其附加的必要的旅游设施，以及为旅游者服务的交通工具、酒店、餐馆和其他设备，如建筑、园林、古人类文化遗址、雕塑等景观景物以及旅游商品等。

旅游制度文化也称旅游文化的制度层面，包括政府和旅游行政主管部门、旅游行业协会及旅游企业所制定的各种有关旅游的法律、法规、规定、办法、管理制度以及旅游活动中的各种社会规范和约定俗成等，如旅游法律法规、导游管理条例、旅游行业自律公约等。

旅游精神文化也称旅游文化的精神层面，包括蕴含于旅游主体的旅游活动，旅游中介经营管理活动中的特定文化心理、价值观念和思维方式等精神内涵，以及引导、影响人们旅游实践的直接和间接地在旅游实践中抽象出来的价值观、审美情趣、思维方式等，如旅游主体形象广告等，人们经常可以从大众传媒中看到反映旅游目的地形象的广告语，如“七彩云南”“天下四川，熊猫故乡”“浪漫之都，时尚大连”“美丽乡村，梦里故乡，江西婺源”“记忆中原，老家河南”等。它们均属于旅游精神文化范畴，能唤起旅游者的无限遐想，吸引旅游者前往旅游。

旅游文化的物质、制度、精神三大要素不是孤立的，而是相互交织渗透，共同组成旅游文化这一复合体。它从简约发展到丰富，不断传承，并在一定的时空中嗣续。

（三）按照旅游文化的主体和旅游交换的过程划分

考虑到旅游文化的两个主体和旅游交换的过程，可将旅游文化分为旅游消费文化和旅游经营文化。

旅游消费文化包括旅游消费行为文化和旅游审美文化。旅游消费行为文化主要研究文化和亚文化对旅游者旅游态度、旅游动机、旅游决策模式以及具体消费行为的影响过程、机理和具体表现形式；旅游审美文化则探讨旅游审美文化特征和基本类型以及不同文化时空下旅游审美活动的演变等。

旅游经营文化可按照经营活动对象和范围的不同分为三个层次：一是旅游产品经营文化，亦称旅游产品开发文化，指旅游资源转化为旅游产品的过程，内容包括旅游资源文化特质分析，旅游产品的文化规范、塑造和表现方法；二是旅游企业经营文化，指旅游企业围绕国际化、人性化、个性化三大目标，在显在和潜在层面上的文化建设；三是旅游目的地经营文化，包括目的地旅游整体形象的确立与宣传、适于旅游发展的文化环境营造、旅游对当地社会文化的冲击和这种冲击对旅游业的影响、旅游目的地可持续发展中的文化调适等。

二、旅游文化的特征

旅游文化是一种特殊的文化系统。由于内容的博杂，其特点也就在很多方面表现出来。普遍性的特点主要有以下几点：

（一）综合性

首先，旅游文化种类繁多。它不仅包括与旅游过程中吃、住、购密切相关的饮食文化、建筑文化、美术等，还包括从不同层面、不同角度反映民族传统文化心理结构的文学艺术、宗教信仰、民俗风情等。

其次，旅游文化表现形态多样。旅游文化既有物化形态十分明显的文物古迹、美术作品，也有表现在意识形态领域中的道德观念、宗教信仰等。比如，通过分析一幅图画，我们不仅可以看到中国传统的绘画艺术风格，还可以从中窥见典型的人文心理世界；我们也可以通过一尊关公塑像向游人介绍中国人的道德观念、信仰标准。

旅游文化综合性的另外一种表现是它内涵上的杂糅性。一个民族的旅游文化是长期历史积淀的结果，在其形成的过程中或综合了古今而博大精深，或杂糅了中外而独具特色。例如中国的佛教吸纳了中国儒、道思想，具有相当显著的中国特色。

（二）民族性

每个民族都有自己的民族文化。旅游文化的民族性就是这个民族的精神、性格和共同心理素质在旅游文化中的体现，也是与其他民族旅游文化的差异所在。不同民族的旅游文化观念和行为模式是不同的。如从旅游性格上看，中国旅游者大多比较内敛稳健。西方旅游者大多比较外向和具有冒险精神；中国人旅游注重内心感受，而西方人则看重旅游的求知价值，充满科学精神。而在中华民族内部，又有汉族与各少数民族的差异。民族性是旅游文化的独特个性，是吸引旅游者的魅力所在。抹杀或者对本民族的特色视而不见不仅不利于保持本民族的特色，久而久之也会失去对外族的吸引力。从某种意义上说，民族性是旅游文化的“灵魂”。

（三）地域性

作为文化复合体的旅游文化，是众多特定地理范围空间的文化产物，不论是历史传承还是空间移动扩散，都离不开特定的地域。从历史上看，人的地域行为之历史过程可远溯至游牧生活时代，地域行为深深地扎根于人类的进化史中，人们喜爱并且不愿离开自己及种族生活的地域。正所谓“十里不同风，百里不同俗”“一方水土养一方人，一方人孕育一方文化”，因而世界上才有两河流域文明、玛雅文明、希腊文明、尼罗河文明。我国地域广袤，历史悠久，人口众多，资源丰富，特色突出。因而我国的东西、南北之间在地形、气候、生物、历史等方面存在明显的差异，旅游文化的地域性特色非常明显。大体上以大兴安岭—燕山山脉—鄂尔多斯高原—六盘山地—青藏高原东缘—中缅边界西线为界线，我国在人文景观方面可以分为东西两部分，东部以汉族文化为特色，西部以少数民族文化为特色。东部是汉族的发祥地和集中分布区，数千年来，汉族兼收并蓄，创造了汉字、汉语、汉医、汉药、汉服等博大精深的汉文化，并使汉文化成为中华文化的主体。西部是我国少数民族的主要分布区，自然条件差别大，加上民族构成不同，因此西部在风俗习惯、节日庆典、宗教信仰、文学艺术、生产生活以及食、穿、住、行、乐等方面与东部有很多不同。这些由不同区域、不同空间形成的差异，无疑丰富了旅游文化的内容，增强了对旅游者的吸引力。

（四）传承性

传承性是从纵向、时间角度而言，与旅游文化地域性的横向、空间角度相对应。任何文化景观都是人类文化长期历史演变的结果。文化积淀，也说明了旅游文化有自身的文化层，是逐渐演变进化而来的。旅游文化的传承性，可以说在物质层面、制度层面和观念层面上都有体现。

从旅游文化的物质层面来说，现存的自然景观如名山草地、海洋湖泊一般都带有人类旅游文化的印记，人类把自身的烙印打在这些自然物上面，使后来的一代代旅游主体不是单纯地欣赏自然美；而现存的人文景观，既有古代社会留下的遗址遗迹，又有在古代建筑风格样式等影响下陆续构建的仿古建筑，凝结着古人的旅游观赏心理。

从旅游文化的制度层面来说，历史上陆续产生的旅游文化传统规则，仍不同程度地为后人所效法、运用。如古代中国记述山水名胜的书籍，自《禹贡》《山海经》始，到《水经注》《方舆胜览》等，从《洛阳伽蓝记》到《茅山志》，以及旅行名著《法显传》《大唐西域记》《徐霞客游记》等，都保存了古人旅游的一条不成文的制度。又如英国旅行代理商托马斯·库克开创的团体旅游和旅行业务，也作为一项不断发展的制度而体现了特定的旅游思想，为人们广泛继承，并在此基础上派生和增加。

从旅游文化的观念层面来说，有不少宝贵的旅游文化观念仍启迪着一代又一代的后来者，也有不少未必值得继承的相关观念影响着人们，如古代中国与西方都有的修身旅游观、相沿至今的宗教朝圣旅游观等。

旅游文化的传承性虽不全以人的意志为转移，但是，在现代旅游文化观念支配下的人类，却应该并且能够摆正对传统的态度，兴利除弊，推陈出新，在对各种旅游文化要素的选择、吸纳与加工融合中继承人类各民族的精华，从而开拓旅游文化的新视野。

（五）时代性

如果说我国古代旅游文化具有农耕经济条件下求稳、内向、保守等特征（如汉族明清古居外实内虚、高墙围合），近现代旅游文化则是在机器大生产条件下的商品经济开放性、流动性的延伸。那么，当代旅游文化则具有经济全球化、全球一体化背景下前所未有的国际性、融合性、广泛性和多样性以及个性、开放、活力的风格。

从旅游主体构成看，古代主要是帝王将相、皇亲国戚、达官贵人等上层贵族，现代则是普通大众，时代性特征同样非常明显。对于同一旅游客体而言，由于旅游审美的标准不同，可能并不被古人视为美景的景观，在现代却有可能被赞不绝口。

（六）体验性

旅游活动是一种文化体验活动，旅游者通过身临其境的参与，感受到文化氛围，得到潜移默化的教育。旅游文化不同于一般文化的概念，它不是抽象的，而是具体的；不是观念性的，而是感性的、直接的。旅游者的消费和审美活动都是在旅游的过程中，通过视觉、触觉、听觉、感觉，全方位地调动人的感官系统去感受旅游环境的各种信息，获得美感享受和美感刺激，愉悦身心。旅游者对外部世界的接受功能，完全是通过他们积极主动地参与而实现的，是别人无法代替的。例如，我们没有到敦煌莫高窟之前，对它的了解是非常抽象的，只知道它是古老丝绸之路上的佛教艺术宝库。当我们深入大漠深处的莫高窟时，便产生了两种震撼：为在干旱、荒凉的大戈壁，竟然保存着这么一座精美辉煌的拥有一千多年历史的佛教艺术宝库，不仅是中华民族，而且也是全人类的文化遗产而感到骄傲；同时，我们通过参观亲眼看到，在许多艺术洞窟里，还留下了20世纪初西方艺术强盗们明火执仗地掠夺中国文物的痕迹，为此感到非常气愤。我们还为自20世纪30年代以来，几代中国艺术家们忍受着艰苦与孤独在荒漠中保护这些珍贵的文物而深受感动。如果不亲临敦煌耳闻目睹，则很难有上述体验。

延伸阅读

用旅游促进文化繁荣，在文旅融合中实现文化传承创新

当前，旅游凭借坚实的市场基础、多样的表现形式和丰富的精神体验，逐渐融入人们的日常生活。发展旅游可满足人的精神需求，提升人的精神境界，增强人的精神力量。如何更好地用文化引领旅游发展，用旅游促进文化繁荣，在文旅融合中实现文化的传承创新呢？

博物馆与旅游——打造城市的文化会客厅

博物馆与旅游发展密切相关。有人说，博物馆是历史的驿站、城市的文化客厅，当我们试图了解一座城市的历史沉淀和性格气质时，造访博物馆不失为一条便捷之路。从雄伟壮丽的故宫博物院、古韵十足的陕西历史博物馆，到天圆地方的上海博物馆、典雅时尚的苏州博物馆，再到北京通州大运河畔拔地而起的“运河之舟”——大运河博物馆，这些人们耳熟能详的博物馆已经成为所在城市的亮丽名片。无论是陈列展览、讲解服务，还是视频影像、文创产品，现代博物馆的重要功能之一都是让游客获得知识滋养、艺术熏陶和精神体验。当下，越来越多的博物馆将建筑、藏品、展陈等特色文化要素与表演、餐饮、购物等旅游服务要素有机融合，拓宽了博物馆的服务边界。

博物馆是发展城市旅游的重要引擎。博物馆和旅游的融合，不只局限于院墙之内，更可拓展至社区、景点、酒店、地铁、车站，乃至整个城市及周边地区。这不仅是物理空间的延伸，也是价值辐射的扩大。在苏州，游客跟随苏州博物馆“寻找唐寅的足迹”，畅游唐寅走过的九鲤湖，感受唐寅艺术创作的心路历程，体验“吴门画派”的文化内涵。在北京，游客在东城区体验“寻迹”“跃动”“腔调”“骑迹”等“故宫以东”系列主题旅游产品，跟随由艺术名家、非遗传承人、专家学者、老北京组成的“文化主理人”，体验地道北京味儿，品尝“琉璃如意”等颇具传统特色的精致下午茶。看热播剧《长安十二时辰》，到西安博物院打卡剧中人物；访河南博物院，偶遇《唐宫夜宴》中欢快灵动、翩翩起舞的唐朝少女。博物馆与城市旅游的同频共振、互促互荣，凡此种种不胜枚举。

乡村旅游——奏响乡村文化旅游交响曲

如果说博物馆是现代城市的历史沉淀，那么乡村则是传统文化的现代载体。广袤的乡村不仅承载着农业生产和农民生活，也是中华优秀传统文化的丰厚沃土。因此，旅游也在今天的乡村建设中发挥着越来越重要的作用，成为彰显乡村文化魅力、提升乡村文明、实现乡村振兴的重要途径。

从平原到山区，从东部到西部，传统乡土所留下的建筑形态、形成的社会风尚、蕴含的人文精神在乡村旅游中得以延续，借助现代表达形式激活了其生命力。通过发展乡村旅游，民房变客房、农事变体验、农园变景园、农产品变旅游纪念品；通过挖掘乡村田园风光、古建筑文化、地方风俗、特色美食，乡村文化以旅游为载体重焕勃勃生机。今天，伟大的脱贫攻坚精神、乡村振兴战略更加丰富了乡村文化内涵，进一步增强了乡村文化的影响力和感召力。

位于关中平原北部的咸阳市礼泉县袁家村，围绕关中民俗游，挖掘农业生产过程、农民生活习惯、农村传统民居的文化内涵，并将其贯穿于乡村旅游产品生产和消费各个环节，形成以乡村传统文化、传统民俗、传统建筑、传统作坊、传统小吃为特色的

"村落景区"。一排排富有关中特色的明清式建筑，一幕幕传统乡村社会的生活场景，一声声往来游客的南腔北调，合成一曲动人的文化旅游交响曲。

位于湖南湘西土家族苗族自治州的十八洞村，地处武陵山区腹地，祖祖辈辈靠田靠山吃饭。近年来，依托非遗项目苗绣，十八洞村成立苗绣特产农民专业合作社，推出"绣色十八洞"品牌，注册苗绣拉杆箱等国家专利；发展苗家腊肉、农家豆腐等特色餐饮；进行民居改造，实施改厨、改厕、改浴等"五改"；开发"三月""赶秋""过苗年"等传统节庆；成立游客接待服务中心，对"农家乐"实行统一接团、统一分流、统一结算、统一价格、统一促销的"五统一"管理模式；采用"企业+基地+贫困户+村集体"模式开展经营。乡村旅游成为传统村落焕发生机活力的重要动力。

乡村旅游的蓬勃发展不仅提高了农民收入、改善了农村生活，更重要的是，乡村文化得到了深入挖掘和有效活化，让游客在潜移默化中感受到了中国乡土文化的魅力。

旅游演艺——提供优秀传统文化的沉浸式体验

一段时间以来，兼具文化韵味和地方特色的旅游演艺项目受到游客喜爱。唐诗宋词、历史传说、戏曲武术……创作者们从中华民族浩瀚宏大的文化宝库中挑选最具本地特色的部分，以现代审美方式加以诠释，在高度还原旅游地文化符号和事象基础上，运用丰富的艺术形式创作出了富有感染力的旅游演艺作品。

从早期的《仿唐乐舞》《唐长安乐舞》，到后来的"印象"系列、"千古情"系列、"又见"系列，旅游演艺大多取材于地方文化，实景演出场地往往选在当地标志性景观附近，剧目演员大多是当地群众。在杭州，大型歌舞《宋城千古情》勾连起5 000多年的良渚文化和近1 000年的南宋文化；在武夷山，实景演出《印象大红袍》将大红袍的传说娓娓道来，诉说着一杯茶所带来的感悟；开封清明上河园的《大宋·东京梦华》选取8首人们耳熟能详的经典宋词，勾勒出北宋都城东京的历史画面；西安华清池景区的《长恨歌》以白居易传世名篇为蓝本，让观众感受到了浓郁的唐代历史文化。现代歌词旋律、现代舞台造型以及数字技术、数字交互、观演互动等现代科技创新应用，进一步丰富了旅游演艺的表现形式，增强了旅游演出的艺术性和感染力。旅游演艺让传统文化从静态观赏变为互动体验，观演者得以更加直观地感受旅游目的地的文化魅力。

"以文塑旅，以旅彰文"，文化和旅游的融合发展，需要充分发掘中华优秀传统文化，通过现代转化手段，将更多文化遗产、文化资源、文化要素转化为深受当下旅游者喜爱的产品和服务。这也说明，需要以旅游这种喜闻乐见的方式连接市场，不断丰富文化产品和服务的供给类型和供给方式，进一步提升文化的吸引力和影响力。除上述示例之外，国家文化公园、主题公园、红色旅游、历史文化名村名镇、历史街区、特色小镇乃至节庆、文创、主题酒店等诸多领域，同样具有广阔的拓展空间。

（资料来源：https://baijiahao.baidu.com/s? id=1712605354932718783&wfr=spider&for=pc）

三、旅游文化的功能

（一）凝聚功能

文化是人类联结和凝聚的纽带。生产方式、生活方式、传统习惯是影响人类聚、分的基础性东西，价值观念、思维方式、宗教信仰是影响人类聚、分的深层次东西。

旅游文化的这种凝聚功能是与其教化、认知、启智、愉悦功能密切联系、不可分割的。

（二）教化功能

旅游文化的教化功能无处不在、无时不在。就旅游介体而言，优秀的旅游企业文化，可以促使旅游从业人员树立崇高理想、培养高尚道德、净化自己的心灵，使人学到为人处世的艺术，学到进行生产经营及管理的知识、经验，从而提高人的能力。旅游主体看到风采各异的民族文化成就时，会为我们国家的民族大团结而深深感动；看到长城，会为我国古代人民的伟大智慧和团结力量所折服；看到故宫、秦陵时，会为中华民族精湛的建筑艺术和高超的工艺水平而由衷地感到自豪。

（三）认知功能

旅游文化作为人类物质文化和精神文化的一部分，无疑具有极其重要的认知功能。例如，通过学习中国饮食文化，可以了解中国的八大菜系，了解中国源远流长的茶文化、酒文化的历史；通过学习西方饮食文化，可以了解西方的酒文化、咖啡文化以及中西饮食文化的差别；通过学习民俗文化，可以看到各个民族之间生产、生活方式的差异。

（四）启智功能

旅游文化能够启迪人的思维，培养人的想象力和创造力。旅游文化推动旅游主体创造了游记、山水诗词、探险小说、山水画、风俗画、风景摄影等文学艺术，涵盖文学、美术、摄影等各个领域。例如，孔子通过对商周文化的考察，创作了《诗经》；司马迁读万卷书行万里路，写出了《史记》；李白、杜甫在吸收前人文化成果的基础上，创作了名扬千古的历史诗篇。

（五）愉悦功能

马斯洛需求层次理论认为，对文化的渴求是人类较高层次的需求。因此，人类对异国他乡的文化具有一种特别的新奇感，对高层次的文化消费具有特别的满足感，能从优秀的文化中体验到强烈的愉悦感。例如，旅游文化通过旅游主体对旅游客体的游览，可以引发旅游主体的审美愉悦。旅游客体，尤其是自然景观，包含着自然的美感，如形象美、色彩美、动态美、听觉美、嗅觉美等。其中，形象美给予旅游主体的审美感是十分突出的，如泰山之雄、黄山之奇、华山之险等都会使人产生审美的愉悦。

（六）辐射功能

旅游文化能够通过旅游介体（旅行社、旅游交通和饭店等）在旅游主体和旅游客体之间传播，就旅游主体而言，它可以将客源地的文化传播到目的地，也可以将目的地的文化传播回客源地。就旅游客体而言，可以通过目的地的文化影响旅游主体，也可以吸收旅游主体带来的客源地文化。就旅游介体而言，既可以将企业文化带给旅游主体和旅游客体，又可以吸收旅游主体和旅游客体的文化。当然，文化的这种辐射功能具有两面性，因此要传播、吸收先进的旅游文化，克服、排除落后的旅游文化，从而促使旅游文化健康、持续地发展。

（七）经济功能

旅游既是一种社会现象、文化现象，又是一种经济现象。旅游文化的经济功能表现在不仅可以拉动内需、解决就业、脱贫致富，还可以通过获取外汇平衡国际收支，购买国外先进技术和设备，推动经济的不断发展。国家旅游局对入境旅客抽样调查的结果显示，80%的境外游客是为了感受中国文化而入境旅游，只有20%的境外游客是奔着中国的自然景观而来的。可见，五千年的中华文明对国际游客有很大的吸引力。旅游文化的经济功能是非常强大的。

第三节　研究旅游文化的意义

（一）有利于揭示旅游活动发展的机理

现代旅游现象，实际上是一项以精神、文化需求和享受为基础的，涉及经济、政治、社会、国际交流等内容的综合性大众活动。文化因素渗透在现代旅游活动的各个方面。马波同志在《现代旅游文化学》中指出，“文化是旅游者的出发点和归结点，是旅游景观吸引力的源头，是旅游业的灵魂”。旅游者的旅游行为是一种文化消费行为，其外出旅游的动机和目的在于获得精神上的享受和心理上的满足；而旅游经营者要达到盈利的目的就必须提供一种能满足旅游者文化享受的旅游流，学习旅游文化有助于从文化的角度来审视旅游活动，解释人类的旅游行为以及为什么旅游能成为人们生活中不可或缺的组成部分。

（二）有利于弘扬民族传统文化

旅游文化是一个国家旅游业保持自身特色的决定因素。人们常说：“民族的东西是独特的，文化的流传是久远的。”一个国家的旅游业若缺少了自己本民族的传统文化底蕴，便失去了特色，不能反映出本民族独有的精神内涵，也便失去了强大的吸引力。实践表明，举凡旅游业昌盛之国，莫不以旅游文化取胜。奥地利的旅游，几乎都与施特劳斯等奥地利音乐大师紧密关联；巴黎街道的命名，蕴含法兰西民族的历史掌故。我国旅游文化源远流长、博大精深，学习旅游文化可以合理地开发、利用一些文化遗存，整理、重视一些民族传统娱乐项目，既可以增强民族自豪感，弘扬民族传统文化，促进社会的和谐稳定发展，也可以树立中国民族在世界民族之林的良好形象。因此，旅游文化是一个国家在发展旅游业的过程中保持自己民族特色的必然要求。

（三）有利于促进旅游产品质量的提高

旅游文化蕴藏着巨大的经济潜能。李刚在《宗教文化——重要的旅游资源》一文中指出，“旅游是以一国一民族独特的文化招徕旅客赚取外汇的文化经济”。为此，世界上许多旅游业发达的国家先后实行了“文化经济”新战略。美国洛杉矶文化旅游负责人罗伯特·巴雷说：“文化旅游大概是美国增长速度最快的旅游项目。因为各个城市发展文化旅游可以获得相当可观的收入。”韩国也积极采取多种措施大力发展文化旅游业，“意欲将文化、旅游培育成21世纪的国家战略产业”。从我国旅游业发展的实践来看，“文化搭台，经济唱戏”已成为发展旅游业的一大特色和主要经验之一。因此，学习旅游文化有助于人们正确认识和了解旅游业的发展规律，自觉促进旅游产品质量与旅游经济效益的提高。只有明确了旅游资源的文化内涵及其开发的文化规律，才能使开发出来的旅游产品具有较高的文化品位和较强的生命力和竞争力，才能产生巨大的经济效益。

（四）有利于提高旅游者及旅游从业者的素养

文化是提高人的素质和管理水平的关键。由于旅游文化大量地体现在旅游业的管理者及其从业人员的身上，其文化素质的优劣、经营管理水平的高低，直接影响着旅游者能否获得良好的审美享受和精神满足，直接关系到旅游资源能否得到合理的开发和利用，进而促进旅游业的发展。而未来旅游业的竞争主要是旅游文化方面的竞争，人们对旅游资源、旅游服务的需求更趋向于文化性强、科技水平高、具有参与性的项目。因此，旅游业管理者和从业人员的文化素养和经营管理水平必须得到相应提高，才能与国际接轨，适应时代的要求，才能在旅游业立于不败之地。

（五）文化是旅游业创名牌、提高竞争力的法宝

在旅游活动中，旅游者物质方面的需求是较低级的需求，是易于满足的；而精神文化方面的需求是一种高级而复杂的需求，很难得到满足，但又影响全局。旅游企业若不能满足旅游者精神文化的需求，便失去了存在的价值。同时，由于文化具有地域性、民族性、传承性等特点，往往为一个国家和地区所独有，很难模仿和复制，因此在竞争中就减少了可比性，更能具有垄断的地位，易形成强有力的竞争能力，也易于创造出自己的特色和名牌效应。名牌是旅游业竞争中的一种无形力量，更是促使旅游业走上可持续发展道路的一种宝贵的文化资源。因此，学习旅游文化，能够促使旅游业的从业人员认识旅游业发展的文化规律，从理论上提高自觉性，从而减少在经营开发活动中的盲目性，有效地按照经济和文化发展的规律来经营旅游业。

延伸阅读

习近平谈文化自信

2021 年 3 月 22 日，习近平总书记在福建武夷山市朱熹园考察时谈到文化自信："没有中华五千年文明，哪有我们今天的成功道路。"党的十八大以来，习近平总书记反复强调文化自信，作出许多深刻阐述。

文化自信是最基本、最深沉、最持久的力量

文化自信，是更基础、更广泛、更深厚的自信。在 5 000 多年文明发展中孕育的中华优秀传统文化，在党和人民伟大斗争中孕育的革命文化和社会主义先进文化，积淀着中华民族最深层的精神追求，代表着中华民族独特的精神标识。

——2016 年 7 月 1 日，习近平在庆祝中国共产党成立 95 周年大会上的讲话

文化是一个国家、一个民族的灵魂。历史和现实都表明，一个抛弃了或者背叛了自己历史文化的民族，不仅不可能发展起来，而且很可能上演一幕幕历史悲剧。文化自信，是更基础、更广泛、更深厚的自信，是更基本、更深沉、更持久的力量。坚定文化自信，是事关国运兴衰、事关文化安全、事关民族精神独立性的大问题。

——2016 年 11 月 30 日，习近平在中国文联十大、中国作协九大开幕式上的讲话

文化自信是一个国家、一个民族发展中最基本、最深沉、最持久的力量。向上向善的文化是一个国家、一个民族休戚与共、血脉相连的重要纽带。

——2020 年 9 月 8 日，习近平在全国抗击新冠肺炎疫情表彰大会上的讲话

中华文化、中华精神是我们文化自信的源泉

坚定文化自信，离不开对中华民族历史的认知和运用。历史是一面镜子，从历史中，我们能够更好看清世界、参透生活、认识自己；历史也是一位智者，同历史对话，我们能够更好认识过去、把握当下、面向未来。

——2016 年 11 月 30 日，习近平在中国文联十大、中国作协九大开幕式上的讲话

中华文明5000多年绵延不断、经久不衰，在长期演进过程中，形成了中国人看待世界、看待社会、看待人生的独特价值体系、文化内涵和精神品质，这是我们区别于其他国家和民族的根本特征，也铸就了中华民族博采众长的文化自信。

——2019 年 8 月 19 日，习近平在敦煌研究院座谈时的讲话

中华文化之所以如此精彩纷呈、博大精深，就在于它兼收并蓄的包容特性。展开历史长卷，从赵武灵王胡服骑射，到北魏孝文帝汉化改革；从“洛阳家家学胡乐”到“万里羌人尽汉歌”；从边疆民族习用“上衣下裳”“雅歌儒服”，到中原盛行“上衣下裤”、胡衣胡帽，以及今天随处可见的舞狮、胡琴、旗袍等，展现了各民族文化的互鉴融通。各族文化交相辉映，中华文化历久弥新，这是今天我们强大文化自信的根源。

——2019 年 9 月 27 日，习近平在全国民族团结进步表彰大会上的讲话

作为一个中国人，一定要了解我们民族的历史。“腹有诗书气自华。”14 亿中国人民凝聚力这么强，就是因为我们拥有博大精深的中华文化、中华精神，这是我们文化自信的源泉。了解我们 5 000 年延续不绝的历史，就能自然形成强烈的民族自尊心和民族自豪感。

——2019 年 12 月 19 日，习近平视察澳门特别行政区濠江中学附属英才学校时强调

坚定道路自信、理论自信、制度自信，说到底是要坚定文化自信

“求木之长者，必固其根本；欲流之远者，必浚其泉源。”中华优秀传统文化是中华民族的精神命脉，是涵养社会主义核心价值观的重要源泉，也是我们在世界文化激荡中站稳脚跟的坚实根基。增强文化自觉和文化自信，是坚定道路自信、理论自信、制度自信的题中应有之义。

——2014 年 10 月 15 日，习近平在文艺工作座谈会上的讲话

中国有坚定的道路自信、理论自信、制度自信，其本质是建立在 5 000 多年文明传承基础上的文化自信。

——2015 年 11 月 3 日，习近平会见第二届“读懂中国”国际会议外方代表时强调

我说过，站立在960万平方千米的广袤土地上，吸吮着中华民族漫长奋斗积累的文化养分，拥有 13 亿中国人民聚合的磅礴之力，我们走自己的路，具有无比广阔的舞台，具有无比深厚的历史底蕴，具有无比强大的前进定力，中国人民应该有这个信心，每一个中国人都应该有这个信心。我们说要坚定中国特色社会主义道路自信、理论自信、制度自信，说到底是要坚定文化自信。

（资料来源：党建网微平台）

核心知识小结

旅游与文化两者密不可分。文化是旅游的灵魂，是旅游资源的魅力所在，是旅游主体的出发点和归宿点，是旅游业兴旺发达的源泉。旅游是文化的载体，以旅游为媒介有利于挖掘文化、丰富文化、优化文化和保护文化。旅游与文化相辅相成，相得益彰。

旅游文化是人类过去和现在创造的与旅游关系密切的物质财富与精神财富的总和。凡在旅游活动过程中能使旅游者舒适、愉悦、受到教育，能使旅游服务者提高文化素质和技能的物质财富和精神财富，都属于旅游文化的范畴。

旅游文化可以按照现代旅游业的三大基本要素分为旅游主体文化、旅游客体文化和旅游介体文化三部分，可以按照文化的结构模式分为物质文化、制度文化和精神文化，还可以按照旅游文化的主体和旅游交换的过程分为旅游消费文化和旅游经营文化。

旅游文化具有综合性、民族性、地域性、传承性、时代性和体验性，认识并学习旅游文化有利于揭示旅游活动发展的机理，有利于弘扬民族传统文化，有利于促进旅游产品质量的提高，有利于提高旅游者及旅游从业者的素养，同时，文化是旅游业创名牌、提高竞争力的法宝。

案例解析

“非遗+旅游”，不一样的生活体验

对于非遗，活态属性是非遗市场化的前提。非物质文化遗产来自生产和生活，与衣、食、住、行密切相关，而自从人类告别了自给自足的小农经济，衣食住行本身就具有了商品属性。而非物质文化遗产作为一种遗产型文化，如果停留在文化展陈层面，就丢掉了其生活和生产原本的属性，也就失去了契合市场的价值和意义。

对于旅游，旅游就是一种生活体验。这几年兴起的休闲农业与乡村旅游、研学旅行等就是一种典型的体验形态，而非单纯的农业观光与旅行。至于康养旅居，本身就是一种实实在在的生活，其早已超越了生活体验的层面。而旅游的吃住行游购娱六大要素与衣食住行高度关联。

总之，非遗与旅游有着天然的联系。在当下文化和旅游融合的政策与市场环境下，两者可以融合成兼具娱乐与购物的一种生产与生活形态，这是一种自然资源的搭配，更是一种市场产品的绝配。

随着我国社会经济的持续稳定发展，消费升级和需求衍化已成为新时代社会消费领域的显性问题。在文旅行业，我们也能清晰地看到，传统的观光旅游已经难以满足旅游者日益多元化、个性化的消费需求，文旅消费供给侧改革亟待推进，产品和服务亟待丰富。

在文旅融合政策的推动下，“以文促旅，以旅兴文”已经成为重要的指导思想和发展路径，而什么样的文化资源可以开发成为叫座又叫好的旅游产品呢？在这个方面，非遗无疑是一大富矿。图 1-1 为秦淮灯会，属于首批国家级非物质文化遗产。

图 1-1　江苏南京：秦淮灯会

（资料来源：https://www.sohu.com/a/444620681_505583 节选）

思考与讨论：

1. 什么是文化的原真性？
2. 旅游开发与文化保护如何协调？

复习思考

1. 什么是文化？其三个层次分别是什么？
2. 什么是旅游文化？
3. 你是如何理解旅游文化的传承性的？
4. 现代旅游中是如何进行文化体验的？
5. 了解中国旅游文化有何时代意义？

第二章 中国历史文化

■学习目标

- ➢ 了解中国历史发展过程
- ➢ 熟悉中国古代思想文化
- ➢ 了解中国古代姓名来源及官制概况
- ➢ 掌握中国古代称谓和科举制度
- ➢ 熟悉中国古代科技文化概况

■引导案例

大型歌舞：杭州宋城千古情

大型歌舞《宋城千古情》用先进的声、光、电科技手段和舞台机械，以出其不意的呈现方式演绎了良渚古人的艰辛、宋皇宫的辉煌、岳家军的惨烈、梁祝和白蛇许仙的千古绝唱，把丝绸、茶叶和烟雨江南表现得淋漓尽致，带给观众视觉冲击和心灵震撼，是杭州宋城的灵魂，它与拉斯维加斯的“O”秀、巴黎红磨坊并称“世界三大名秀”，广告主打“一生必看的演出”“给我一天，还你千年”。

演出由宋城演艺发展股份有限公司推出，该公司于2019年被评为中国文化企业30强。公司旗下不仅有杭州宋城千古情，在西安、三亚、丽江、九寨沟、桂林等地均推出了与当地历史紧密结合的千古情演出，演出每年为公司带来上亿元的收益。

（资料来源：https://www.songcn.com/group/）

第一节 中国历史发展过程

一、原始社会

中国的原始社会阶段指在我国境内自人类出现（距今约 170 万年的元谋人）到国家建立（公元前 21 世纪夏王朝）的漫长历史时期，这个时期历程近二百万年。

原始社会还可以按照石器是否打磨分为旧石器时代和新石器时代两个时期。

旧石器时代是指距今 170 万年到距今 1 万年的历史时期，有如表 2-1 所示三个发展阶段：

表 2-1 旧石器时代发展阶段

阶段	时间	典型代表
直立人（猿人）	30 万年以前	云南元谋人（170 万年前）、陕西蓝田人（115 万年前）、北京人（40 万—50 万年前）
早期智人（古人）	30 万年—4 万年前	陕西大荔人（20 万年前）、广东马坝人（13 万年前）、山西丁村人（10 万—12 万年前）、山西许家窑人（10 万—12. 5 万年前）
晚期智人（新人）	4 万年—1 万年前	广西柳江人、四川资阳人、北京山顶洞人

资料来源：马耀峰，甘枝茂，2020. 旅游资源开发与管理［M］. 3 版.

新石器时代是指大约 1 万年前到前 2000 年左右的历史时期，可以分为母系氏族公社和父系氏族公社两大阶段：

表 2-2 新石器时代发展阶段

阶段	时间	典型代表
母系氏族公社	7 000 年—5 000 年前	黄河中游仰韶文化、长江流域河姆渡文化
父系氏族公社	5 000 年—2 000 年前	黄河中下游大汶口文化、龙山文化、内蒙古赤峰红山文化、浙江余杭良渚文化、湖北京山屈家岭文化

资料来源：马耀峰，甘枝茂，2020. 旅游资源开发与管理［M］. 3 版.

二、先秦时期

先秦指秦统一以前的历史时期，主要包括夏、商、西周和春秋战国几个阶段。

（一）夏朝

夏朝（约公元前 21 世纪—约公元前 16 世纪），是我国历史上第一个朝代，第一任君王是大禹，第二任君王是其儿子姒启，共传 14 代，中国自此进入了世袭制朝代。

（二）商朝

商朝（约公元前1600年—约公元前1046年），是我国历史上第一个有文字记载的朝代，前后相传17世31王，延续500余年。

商原是夏朝一个方国，经过长期发展力量逐渐强大起来，到了商国君主商汤的时候，率其他方国于鸣条之战灭夏后，以“商”为国号，在亳建立商朝。之后，商朝国都频繁迁移，至其后裔盘庚迁殷后，国都才稳定下来，在殷建都达273年，因此商朝又被后世称为“殷”或“殷商”。盘庚死后，王位由其弟小辛继立。小辛死后，传帝小乙。小乙死后，继立的是自己的儿子武丁。在武丁统治的五十几年间，是商王朝最为强盛的时期。商朝的末代君主帝辛于牧野之战被周武王姬发击败后自焚而亡。

（三）周朝

周朝（公元前1046年—公元前256年）分为西周和东周两个历史时期。

1. 西周（公元前1046—公元前771年）

西周建都镐京（今陕西西安市长安区沣河以东），并在成王以后又建立东都洛邑（今河南洛阳）。西周实行分封制，并在分封制的基础上建立了一整套严密的宗法制和其他典章制度，使国家机器在商朝的基础上进一步完善化，统治地区也有很大扩展。西周在农业领域中实施井田制，生产力水平较商代有所提高。西周王朝从姬发至姬宫湦共传11代12王，至公元前771年周幽王姬宫湦统治时期，为申侯联合犬戎所灭。

2. 东周（公元前770—公元前256年）

周平王姬宜臼在西周灭亡后的次年迁都洛邑，史称东周。东周的统治对地方已不具有任何作用，周王室实际控制的地方只有洛邑附近的一小块“王畿”，各地诸侯则互相兼并，展开争霸战争。历史上根据这一特点，又把东周分为春秋和战国两个时期。东周被认为是我国历史上发生重大变革的时期，我国传统文化的基础多是在这一时期奠定的。东周共经历了从姬宜臼至周赧王姬延的25王，公元前256年为秦所灭。

东周又可分为春秋、战国两个时期。

（1）春秋（公元前770—公元前476年）

春秋，指周平王东迁（公元前770年）至周敬王四十四年（公元前476年）的东周前期。因鲁国编年史《春秋》记载了从鲁隐公元年（公元前722年）至鲁哀公十四年（公元前481年）的东周历史，故以书名转称时代，称这一历史时期为春秋时期。春秋时期，王室力量衰微，先后出现齐桓公、宋襄公、晋文公、楚庄公、秦穆公、吴王阖闾、越王勾践等相互争霸和国人暴动、跖领导的奴隶起义等社会动荡。

（2）战国（公元前475—公元前220年）

战国是因为战争多而得名，以魏、赵、韩、齐、楚、秦、燕为代表的诸大国之间有着频繁、激烈的大规模战争，一直到秦始皇兼并六国方告结束。该时期内，地主和农民阶级的出现和发展，标志着我国奴隶社会的崩溃和封建社会的确立，从而进一步解放了生产力，推动了社会经济的发展。伴随着社会经济基础和政治制度的大变革，在思想领域也出现了“百家争鸣”的局面，创造了中华民族光辉灿烂的政治、伦理、军事、经济、历史和文学艺术文化。

三、秦汉时期

中国封建社会确立和发展时期，起自嬴政统一六国的秦始皇二十六年（公元前221年），止于汉献帝禅位于曹丕的延康元年（公元220年）。包含秦、西汉、新莽、东汉四朝的历史，一般叙史至汉献帝永初元年（公元189年）董卓之乱时结束。本时期的主要特征是：封建土地所有制的确立；国家的统一和专制集权制度的形成；在思想文化领域里，随着统一国家的建立，出现了天下“书同文、行同伦”，即共同的文字和伦理道德观念；在阶级斗争方面，由于农民阶级和地主阶级的矛盾突出为社会的主要矛盾，并且激化为武装斗争，爆发了秦末农民起义，显示出我国封建社会阶级斗争的基本规律。本时期经济文化有较大的发展，国力强盛，北击匈奴，西通西域，南包云贵，堪称我国封建社会的第一个鼎盛期。统一的、多民族的、专制主义中央集权国家初步确立起来了。

（一）秦朝

秦朝（公元前221—公元前206年）。公元前221年，秦国最后灭掉齐国，统一了中国。公元前210年秦始皇病死，继位的秦二世胡亥昏庸残暴，赋敛徭役，逼广大农民于绝路。公元前209年终于爆发陈胜、吴广起义，公元前206年秦王朝被推翻。秦朝共历3世（嬴政、嬴胡亥、嬴子婴），15年。秦王朝虽短，但却是一个极重要的朝代，它所建立的一些制度直接影响着以后的历代王朝，而且从此中国成为一个伟大的统一国家，屹立于世界东方。

（二）西汉

前206年刘邦入关灭秦，称汉王。尔后在楚汉战争中打败项羽，于前202年称帝，国号汉，建都长安（今陕西西安），因在东汉国都洛阳的西面史称西汉。从公元前202年刘邦称帝起，至初始元年（公元8年）王莽代汉止，共历12帝，统治210年，是中国历史上长期大统一的封建王朝，又称前汉。

（三）新莽

新莽指王莽建立的新朝（公元8—23年）。汉少帝孺子婴初始元年（8年），王莽废汉称帝，国号新，改长安为常安。王莽改制后，法令烦苛，徭役繁重，加以天灾相因，民不得耕桑，阶级矛盾非常尖锐，暴发了以绿林军和赤眉军为主的农民起义。23年，绿林军首领拥立刘玄为帝，恢复汉国号，改年号更始并于同年攻入长安，王莽被杀。绿林军建立的更始政权统治天下两年，公元25年，赤眉军攻入都城长安，刘玄投降，更始政权告终。由于豪强地主隐匿粮食，聚众反抗，赤眉军被迫退出长安。退出途中，遭刘秀大军包围阻击，全军覆没。

（四）东汉

刘秀于公元25年称帝，即汉光武帝。不久，定都洛阳，因洛阳在西汉都城长安之东，史称东汉。刘秀称帝后，先后削平各地的封建割据势力，至建武十二年（36年）统一全国。东汉中后期，外戚、宦官势力不断膨胀，轮番执掌政权，政治黑暗。灵帝中平元年（184年），爆发全国性的黄巾大起义，随后各地军阀展开混战，东汉王朝名存实亡。建安元年（196年），曹操迎汉献帝刘协迁都于许（今河南许昌东），挟天子以令诸侯。延康元年（220 年），曹丕废献帝自立，东汉灭亡。共传 14 帝，196 年。也叫后汉。

四、魏晋南北朝

起自曹丕代汉的黄初元年（220 年），止于隋文帝统一全国的开皇九年（589 年），包含三国、两晋、南北朝的历史。

（一）三国

魏蜀吴三分天下的时代。公元 220 年，魏王曹丕代汉称帝，国号“魏”，史称“曹魏”，定都洛阳；翌年，刘备在成都称帝，国号“汉”，史称“蜀汉”；229 年，吴王孙权在建业（今江苏南京）称帝，史称“孙吴”或“东吴”。从 220 年曹丕称帝起，到 280 年吴亡止，其间 61 年，史称“三国”。

（二）两晋

西晋和东晋的合称。司马炎（晋武帝）于公元 265 年代魏称帝，国号晋，定都洛阳，史称西晋。280 年，吴国被灭，天下归于一统。建兴四年（316 年），匈奴贵族建立的汉国灭西晋，北方从此进入十六国时期。

建武元年（317 年）司马睿（晋元帝）在南方重建晋朝，定都建康（今江苏南京），史称东晋。元熙二年（420 年），刘裕代晋，东晋亡。两晋共历 15 帝，156 年。

（三）南北朝

420 年，东晋灭亡，至开皇九年（589 年）隋文帝杨坚灭陈，其间 170 年，中国历史上形成南北对峙局面，史称南北朝，是东晋十六国以来南北分裂局面的继续。

南朝据有南方之地，自 420 年宋武帝刘裕代晋称帝，至后主陈叔宝祯明三年（589 年）陈灭亡，历宋、齐、梁、陈四代。共存在 160 多年，都城皆建于建康（今南京），历史上把它们总称为“南朝”。北朝自太延五年（439 年）北魏太武帝拓跋焘统一北方始，至孝武帝永熙三年（534 年）分裂为东、西魏；后东魏为北齐所代、西魏为北周所代，北周又灭北齐，大定元年（581 年）北周为隋所代，隋又灭陈和后梁（南朝梁的残余势力），中国复归于统一，南北对峙局面乃告结束。

五、隋唐

隋朝（公元 581—618 年）和唐朝（公元 618—907 年）两个朝代的合称，也是中国历史上最强盛的时期。

（一）隋朝

公元 581 年，北周静帝禅让于杨坚，北周覆亡。隋文帝杨坚定国号为“隋”，定都大兴城（今西安）。589 年，隋军南下灭南朝最后一个朝代陈朝，统一中国，结束了自西晋末年以来长达近 300 年（316—589 年）的分裂局面。隋文帝励精图治，开创了“开皇之治”的繁荣局面。

公元 604 年，隋炀帝杨广即位，营建并迁都洛阳（今河南洛阳），又修建贯通南北的大运河，由于过度消耗国力引发隋末民变。617 年，李渊攻入长安并拥立杨侑为帝，618 年宇文化及等人发动兵变杀死隋炀帝后，隋朝旧臣拥立杨侗为帝，之后李渊逼杨侑退位而自行称帝。619年王世充逼杨侗禅位，国号“郑”，隋朝彻底灭亡，享国38年。

（二）唐朝

公元618年，李渊（唐高祖）建立唐朝，定都长安。627年，其子李世民继位，励精图治，在位24年，经济繁荣，政局稳定，史称“贞观之治”。又经约百年的时间，至唐玄宗的开元、天宝年间，封建经济高度发展，唐朝进入全盛时期；疆域东临大海，西达咸海，东北至外兴安岭、库页岛一带，北到贝加尔湖和叶尼塞河上游，南及南海，成为当时世界上最强大的国家。唐朝是中国封建社会发展过程中的鼎盛时期。唐朝中叶以后，政治腐败，赋役繁重，加上藩镇割据、宦官专权，阶级矛盾日趋激化。唐末经黄巢起义的打击，唐朝中央政权已是名存实亡。907年唐朝大将朱温灭唐建立梁王朝。唐朝共历21帝，290年。

六、五代十国

公元907年唐亡之后，中国北方黄河流域先后出现后梁（907—923年）、后唐（923—936年）、后晋（936—946年）、后汉（947—950年）、后周（951—960年）这五个王朝，历时半个世纪，除后唐建都洛阳外，其余四代均建都开封，史称“五代”。在此期间，中国南方和今山西境内，先后出现吴（892—937年，建都扬州）、南唐（937—935年，建都金陵）、吴越（893—978年，建都杭州）、楚（896—951年，建都潭州）、闽（893—945年，建都福州）、南汉（905—971年，建都广州）、前蜀（891—925年，建都成都）、后蜀（925—965年，建都成都）、荆南（即南平，907—963年，建都江陵）、北汉（951—979年，建都太原）这十个政权，史称“十国”。

“五代十国”的形成，是唐末藩镇割据的继续。“五代”开国之君，均系前朝藩镇节度使；“十国”的创立者，亦大多起于一方藩镇，但大多尊中原王朝为主，或表示臣服，或接受封号。“五代”晚期，后周太祖郭威、世宗柴荣在政治、军事、经济诸方面实施了一系列改革，增强了经济、军事实力，并开始进行局部统一战争。公元960年，后周禁军大将赵匡胤（宋太祖）发动“陈桥兵变”，代后周称帝，建立北宋王朝。北宋继续后周统一事业，先后出兵削平荆南、后蜀、南汉、南唐、吴越等国，至公元979年宋太宗赵光义灭北汉，最终结束了五代十国的分裂局面。五代历6姓14帝，53年。十国历8姓38王，77年。

七、宋元明清

（一）宋朝

960年，赵匡胤登基后，因其原为后周归德军节度使，而归德春秋时为宋国故地，隋唐为宋州，遂国号为宋，定都汴京（今河南开封）。宋初即结束混战割据，加强专制主义中央集权，但重文轻武，形成积贫积弱局面。宋钦宗靖康元年（1126年），金兵攻破汴京，北宋亡。历9帝，167年。次年（1127年）五月，赵构（宋高宗），在南京（今河南商丘）即位，重建宋朝。后建都临安（今杭州），史称南宋。疆域北以淮河、秦岭与金接界，东南、西南同北宋。南宋与金、元先后对峙，1279年为元所灭。南宋共历9帝，153年。

（二）元朝

元朝是中国历史上首次由少数民族建立的大一统王朝。1206 年蒙古族首领铁木真统一了蒙古各部，被推为成吉思汗，建立了蒙古汗国。从成吉思汗至其孙蒙哥汗时，陆续攻灭西辽、西夏、金、大理，并在吐蕃建立行政机构，直接进行统治。1271 年蒙哥汗四弟忽必烈（元世祖）定国号为元，并于 1279 年灭南宋，定都大都（今北京）。元朝疆域东、南到海，包括台湾及其附属岛屿，西到今新疆，西南包括西藏、云南，北面包括西伯利亚大部，东北到鄂霍次克海。1351 年（元顺帝至正十一年），元末农民大起义爆发。1368 年，朱元璋的明军攻入大都，元顺帝出逃，元亡。元朝历 11 帝，共 98 年。若从 1206 年成吉思汗建立蒙古政权始为 162 年，元朝退出中原后的北元政权持续到了 1402 年。

（三）明朝

1368 年，朱元璋灭元称帝（明太祖），建都南京，国号明。1421 年，明成祖朱棣迁都北京，此间国力强盛，万国来朝，史称永乐盛世。明初政治清明、国力强盛。1449 年经土木堡之变由盛转衰，后经弘治中兴、万历中兴国势复振。晚明因政治腐败、东林党争和天灾外患从而导致国力衰退。崇祯十七年（公元 1644 年），明王朝被李自成领导的农民起义军推翻。历 16 帝，277 年。明亡后，其残余势力曾在南方重建明政权，史称南明。1662 年永历帝被杀，南明覆灭。1683 年，清军攻占台湾，奉明正朔的明郑（郑成功 1662 年在台湾建立的郑氏政权）覆灭。

（四）清朝

中国历史上最后一个封建王朝。1616 年，女真贵族努尔哈赤建立大金（史称后金）政权。1636 年，皇太极（清太宗）即皇帝位，改国号为清。清初为缓和阶级矛盾，奖励垦荒、减免税收，内地和边疆的社会经济都有所发展。至十八世纪中叶，封建经济发展到一个新的高峰，史称“康乾盛世”。1840 年鸦片战争后，清政府与外国侵略者分别缔结一系列不平等条约，中国丧失大片领土。1911 年，清王朝在辛亥革命中被推翻，从此结束了我国两千多年的封建帝制。清朝从入关算起，历 10 帝，268 年。从努尔哈赤建立后金起，总计 296 年。从皇太极改国号为清起，276 年。

八、“中华民国”到中华人民共和国

（一）“中华民国”

辛亥革命爆发后，革命党在南京建立临时政府，各省代表推举孙中山为临时大总统，1912 年元月“中华民国”正式建立，简称民国。后政权落入以袁世凯为首的北洋军阀手中。1912 年 3 月，袁世凯在北京就任临时大总统，组成了第一届北洋军阀政府。1916 年袁复辟帝制失败后，黎元洪、冯国璋、徐世昌、曹锟等相继为总统。中国陷入军阀混战之中。中国共产党成立后，推动、帮助孙中山改组国民党，提出“联俄、联共、扶助农工”三大政策，实行国共合作，进行了以打倒军阀政府为目标的北伐战争。1927 年，以蒋介石为首的国民党新军阀，在南京建立“国民政府”，北洋军阀统治结束。国民政府仍打着“中华民国”旗号，实为地主阶级和大资产阶级的联合专政。1949 年，中国人民在中国共产党的领导下，推翻了国民党政府，结束了它在中国大陆的统治，建立了中华人民共和国。

（二）中华人民共和国

1949 年 10 月 1 日成立，简称“中国”。从中华人民共和国成立到三大改造基本完成的 1956 年，中国人民完成了社会主义革命，确立了社会主义基本制度。1978 年开启了改革开放和社会主义现代化建设新时期，实现了从高度集中的计划经济体制到充满活力的社会主义市场经济体制、从封闭半封闭到全方位开放的历史性转变，实现了从生产力相对落后的状况到经济总量跃居世界第二的历史性突破。中共十九大的召开，标志着中国特色社会主义进入了新时代。

第二节　中国古代思想文化

中国古代思想文化最繁荣的时期出现在春秋战国，《汉书·艺文志》中归纳为九流十家，司马谈《论六家要旨》指出阴阳家、儒家、墨家、名家、法家、道家是当时影响力最大的六家。

一、阴阳家思想

阴阳家全称“阴阳五行家”，创始人是战国末期邹衍。但阴阳和五行的思想起源很早。距今 8 000 年左右的上古时代，阴阳观念已经出现，因为古代人在生产生活过程中发现自然界有日月、明暗等现象，逐步形成了阴、阳这样两个哲学范畴。

目前的考古发现，五行思想的形成可能比阴阳思想略晚一些，尧、舜、禹时代的五行思想已经比较成熟，西周阴阳五行思想则较为完善。阴阳观念和五行观念在源头上是各自独立的，至东周时代逐渐合而为一，五行的“行”代表运行、运动，有着事物演变的含义。根据人们平时看到的事物及其特性，加之“尚五”，便把万物归纳为金木水火土这五类元素。在古代先民看来，这五类元素并非固定不变，而是彼此之间相互转化、相互制约，即“相生”“相克”。五行相生相克是一个思维模式，使得人们不再把事物看成孤立、静止的，也使得世界万物具有了普遍的联系。可见，阴阳五行是古代具有朴素的唯物主义和辩证法的宇宙观。

至战国时期阴阳家代表人物邹衍因擅长天文历法并且“养政于天文”，引出天、地、人三者之间的联系，提出了“五德终始说”和“大九州说”。“五德终始说”认为朝代更替是后朝推翻前朝，是暴力的作用，暴力是表面现象，背后深层原因是物质世界的作用，是五行之间的相克（随着汉代意识形态由暴力论向神圣论转型，五德终始被君权神授代替）。“大九州说”中认为“中国”只是这个“大九州”世界中的很小的一部分，让古人对于世界的认知有了一个新的高度，并且对未知世界有了合理猜想。

二、儒家思想

儒家的创始人是孔子，在春秋末年宗法封建等级制度土崩瓦解、礼坏乐崩的情况下，他对礼乐文化加以反思，将其精神实质抽绎出来，建构起标志着儒学诞生的思想体系。

礼乐文化是一种不同于智能文化的人文文化。乐合同礼别异，二者相互结合，使宗族共同体一方面能保持人际关系和谐，另一方面又维持人与人之间的身份差别。因此礼乐文化的根本精神就是维持人际间的有等级差别的和谐。孔子将其抽象出来，概括为仁。

孔子以仁为人的本质，认为只有具备了仁的人才是一个真正的人，同时，仁是万善的总根源，是派生各种德行的德行。而作为人的本质规定的仁，不是生而具备的，通过长期地接受礼的约束和乐的陶冶可以求得。义虽是由仁心做出的判断，能仁才能义，不仁也就不义，但义反过来又使仁受到限制，使其具体化：将主体的行为导向善，遏制其向恶的方向施作。人们在“求仁而得仁”之前，必须以礼加以节制；在获仁之后，则应以义自律。

孔子在修己之道中要求每一个人不仅要成人，而且要进一步成为君子和圣人，在道德论中他也希望每个人的行为不仅是善的，而且尽可能止于至善；不仅是道德的，而且尽可能达到“至德”。所谓“至德”，即道德的极致，不仅善，而且适中合度，无过，无不及。这“至德”就是中庸。

然而中庸又不是一般的德，它是适中合度，既无过又无不及的至德。而仁只能保证一个人的行为是善的，却不能保证它能达到至善。一个人的行为要想达到至善，还要有智。这是因为：①智能认识客观对象及其性质，因而它能使主体的行为符合客观实际；②智能审时度势，根据客观情况的变化，不断调整主体的思想行为，使之合乎时宜。孔子认为，仁而且智，其行为才既可能是善的，同时又是适中合度的。因此，至德——中庸是仁、智的完美结合，而且仁、智二者缺一不可。仁起着使主体的思想行为朝着善的方向施为的定向作用，智则根据不同的对象、不同的情势对已被仁确定在善的方向的思想行为不断加以调整，使之适中合度，无过无不及。

三、墨家思想

墨家是春秋战国时期的诸子百家之一，是一个有领袖（被称为“钜子”）、有学说、有组织的学派，墨家主张人与人平等相爱（兼爱），反对侵略战争（非攻）。此外，还有其他几方面的基本思想。①尚贤：不分贵贱唯才是举。②尚同：统一国民的思想和行动。③天志：天是有意志的，其惩恶扬善。④明鬼：以神鬼之说使人警惕，不行邪恶。⑤非乐：废除礼乐（认为礼乐荒怠政治、耽误生产）。⑥非命：发对命定论。⑦节用：节约以扩大生产，反对奢侈享乐生活。⑧节葬：反对厚葬、殉葬、久丧。

墨子的思想在战国时代十分盛行，门人弟子遍布天下，影响层面很大。墨子以其务实的淑世理想、高越的人格情操、丰富的思想内容、完善的教材设计形成了一个极其严密而充满宗教精神的团体，深深吸引了无数百姓与知识分子。但在墨子死后，墨家团体无法出现德望和学识真正有领袖之风的“巨子”；而且墨氏思想与主政者的权力及利益有所抵触，受到政治势力的排挤，而其在哲学理论建构上也不乏矛盾之处，更遭遇到其他学派的严格挑战，后期墨家各学派也彼此不服，是以在独尊儒术以后，墨学便失去了学术上的传承。

然而，墨家在科学上的成就仍为众多学者所称赞，“中华民国”首任教育总长蔡元培认为：“先秦唯墨子颇治科学。”历史学家杨向奎称，“中国古代墨家的科技成就等于或超过整个古代希腊”。

四、名家思想

名家，又称“辩者”或“刑名家”，以擅长论辩著称，在论辩中特别注重对名词和概念异同的分析。名家有两个代表人物，一位是惠施（约公元前370—公元前317年），战国时期宋国人，与庄子同一时代，并且两人既是好友又是论敌。另一位是公孙龙（约公元前325—公元前250年），赵国人，曾为赵国平原君的门客，是名家最杰出的代表人物。

惠施提出了“至大无外，谓之大一；至小无内，谓之小一”等十个命题，强调事物的“毕同”“毕异”。公孙龙著有《公孙龙子》，西汉时共有14篇，唐代时分为三卷，北宋时遗失了8篇，至今只残留6篇，共一卷。在书中记录了公孙龙提出的“白马非马”“离坚白”等命题，强调事物间的差别以及独立性。在《公孙龙子》中还记载了名家的“指物论”以及“名实论”。“指”表示概念，“物”表示概念所指的对象。指物论，就是关于概念与对象关系之论。“物莫所指，而指非指”（《公孙龙子·指物论》），人们所说的某物，其实是关于某物的概念，而人们关于某物的概念，并不等于其所指的对象。“名”是名称，而且仅仅是名称，绝不是概念，“实”是指名称所指的对象，居于特定位置的特定之物就是“实”，用位置确定对象而不是用属性。

名家学说属于唯名学说，即从词汇出发，最后结论归结于词汇，这属于一种古典符号逻辑。符号逻辑是现代人工智能的理论基础，没有符号逻辑就没有计算机科学。符号逻辑发端于近代，名家逻辑作为隐性的、古典形态的符号逻辑，产生于两千多年前的中国，一定层面上也体现了中国古人的智慧。

五、法家思想

法家是先秦诸子中对法律最为重视的一派。其理论的形成和实践经历了漫长的过程，主要有三个阶段：一是战国初期诸侯变法时期，代表人物有商鞅（法）、慎到（势）、申不害（术）；二是战国末期集法家之大成的韩非子；三是汉武帝推行的“外儒内法”。

法家主张法制，反对礼治。他们认为，当时的新兴地主阶级反对贵族垄断经济和政治利益的世袭特权，要求土地私有和按功劳与才干授予官职，这是公平、正确的主张。而维护贵族特权的礼制则是落后的、不公平的。

在人性论方面，法家认为“人人为己”，表现在社会生活中就是只看重利益，以自我利益为中心。同时，法家反对保守的复古思想，主张锐意改革。他们认为历史是向前发展的，一切的法律和制度都要随历史的发展而发展，既不能复古倒退，也不能因循守旧。商鞅明确地提出了“不法古，不循今”的主张。韩非则更进一步发展了商鞅的主张，提出“时移而治不易者乱”，他把守旧的儒家讽刺为守株待兔的愚蠢之人。

商鞅、慎到、申不害三人分别提倡重法、重势、重术，各有特点。到了法家思想的集大成者韩非时，提出了将三者紧密结合的思想。法是指健全法制，势指的是君主的权势，要独掌军政大权，术指的是驾驭群臣、掌握政权、推行法令的策略和手段。主要是察觉、防止犯上作乱，维护君主地位。

法家通过明确物的所有权、鼓励人们立战功，起到了定纷止争、富国强兵的作用。

也正因此促进了秦国经济繁荣，为秦始皇统一六国奠定了基础。中国古代各种学术思想的实际政治效应还没有法家特别是商鞅、韩非的，自秦始皇起至清末，中国政治大势，基本上均是外“儒”内“法”的基调。

材料分析

法家“法治”思想与现代法治比较

法家的以法治国思想是先秦时期的治国之术，当代中国提出的依法治国则是一种法治国家的治国理念。具体区别有以下几个方面：

1. 法的产生不同

法家之“法”，出自君主。“法政独制于主，而不从臣出”，君主运用法律条令来奖励耕战、富国强兵，也是出于维护封建专制统治、巩固执政根基的目的。而现代意义上的法治是民主之治，“法”是广大人民群众集体意志的体现。根据我国现行宪法的规定，全国人民代表大会及其常务委员会享有国家立法权。

2. 法治主体不同

法家的法治主体是君主，虽然提倡“王子犯法与庶民同罪”，但存在诸多不足。一是，法家认为法治的治理对象不包括君主，若君主犯法，则无法可依。二是，法律体现君主的意志，法律并不是高于一切的，具有其历史局限性。而现代法治是广大人民群众必须普遍遵守的基本准则，具有绝对的权威性。

3. 法治对象不同

法家法治的对象指的是官吏和百姓，而君主并不包含其中。现代社会所宣扬的法治，虽然普通民众的行为也要受到法律制度的规范和约束，但现代法治的主要对象是国家公职人员以及国家部门机构，这是因为其掌握着国家权力，掌握着国家政治经济发展的关键命脉，是现代法治的重点治理对象。

4. 法治方式不同

法家“法治”的基本方式为“君主立法—官吏用法—治民”，这是一种自上而下的单一治国方式，容易造成法律监管的空白。而现代法治的方式为：选出人民的代理人来管理人民的国家。

5. 法治目的不同

法家把法律视为一种有利于进行社会统治的强制性工具，认为法治的目的主要包括“定分止争”和“奖功罚过”两方面，立法鼓励人们积极作战，并以严刑峻法威慑不法之徒。奖功的最终目的是为了富国强兵、取得兼并战争的胜利，经济发展的成果被用来征战，并没有使人民群众真正富裕起来。而现代法治严格贯彻“以人为本”的法治原则，使百姓真正走上富裕的道路。

（资料来源：陈连军，赖雄麟. 法家“法治”思想对现代法治中国建设的启示［J］. 学术交流，2018（3）：85-91.）

思考题：

1. 除了以上5点，法家“法治”思想与现代法治还有哪些不同？

2. 秦国灭亡的原因与法家“法治”思想有关吗？为什么？

六、道家思想

“道”是道家思想中最为重要的范畴。易经说“一阴一阳之谓道”，如果把阴阳看作是矛盾，那么矛盾的统一体就是道。“道”也被描述为世界的总体和本质，是天地万物的根源和基础，又是统领、支配天地万物和人的总规律、总法则。同时，道家思想精髓可以进一步概括为道法自然、天人合一、致虚守静、无为而治。

先说道法自然。道家崇尚自然，主张遵循客观规律，人应法天、法地、法自然，即“道法自然”。“道法自然”揭示了整个宇宙的特性，以及生生不息的运行规律。“道”又通过“德”的外化作用，把天地间这些包罗万象的事物的属性完整地表现出来。人和万物是平等的，人并不比其他万物具有更高的地位。在道家看来人和万物共同构成一个有机的整体，《庄子·齐物论》上说，“天地与我并生，而万物与我为一”。

再说天人合一。“道”的意义不仅在于自然生态和谐统一，更在于人与宇宙的和谐统一。在中国传统哲学里的“天人”关系实际上是指人和自然的关系。人只有遵循自然的法则，合乎自然的要求，才能为自然界所接纳。在天之道与人之道的对比中，舍弃“人之道”而崇尚“天之道”，保持天地自然的均衡与和谐以获得“天人”之亲和，而人也必须遵循自然的法则才能发展。

然后是致虚守静。道家主张挣脱“物役”的束缚，追求个性解放和自由人生。老子主张“返朴归真”，认为人的生命存在要与自然沟通，节制和超越物质欲望，不让尘世的喜怒哀乐扰乱自己恬淡自由纯洁的心境，自始至终保持自己的自然天性。老子提出“致虚极，守静笃”的修道方式。在庄子看来，人生的第一要义就是自由，而现实社会中的仁义道德、政教礼法等都是束缚人、奴役人的藩篱。道家提倡“见素抱朴”“粗茶淡饭”的节俭生活方式，“知足常乐”，保持内心的安宁平静。提倡个人要与社会无害亦无争，从而在个人与宇宙自然的大范围内实现和谐交互。

最后是无为而治。老子如是理解天道：人法地，地法天，天法道，道法自然。老子说：为无为，则无不治。道家提出的“无为而治”，其基本含义一是因任自然，二是不恣意妄为。因任自然，是说统治者治理国家应当遵循自然的原则，让人民自我化育，自我发展，自我完善，政府的职责在于辅助人民，使其充分自由自在地活动，如此，人民自然平安富足，社会自然和谐安稳。老子的理想社会是“小国寡民”，是一个民众不受干扰，无冲突，自由平等，人民各尽其性，各安其事，各得其所，按着自然规律发展的和谐社会。

小贴士：

道家创立于春秋末年，是一种思想文化流派或者说是一种哲学派别，代表人物有老、庄等；道教形成于东汉末年，属于宗教，有神仙崇拜与信仰，有教徒与组织及一系列的宗教仪式活动，代表人物是张角、张陵等。

第三节　古代称谓及官制科举

一、中国古代姓名称谓

（一）姓与氏

上古时，“姓”和“氏”是两个不同的概念。“姓”是代表具有血缘关系的世系同族的称号，起源于母系社会。《说文解字》中有：“姓，人所生也。……因生以为姓，从女生，生亦声。”表明同姓的人都是同一位母亲的后代，姓正是母系氏族社会每一血缘关系集团的标记。姓具有辨别血缘关系的作用，婚姻只能在不同姓的母系氏族间进行，同姓不可通婚，因而“姓”在古人的生活中十分重要。最初的姓往往源于某一氏族所崇拜的图腾或居住地。周代有二十二个主要的姓，周王室及其同姓封国如鲁、晋、郑、卫、燕、虞、虢、吴、随等为姬姓，异姓封国如齐、申、吕、许等为姜姓，秦、徐等为嬴姓，楚为芈姓，殷人后裔的宋国为子姓，夏人后裔的越国为姒姓，虞舜后裔的陈国为妫姓。同姓之国互称兄弟，异姓之国则互称甥舅，表明异姓之间才能相互通婚，结为亲戚。

“氏”是由同姓衍生的分支，起源于父系社会。同一姓的部族，由于人口增多，活动区域扩大，便逐渐分出一些支派，这些支派就是氏。例如嬴姓分出徐、莒、钟离、蜚廉、秦、赵等十四氏，姬姓分出四百三十二氏，等等。氏具有“别贵贱”的作用，上古时只有贵族才有氏。姓代表着共同的血缘关系，具有极大的稳定性；氏则反映了一定的占有关系，具有很大的不稳定性，它随着一个人政治经济地位的升降而发生变化。例如《左传》中记载了晋国一位大夫有十种称谓，即会、士会、随会、范会、随季、范季、武子、随武子、范武子、士冬，其中作为氏者只有三：“士”以职务为氏，“随”“范”以封邑为氏。所以春秋时期贵族男子不称姓，只称氏，因为姓与生俱来，言氏即可知姓，只有氏才能表明一个人现有的身份。

战国时期，由于周王室封建宗法关系的崩溃，旧贵族日趋没落，姓氏体系极为混乱。秦代，“姓”和“氏”已经没有多少区别了，《通志・氏族略序》：“男子称氏，妇人称姓。氏所以别贵贱，贵者有氏，贱者有名无氏……三代之后，姓氏合而为一，皆所以别婚姻，而以地望明贵贱。”至汉代，“姓”和“氏”完全合而为一，而且自天子至庶人都能有姓，姓氏逐渐失去了“别婚姻”“别贵贱”的意义。我们今天所用的姓，大多来自上古时代的氏，几乎都可以推溯出它们的源起和演变。据统计，目前我国在用姓氏六千余个[①]。

（二）姓氏来源

根据历代姓氏演变情况以及史书所述，大致有以下十几种情况：

1. 图腾感生

在“圣人皆无父，感天而生”的母系氏族社会的人们，把氏族繁衍的现象归之于

① 数据来源：中华人民共和国公安部 https://www.mps.gov.cn/.

图腾的作用。图腾崇拜的对象是自然物，大多数为动植物。“图腾感生”的方式，大致有以下几种：一是“履迹”感生，即与图腾或其派生物（痕迹等）发生接触而受孕。如周人因其始祖母姜嫄踩了熊的脚印而受孕，以熊为图腾，并姓“姬”。二是“吞物”感生。如禹的母亲因为吞吃了薏苡，于是受孕生下了禹，所以夏人以薏苡为图腾，姓“姒”。商族的先人因为其始祖母简狄吞食了玄鸟的“子”（即卵）而生下了契，所以商人就以玄鸟为图腾，并姓“子”。三是“遇异”感生。史载：“（黄帝）母曰附宝，之祁野，见大电绕北斗枢星，感而怀孕，二十四月而生黄帝于寿丘”（《史记正义》）。“母感天而生子”，其中的“天”即图腾。图腾后来就演变成同一氏族的共同标记——姓。

2. 地名转化

这里的地名，指母系氏族所居地域。地名转化为姓，即根据女性始祖生育时的地点得姓。《说文解字》曰：“姚，虞舜居姚虚，因以为姓。”“姜，神龙居姜水，因以为姓。”

3. 以国名、封地、住地为氏

天子分封一个诸侯国，这个国名就成为其子孙后代氏。这种取氏方式多出于周代。主要有两种命名：第一，与王室同姓封国者。如周武王之弟姬封封于卫国，以国为氏，姬封成了卫氏的始祖。第二，与王室异姓臣属封国者。如夏王朝后裔东楼公（姒姓）封为杞国，后代以杞为氏。

周朝分封制将贵族分为“公、侯、伯、子、男”五等爵位；同时，还有“五等之封”：国侯、邑侯、关内侯、乡侯、亭侯。这便有了以邑、关、乡、亭之地名为氏的众多新氏。如齐桓公将鲍城封给大夫叔牙作为邑，以邑为氏，叔牙被称为鲍叔牙。

得到封地的，用封土的名称作为氏；没有封土的，就用他们所居住的地势地形特点作为氏。有的是地名、山名、水名、丘名，有的是方位名。如鲁庄公之子公子遂，字襄仲，住在都城的东门，号东门襄仲，后代有的便以东门为氏。

4. 以字、名为氏

在周代，诸侯的儿子称公子，公子的儿子称公孙，公孙的儿子不可再称公孙，不得上系诸侯，须另立一新氏。立氏则追溯其祖，以其祖辈的字、名或氏名为氏。如宋桓公的儿子叫公子目夷，字子鱼，他的儿子叫公孙友，他的孙子则叫鱼莒、鱼石。再如士季氏，春秋晋国士氏之子名“士季”，“士”是氏，“季”是名，士季之子渥浊就以其名的氏与名为氏。

5. 以次、族为氏

次是排行，即按兄弟间的长幼关系作为氏。如伯氏、孟氏、叔氏。“族”和“次”的意义有些相似，族是用来和姓氏中的“氏”作区别的，主要用意是，用比较亲近的来区别比较疏远的，用比较狭小的来区别比较宽广的，等等。如祖氏、祢氏，用来区别上辈、下辈；南公氏、南伯氏，用来区别同一称谓的不同档次；韩氏中的韩余氏、傅氏中的傅余氏，用来区别嫡子和别子；等等。

6. 以谥为氏

周代贵族生封爵位死有谥号，用以褒贬他的功过是非。这谥号也被用作后代的氏。这有几种情况：一是直接以谥为氏。如楚庄王谥号为“庄”，其后以“庄”为氏。

二是以邑谥为氏。即以采邑与谥号为氏。如苦成氏，春秋陈国郄犨的封邑为苦，在今河南，死后谥“成”，后代以“苦成”为氏，后因音转，改为“古成”。三是以氏谥为氏，即以谥号与氏为氏。如颜成氏，春秋郳国娄颜之后有谥“成”者，其后以之为氏，这里“颜”是氏，“成”是谥。四是以爵谥为氏。即以生前爵位与死后谥号为氏。如成公氏、成王氏。“公”“王”是爵位，“成”是谥号。

7. 以官爵为氏

以官爵为氏即以官职名或爵位作为氏。如咎繇为尧理官（司法官），因官命氏，为理氏，后改理为李。彭祖的后裔孙孚，为周代钱府上士，专管钱财，子孙以官为氏，即为钱氏。这些是以官名为氏的，还有以爵位名为氏的。如皇、王、公、霸、侯、王叔、王子、王孙等。

8. 以技为氏

以技为氏即以从事的技艺为氏。如搞巫术的人后代就是“巫”氏，屠杀牛羊的人后代称“屠”氏，专门占卜的人，后代称“卜”氏，工匠的后代称“匠”氏。

9. 以事为氏

以事为氏即根据某一特殊事件而取以为氏，具有纪念意义。如周穆王所宠爱的盛姬年纪轻轻不幸身亡，为表哀痛，特将其族改为痛氏。

10. 以凶德吉德为氏

以凶德吉德为氏即以品德善恶显著方面的事情为氏，用以褒扬或贬斥。如晋国赵衰，老百姓十分拥戴他，他待人像冬天的太阳一样的温暖，他的后代被称为“冬日氏”。又如西汉诸侯王英布，因罪被处以黥刑，其后代为“黥”氏。

11. 胡汉互易

（1）胡姓汉化，即少数民族将姓氏改为汉姓。①是汉族统治者为少数民族赐姓改姓或以行政手段促使胡姓汉化。如朱元璋曾下诏禁止胡服、胡语、胡姓，不少少数民族的复姓均改为单姓，呼延改呼、乞伏改讫等，连春秋时的复姓也改成了单姓。②是少数民族统治者接受汉民族的文明，倡导胡改汉姓。最著名的例子是北魏孝文帝下诏改鲜卑姓为汉姓。③是为适应时代与社会环境的变化而改从汉姓。如近代满族的改姓，爱新觉罗氏改姓金、罗、海等。

（2）汉姓胡化，这种情况相对较少。最著名的例子发生在北周，宇文觉称帝后，崇尚本民族习惯，以夷为贵，将汉姓改为鲜卑姓，如将蔡姓改为大氏稽氏。此外，还有一些少数民族统治者也向汉人赐姓赐名。如辽代的皇帝曾以国姓“耶律”赐予宠幸的汉臣。

12. 帝王赐姓

帝王赐姓可分两种情况。①表彰臣属，以示宠爱。所赐之姓分为两类：一是赐国姓，即与皇族同姓。二是赐其他的姓。如曹魏时，李陵后裔有人自匈奴归魏，由于是在丙殿接见，赐姓“丙”。②贬斥臣属以示惩罚。这类赐姓通常是一些含有凶恶、不祥之意的贬义字。如南朝齐武帝因恶同姓的萧子响叛逆，赐姓为“蛸”。

13. 避讳、避祸、避耻、避嘲而改姓

避讳：封建统治者不许他人使用与他们名字的字形字音相同或相近的字，有则必须回避、更改。

避祸：因战争失败而畏罪、远避战乱、躲避仇家、怕受株连而改姓。

避耻：耻于和某人同姓而改姓。如唐代尚书安抱玉因耻于和叛贼安禄山同姓，请求改姓，唐玄宗赐他姓“李”。

避嘲：免于被人嘲笑。如三国时有个叫氏仪的人，孔融曾笑他说：“氏是民字上部缺一笔，民无头还了得，可以改为是。”氏仪觉得有理，于是改姓为“是”。

14. 趋荣改姓

这是一种趋炎附势之举。如唐宣宗时，令狐陶当了宰相，许多人趋炎附势，攀亲联宗，有些姓胡的在姓上添个“令”字，变成复姓“令胡”。

15. 复音姓氏单音化

比如：欧阳变为欧、阳，司马变为司、马，钟离变为钟。

16. 音讹改姓

由于我国南方与北方方言读音差异较大，久而久之影响了姓。如三国时的简雍，本姓耿，幽州人读耿为简，耿雍就成了简雍。

17. 省文改姓

省文改姓即省写原姓字之偏旁或部分笔画，改为新姓。有人写姓爱省写原姓的偏旁或笔画，如邵改成召，谭改为覃。

（三）名、字、号

1. 名

名与姓氏不同，姓氏是个人的，也是家族的，由继承而来。姓氏是一个人的根基和归属，一般不可以随意改动，而名字是个人独有的，用来区别于其他人。

在古代，名和字是两个不同的概念。名是婴儿出生三个月后由父亲或尊长取的符号。在殷商时代，人名并不太考究，比较朴实，多以甲乙丙丁等“干支”来做人名，如天乙（汤）、盘庚、帝辛（纣）等国王皆是，类似简单的数字符号。这可能与当时重视时辰的观念有关。后来，随着社会文化的发展，人名也越来越复杂，不再是单纯的符号，而总是寓有某种希望或其他特定的含义，甚至迷信色彩。民间有给孩子取“恶名”的习俗，据说这样鬼才不会来索命，如西汉文学家司马相如原名就叫“犬子”。

2. 字

除了名以外，古代贵族男女还有字。《礼记·曲礼》有：“男子二十冠而字。”又说：“女子许嫁，笄而字。”即男子在二十岁举行冠礼时取字，女子在十五岁举行笄礼时取字，也就是说，“字”是男女成年的标志。秦汉以后，“字”不再是贵族的专利，平民百姓也可以在名之外取字，于是人有名有字也就成为古代华夏民族特有的习俗。所谓“字”实际上是一种别名，与“名”相表里，故又称“表字”。

一般而言，古人的“字”和“名”含义相近、相关或相辅，如诸葛亮字孔明，“孔明”就是“很亮”的意思；岳飞字鹏举，“飞”和“鹏举”义相关。名和字也有互为反义的，如韩愈字退之，“愈”是超过，和“退”义相反；朱熹字元晦，“熹”是光明，“晦”是昏暗，正好相反。

名和字虽然都是人的称号，但用法却有不同。在日常交往中，自己称名，表示谦卑；上级对下级，长辈对晚辈，一般也称名。晚辈对长辈，同辈之间，一般称字，同辈只有在互相很熟悉的情况下才称名。在多数情况下，提到对方或第三者时直呼其名是不礼貌的做法。在书面语言中，名和字经常并称，在秦汉以前，一般是先字后名，如孔子父亲叔梁（字）纥（名）；汉代以后，一般是先名后字，如魏文帝曹丕在提到“建安七子”时称“孔融（名）文举（字）、王粲（名）仲宣（字）”等。

古代有些人以字著称于世，本名反而不大为人所知，如伍子胥（名员）、颜渊（名回）等，这叫作“以字行”。此外，古人还有所谓“小字”，如三国曹操小字阿瞒，明朝宦官郑和小字三保，这个“小字”类似现代的乳名，和“表字”并非一回事。

3. 号

号也叫别字、别称、别号。号与名、字的区别在于不管形式上还是内容上皆随意且不受拘束。人一生可以有几个甚至几十个号，号可用一字，可用二字、三字、四字等。号先秦时就已经出现，春秋范蠡帮助越王勾践灭吴后弃官经商，来到齐国自称“鸱夷子皮”，后定居宋国，又自称“陶朱公”。号的流行在唐宋以后，明清盛行。

号初为自取，称自号，后来才有别人送上的称号、雅号等。号以明志，古人的号往往是其心境心态的展现，大都能体现其思想、志趣、爱好、倾向等。如宋代大诗人、大书法家黄庭坚在安徽潜山时，因流连山谷风光而自号山谷道人；在贬谪涪州后，又号为涪翁。明代书法家黄道周自幼坐卧石室中读书养性，故号石斋。

（四）帝王的号

1. 谥号

帝王去世后，依其生前事迹优劣所给予的称号。始于西周，至秦始皇时认为谥号有“子议父、臣议君”的嫌疑，予以废除。西汉时恢复。

死者生前行为事迹分为美、平、恶三类，所以谥号也有褒、怜、贬三种寓意。如果其一生为善或建有功德，就给予神、圣、贤、文、武、昭、庄、恭、烈等美谥；如果登位夭折或志向未伸，就给予悼、愍、哀、幽、怀、殇等平谥；如果品行不端，有悖礼义，就给予灵、厉、戾、炀等恶谥。但谥号并不一定与死者生前行为相符，往往有溢美之词。

谥号最初用一个字，后来有两个字的，例如战国时赵武灵王、魏安僖王，还有三个字甚至长至一句的。被杀或被废的帝王多没有谥号。

2. 庙号

帝王死后，在太庙立室奉祀，并追尊以某祖某宗的名号，称为庙号。庙号始于重视祭祀与敬拜的商代，商汤庙号高祖。周、秦时废。汉时重新实行，尊刘邦为“太祖”、武帝刘彻为“世宗”。此后，历朝皇帝基本上都有庙号，一直到清末光绪皇帝后，才废除庙号。定庙号的规则为：凡每朝开国和初期建立基业有殊勋者多称“祖”，如刘邦建立汉朝，则称为汉太祖；后来嗣位守成的皇帝多被称为宗，如宋赵光义继宋太祖称太宗，明第三位皇帝朱棣因被认为有再造明室之功而被尊为成祖，唐以前因皇帝的谥号简单，人们一般以谥号为皇帝的称呼，唐以后皇帝谥号日趋繁复，于是以庙号称前代皇帝，如称朱元璋为明太祖。

3. 年号

年号是封建皇帝即位后用于纪年的名号。年号的使用可以显示皇帝威仪，也可以避皇帝讳，以便臣民称呼、计算皇帝在位年数。第一个年号出现在西汉汉武帝时期，年号为建元（公元前 140—公元前 135 年）。从此之后历代皇帝都有自己的年号。记录年代的开始之年称为“纪元”，改换年号叫作“改元”。新皇帝即位必须改元，一般是在即位后第二年开始使用新年号，也有一些从本年年中算起，极个别的也有沿用旧年号者。明清两朝除明英宗因两次登位有两个年号外，其余都是一帝一号，所以人们也常用年号指皇帝。

年号的使用没有定制，多至十几个，少至一个，如武则天在位 17 年中改元 18 次，成为古代使用年号最多的一个皇帝，而中国历史上在位最久的康熙皇帝却只用了康熙一个年号。元朝以前的各朝皇帝在位时，喜欢借口一些事件改元，如汉武帝，在位 54 年，用了建元、元光、元封等 11 个年号，其中元光是指当年天空出现彗星，元封是因为这年四月武帝东巡到泰山行封禅之礼而改元。

同一年号被几个皇帝使用的现象很多，如使用“建平”的有西汉哀帝、北魏元愉等八位。年号一般为两字，如元狩、康熙等，也有三四字的，如“始建国”“中大通”等为三字，“天册万岁”“太平兴国”等为四字，最长的为六字，如西夏景宗李元昊的“天授礼法延祚”等。

4. 尊号

尊号是帝王在世时臣下奉上的，表示尊崇颂扬的称号。它由大臣们议定后上奏，经皇帝批准并向全国臣民公开发布。其政治上的用意是对在位皇帝进行歌功颂德，赞美他的文治武功等业绩。也有个别是去世后才奉上的，如唐高宗死后直到玄宗天宝十三年才上尊号为神尧大圣大光孝皇帝。

尊号是从唐朝武则天开始的。武则天为满足虚荣心、扩大影响力，先后加了四次尊号，她死前被迫让位给中宗，中宗又奉上尊号则天大圣皇帝。

唐五代时，尊号一般为四字或六字，后面再加上“孝皇帝”三个字。如唐高祖的尊号。自宋代以后尊号越来越长，例如宋太祖尊号为启运立极英武睿文神德圣功至明大孝皇帝，共 16 个字，明太祖的尊号更长达 20 个字。

5. 全称

全称是庙号、尊号、谥号的合称。如清朝乾隆皇帝全称为“高宗法天隆运至诚先觉体元立极敷文奋武钦明孝慈神圣纯皇帝”，其中“高宗”为庙号，“纯”为谥号，其余为尊号。

（五）帝王其他称谓

秦王嬴政统一六国后，自以为“德兼三皇，功包五帝”，称始皇帝。从此历代封建君主均称皇帝。“皇帝”也简称为“皇”或“帝”，如“唐明皇”“汉武帝”。

臣子不能直接称呼“皇帝”，而是采用“上、皇上、陛下、天子、万岁、万岁爷、九五之尊、大家、天家”等称呼。

帝王常用的自称有：朕、孤、寡人等，具有自谦的意思。

（六）皇族与皇亲称谓

太上皇：皇帝的父亲。

太皇太后：皇帝的祖母。

皇太后：皇帝的母亲。

皇后：皇帝的正妻。

嫔妃：皇帝诸妾的通称，根据地位高低有不同的称号，如贵妃、昭仪、婕妤等。

皇太子：也称为“太子”，是皇帝指定的继承人。一般为皇帝的嫡长子。

皇太孙：由皇帝册立的有皇位继承权的嗣孙。

公主：帝王、诸侯之女的称号，汉代开始专指皇帝之女。

长公主：皇帝的姐妹。

大长公主：皇帝的姑母。

驸马：原掌车马的官职，帝女之婿常授此官，后专称皇帝女婿。清代称额驸。

二、中国古代官制

（一）夏商周官制

1. 中央官制

夏朝有“三正”“四辅臣”“六卿”。“三正”指大臣、长官；“四辅臣”，即“古者天子必有四邻，前曰疑，后曰丞，左曰辅，右曰弼”；“六卿”，即司空、司徒、士正、虞、秩宗、纳言。

在商朝，尹主持国政，司徒掌管征伐劳役，司空掌管工奴，司寇掌管刑狱。掌管王室事务的主要是宰和臣。掌管宗教事务的职官中，掌管占卜的叫多卜、左卜；充当人神之间媒介的叫巫；掌管著作简册，为国王发布文告命令的叫作册。商朝在文化方面的职官有典册、册命等，在军事方面的职官有司马、戍、卫等。

西周设太师、太傅、太保，合称“三公”，执掌国政。春秋时期，诸侯在治事的众官之上设一人总领全国大政，重要的职官有司徒、司马、司空还有司寇，掌管诸侯国朝政。战国时期，在国君之下中央政府设文相武将，分掌行政和军事。

2. 地方官制

夏代地方诸侯称为君、伯、某某氏。地方诸侯对夏王朝的责任有“宾”和“御”两种。

商代称地方诸侯为“外服”。设置的官吏有侯、甸、卫、邦等。

西周地方行政区划为国、都、邑三级。国是诸侯国所在地；都是大邑；邑是居民点，相当于村镇。地方行政管理分为乡制和遂制两种。乡制适用于王畿和都畿，遂制则适用于王畿和都畿之外以及边疆地区。

春秋时为郡县制。县的长官为县大夫，下设有县师、司马、司寇等职官。县下出现了乡、里基层组织。战国时期，郡县制得到进一步确立。郡的长官叫郡守或太守，既是行政长官，又是军事长官，郡守一职由国君直接任免。县的长官叫县令，下设县丞、县尉、御史等属官。

3. 选官制度

从夏朝到西周，官吏选拔制度主要是世袭制。公门有公，卿门有卿。春秋战国时期，世袭制逐渐衰微，荐举、军功入仕等选拔官吏的制度相继出现。

（二）秦汉官制

1. 中央官制

秦代确立了“三公九卿”中央官僚机构。“三公”是指丞相、太尉、御史大夫。

“三公”之下设有“九卿”，即掌管宗庙礼仪、文教的奉常，掌管宫廷警卫的郎中令，掌管宫门警卫的卫尉，掌管宫廷车马仪仗及全国马政的太仆，掌管司法的廷尉，掌管诸侯、少数民族及外交事务的典客，掌管皇族事务的宗正，掌管财政事务的治粟内史，以及掌管皇帝私人财政和宫廷服御诸物的少府。

西汉初年的中央官制基本承袭秦制。汉武帝以后，“三公”的名称发生了变化：丞相改为大司徒，太尉改为大司马，御史大夫改为大司空。“九卿”也有所变化，如郎中令改为光禄勋，治粟内史改为大司农。

东汉仍旧沿袭“三公九卿”制。“三公”指太尉、司徒、司空。“三公”之上有太傅一人为上公。“九卿”名称没有变化。

2. 地方官制

秦代地方设郡、县二级。郡下设若干县，万户以上的县设县令，万户以下的县设县长。县下设若干乡，乡设三老、啬夫、游徼。

西汉初年、郡国并行。改郡守为太守、郡尉为都尉，西汉又允许册封异姓诸侯王国和同姓诸侯王国，推行王国制。

东汉地方官制是州、郡、县制与王国制并存。

3. 选官制度

秦汉时期选拔官吏有如下几种主要形式：察举、征辟、任子、军功、纳赀、考试。

（三）魏晋南北朝官制

1. 中央官制

魏、蜀、吴三国中以曹魏的中央官制最为完备和典型。曹操建立了以丞相为首的外戚台阁制。丞相下设东曹、西曹、法曹等。建安十年，曹魏设置尚书、侍中以及六卿。尚书省自此出现。曹丕称帝，增设中书省，行政长官称中书监，掌管机要，负责起草和发布诏令。两晋时期，丞相废置。丞相之下设有八公，即太宰、太傅、太保、太尉、司徒、司空、大司马、大将军。两晋时的九卿空有其名，职权多被侵夺。南朝宋、齐、梁、陈四个政权的中央官制大体承袭魏晋之旧制。

北魏初年，设官分职，多沿袭晋代旧例。东魏、西魏以及北齐政权的中央官制都是仿照北魏而建立的。北周官制比较完备。设有太师、太傅、太保，配置少师、少傅、少保。仿《周礼》六官之制，设置六卿，即天官府大冢宰、地官府大司徒、春官府大宗伯、夏官府大司马、秋官府大司寇、冬官府大司空。

2. 地方官制

魏晋南北朝时期、地方行政制度比较混乱，没有形成整齐划一的制度。但大体上来说仍旧是州、郡、县三级。

3. 选官制度

魏晋南北朝主要的选官制度是九品中正制。各州郡置“中正”官负责考察本州人才。除九品中正制以外，察举、征辟、考试等选官制度在魏晋南北朝时期仍旧存在，但不作为定制。

（四）隋唐官制

1. 中央官制

隋朝重新确立了三省六部制。隋朝的三省包括尚书省、内史省、门下省。尚书省是由汉魏以来的尚书台发展而来的，内史省是由汉魏时期的中书令演化而来的，门下省也是承袭汉魏之制而来。除三省之外，隋中央还设有秘书省和内侍省以及御史台，御史台是隋代的监察机关，长官为御史大夫，次官称治书侍御史。

唐代中央官制基本沿袭隋朝旧制。在继承隋朝三省六部制基础上，唐朝又发展了这一制度。与隋朝相比，唐朝的三省六部制要更加完备和严密。作为制令机关的中书省、封驳审议机关的门下省和行政事务机关的尚书省，既有明确分工，又有密切合作。

2. 地方官制

隋初地方官制为州、郡、县三级。隋文帝废除了郡级建制，以州直接统县，同时合并了一些州县。后隋炀帝改州为郡，这样地方官制就变成了郡、县两级。除州（郡）县以外，隋代地方还有两类行政机构。一是行台省，统管所辖州县军政事务；二是总管府，掌管一州或数州军政事务。唐初因沿袭隋朝旧制，地方官制基本是州、县两级制。

3. 选官制度

主要是科举制。

（五）宋元官制

1. 中央官制

宋代国家中枢机构的实际权力归属于“两府三司”。两府指掌管国家行政事务的中书门下和掌管国家军事的枢密院。三司是掌管国家财政大权的机构。另外还有属于国家最高监察机构的御史台。

元代“遵用宋法”，在中央设中书省统领全国行政，枢密院掌管军事，御史台负责监察。另外还设宣政院掌管宗教事务、通政院掌管驿站、翰林院掌管制诏、将作院掌管手工工匠、集贤院掌管学校。

2. 地方官制

宋代地方行政机构分为三级，最高一级是路，路下设府、州、军、监（这四个机构是同级），其下是县。

元代的地方官制分为行省、路、州、县四级。

3. 选官制度

主要是科举制。

（六）明清官制

1. 中央官制

明代时撤销中书省，废除丞相，分相权于吏、户、礼、兵、刑、工六部，由皇帝直接统率六部。建立了内阁制度，创设了前、后、左、中、右五军都督府，改御史台为都察院。明代中央还设有通政使司、翰林院等官僚机构。

清代中央官制有内阁、军机处、六部、都察院和理藩院等。

2. 地方官制

明代废除行省，改设承宣布政使司，并将原来行省的权力一分为三，承宣布政使司掌管行政，都指挥使司掌管军事，提刑按察使司掌管司法，三司之间互不统属，全归中央管辖。承宣布政使司下设府、县两级。明代初年，改路为府。府分上、中、下三等。在边疆少数民族地区，明代设置一种特殊行政机构土官衙门。

到了清代，总督、巡抚统领省政作为一种制度确定下来。总督是兼管两省或三省政务的高级地方官，巡抚主管一省。清代每省除设巡抚以外，还设承宣布政使司（简称布政使司）和提刑按察使司（简称按察使司）。府是清代地方的第二级行政机构，府下设县。

3. 选官制度

主要是科举制。

三、古代科举制度

（一）科举制度的产生与发展

“科”是考试科目，“举”是选拔的意思，“科举”就是通过分科考试以考试成绩决定取舍的选官制度。它创始于隋，直至光绪三十一年（1905 年）被废除，前后经历了 1 300 多年。

夏朝到西周的官员主要是靠世卿世禄，到了东周，稳定的分封制度开始崩溃，于是有了“客卿”“食客”等人才为各国的国君服务，为取得兼并战争的胜利逐步引入军功爵制。汉朝分封制度逐渐被废，皇帝中央集权得以加强。皇帝为管理国家需要提拔民间人才。当时采用察举制与征辟制，前者是由各级地方推荐德才兼备的人才，后者是中央和地方官府向社会征辟人才。由州推举的称为秀才、由郡推举的称为孝廉。但这两方面很难用相对客观、可操作的指标衡量。

魏晋以来，采用九品中正制，由中央特定官员，按出身、品德等考核民间人才，分为九品录用。官员大多从各地高门权贵的子弟中选找。权贵子弟无论优劣，都可以做官。许多出身低微但有真才实学的人却不能到中央和地方担任高官。为改变这种弊端，隋文帝开始用分科考试的方法来选拔官员。令各州推举人才，参加考试，合格的可以做官。隋炀帝时正式设置进士科，考核参选者对时事的看法，按考试成绩选找人才，中国科举制度正式诞生。到明朝，科举考试形成了完备的制度，共分四级，即院试（即童生试）、乡试、会试和殿试，考试内容基本以四书五经为基础，以“四书”文句为题，规定文章格式为八股文，解释必须以朱熹的《四书集注》为准。

案例分析

科举制——中国的“第五大发明”

梁启超和康有为将改革科举考试内容、废除八股文作为戊戌维新的重要举措，应该说，梁启超是改革科举的先锋将。戊戌变法失败之后，梁启超和康有为一起流亡日本。在日本期间，梁启超了解到科举对西方文官制度的影响之后，他在 1910 年，也就是科举停废 5 年之后，梁启超以美国为例子来说明了科举制度对美国的影响。他说：“昔美国用选举官吏之制，不胜其弊，及一八九三年，始改用此种试验，美人颂为政治上一新纪元。而德国、日本行之大效，抑更章章也。世界万国中行此法最早者莫如我，此法实我先民千年前之一大发明也。”正因为他对科举是这种认识，因此认为必须要恢复科举，他说：“吾故悍然曰：复科举便！”

无独有偶，孙中山也长期在海外流亡，他对科举对世界的影响，以及科举在中国历史上地位有比较清楚的了解，在1921年4月，孙中山先生在广东省教育会的一次演说中，就已提到英国的考试制度就是学我们中国的。1924年，他在《五权宪法》的演讲中又说："现在欧美各国的考试制度，差不多都是学英国的。穷流溯源，英国的考试制度原来还是从中国学过去的。所以，中国的考试制度，就是世界中最古最好的制度。"他还在其他不同的场合重复过这一说法。

明万历十一年（1583年），传教士利玛窦远渡重洋来到中国，他发现中国太伟大了，甚至认为柏拉图所宣扬的"理想国"在中国已经被付诸实践。中国之所以是"理想国"，之所以能如此繁荣，最重要的秘诀就是中国是文官治国。而中国的文官制度之所以能维系，科举制度发挥了重要的作用。正是由于有科举制度的存在，利玛窦认为所有人都可以通过科举改变自己的命运。而利玛窦的祖国意大利正处于中世纪封建社会，"贵族总是贵族，平民总是平民"，几乎没有任何合法的途径能让平民进入上层社会。两相比较，利玛窦发现中国政治与欧洲中世纪的黑暗政治相比，简直有天壤之别。

对科举制度的认识之所以会有如此大的差异，有的人认为科举制度是一种杀人的制度，有的人却认为科举制度是中国最好的考试制度，而且被国外效仿，影响着西方的文官制度。观点的差异确实悬殊，之所以会是这样，这就像我们看一幅油画，远看特别漂亮，但是近看的话，往往有的人可能会提出疑问，为什么那么粗糙，甚至觉得不好看。这也就是说，那些身处中国，甚至是科举制度的参加者，他们会认为科举很不好。那些远离科举制度的人，认为科举制度存在着无可比拟的价值，因此认为它非常好。

（资料来源：中国大学MOOC-《科举与中国文化》https://www.icourse163.org/course/HNU-482005？tid=554003）

思考题：

1. 你是否认可科举制是中国的"第五大发明"这种观点？为什么？
2. 试对科举制进行评价。

（二）科举考试的基本情况

下面以明清为例，介绍下科举考试。

1. 院试

又称郡试、道试，是参加过县试、府试后的童生取得生员资格的考试。院试由各省学政主持，学政又名提督学院，故这级考试为院试。院试合格者称生员，即秀才，然后分别分往府、州、县学学习。各府、州、县学中的生员选拔出来为贡生，可直接进入国子监成为监生。同时，由各省提学官举行岁考、科考两级考试，科考列一、二等者，取得参加乡试资格，称科举生员。

2. 乡试

乡试每三年一次，逢子、卯、午、酉年举行，又叫乡闱。考试在各省省城贡院进行，考期在秋季八月，故又称秋闱。乡试由皇帝任命的"主考"主持，本省府州县之生员（秀才）与贡生、监生均可参加，中试者为举人，第一名称解元。因八月桂花开，故乡试放榜也称桂榜。

3. 会试

会试是由礼部主持的全国考试，又称礼闱。会试于乡试的第二年即逢丑、辰、未、戌年举行。全国举人在京师会试，考期在春季三月，故称春闱。考中的称贡士，第一名称会元后“会魁”。因三月杏花开，故会试放榜也称杏榜。

4. 殿试

殿试也称“廷试”，是皇帝主试的考试，考策问。参加殿试的是贡士、取中后统称为进士。

进殿试分为“三甲”（三等）录取。一甲取三名，叫“赐进士及第”。第一名为状元（也称为殿元），第二名为榜眼，第三名为探花、三人合称三鼎甲。二甲若干名，称“赐进士士出身”。三甲若干名，叫“赐同进士出身”。进士榜用黄纸书写，故叫黄甲，也称中进士称金榜题名。

三鼎甲在殿试后立即授官，状元授翰林院修撰，榜眼、探花授翰林院编修。二、三甲进士要再经过一次朝考才授官，朝考最优秀的授翰林院庶吉士，其余的分别授予京官、州官、县官。

凡乡试、会试、殿试都考第一名（解元、会元、状元），就叫“连中三元”。明代连中三元者有洪武年间的黄观和正统年间的商辂两人。

明清科举情况见表 2-2。

表 2-2　明清科举简表

项目	院试	乡试	会试	殿试
考场	学政巡回案临考场（府、县）	京城和各省城贡院（省城）	京城贡院（礼部）	皇宫（宫殿）
主考人	各省学政	中央政府特派官员	钦查大臣	皇帝
参加者	童生（儒生）	生员及监生	举人	贡士
日期	三年之内两次	子、午、卯、酉年八月	乡试次年三月	会试同年四月
放榜		桂榜	杏榜	金榜
中者名称	生员（秀才）	举人	贡士	进士
第一名	案首	解元	会元	状元
第二名				榜眼
第三名				探花

资料来源：中国大学 MOOC-《中国文化概论》https://www.icourse163.org/learn/WHU-20011? tid=21008#/learn/content? type=detail&id=207026&cid=299016.

第四节　中国古代科技文化

一、农学

中国古代是一个农业社会，农业是生民之本，故以农业为研究对象的农学较为发达。在甲骨文、金文中，就已经有了关于农田、农具、农作物、农时的载述。《诗经》

中关于生产和生活的描述，反映了特定时代耕作方式、土地利用、作物栽培、畜牧蚕桑等农学知识的积累。《禹贡》关于土壤学的认识、《夏小正》关于农时的描述、《周礼》关于农官的记载，以及《管子》对于人力、植物分类的论述，也反映了农学的重要方面。《吕氏春秋》中《上农》《任地》《辨土》《审时》四篇的出现，标志着中国传统农学正式形成。

秦汉时期，黄河中下游地区的农业生产取得长足发展，西汉末年氾胜之的《氾胜之书》被誉为中国最早的一部农书，在铁器农耕开始普及的背景下具有里程碑意义。东汉崔寔《四民月令》是中国古农书中最早的农家月令类著作。

北魏农学家贾思勰的《齐民要术》是中国现存最早的一部完整的农书，也是世界上最早的综合性农学著作之一。它系统总结了公元六世纪之前黄河中下游地区的农牧生产经验和农产品贮藏加工、园艺、养蚕、兽医等技术，可称为中国古代农业百科全书。

唐宋时期经济重心南移，唐人陆龟蒙的《耒耜经》是中国最早的农具专书。南宋《陈旉农书》中的天时问题、土壤肥料学说等，论述颇有见地，反映了古代农学到宋代达到了新的水平。此外，陆羽的《茶经》是中国乃至世界现存最早、最完整的茶叶专著。

元代农学最具代表性的是三大农书的出现，即《农桑辑要》《王祯农书》和《农桑衣食撮要》。《农桑辑要》是现存最早的官修农书。《王祯农书》首次将南北方农业生产技术写入同一本农书，这在中国农学史上属于首例。《农桑衣食撮要》是一部月令体，语言明白晓畅，易于农事生产者阅读和掌握。

明清时期，自然破坏，更有效地利用土地生产成为面临的重要问题。据统计，历代农书共541种，明清时期占了329种，既有综合性的大型农书，又有地区性、专门性的农书，颇具代表性的有《天工开物》《农政全书》《授时通考》等。该时期官方农学与地方农学都有长足发展，农学理论在多个方面得到深化，并开始与西方农学有所交融。

二、医学

人类文明早期，医术往往与巫术交织在一起。中华文明的早期，许多文献也均有“巫医”的记载，当时的人们希望通过祭祀、祈祷消灾祛病。在商周甲骨卜辞中就有不少相关记载。巫医初分始于《周礼》，《周礼》将“巫祝”和“医师”从官职上列入不同系统，并将医生分为“疾医”“兽医”等几类，反映了初期的医学分科。

《黄帝内经》通常被认为成书于战国晚期或西汉时期，历经多次增删、毁损，非一人之作。书中以阴阳五行学说为理论基础，主要体现经络、脏腑学说，并发现人体器官各有不同功能，既有联系又有区别，人体与外界环境相互感应，局部的病理变化可能影响到整个人体，保持人体健康需要做到阴阳平衡。《黄帝内经》的出现是医学知识体系化的一次重大进步，一定程度上说明中国古代医疗学说已达到相当高的水平。

东汉前期的《神农本草经》第一次系统总结了近四百种中医药，并说明了药物的产地、品性、药效和用量等，是目前已知最早的药物学著作。在其之前，《山海经》中已载有动植物、矿物等一百多种药物，并指出预防、治疗疾病的功效，具有重要的医学价值。

东汉张仲景的《伤寒杂病论》，是最早的中医内科学著作，确立了中医辨证施治的基本法则，对周边国家也有重要影响。

隋唐自中央到地方形成了一套医疗体系。隋代巢元方的《诸病源候论》是我国现存第一部论述病因症候学的专著。唐代孙思邈所著《千金要方》是我国最早的临床百科全书。《唐本草》是中国第一部由政府颁布的药典，也是世界上最早的药典。

宋代元医学分科逐渐细化。宋元时期的医学专著可分为：本草类、方诊类和针灸类三类。此时期的外科也很有成就，比如南宋宋慈所撰《洗冤录》在解剖学、法医学方面的成就，宋人窦材《扁鹊心书》、元人危亦林《世医得救方》在麻醉剂方面的贡献。

明代李时珍发现历代本草书存在很多错误，著成《本草纲目》，是到16世纪为止中国最系统、最完整、最科学的一部医药学著作。自刊行后，流传甚广，此后本草著作莫不受其影响。其还被译成多种文字，在海外亦有很大影响。

三、天文历法

（一）天文观测

传说在三皇五帝时代，人们就已观测天象，当时人们将寒暑更易、日夜交替等自然现象，与太阳、月亮、星辰等天体运行的规律结合起来，之后的历朝历代也非常重视对天象的观测，二十五史中多数正史均有《天文志）或《律历志》，记载天文事件和历法情况。天文记录在数千年的历史发展中基本未曾间断，观察记录的内容包括太阳黑子、彗星、流星雨、日食、月食等。

天文观测也在不断发展，其中一个重要指标就是天文观测仪器的进步与革新。秦汉时期，浑仪和浑象均已应用到天文观测中，东汉张衡在前人工作的基础上，利用当时的机械制造技术，发明了用于演示浑天的仪器——水运浑象，这在中国天文仪器史上占有重要地位。此后，关于天文仪器的制作水平也在不断提高，孙吴葛衡曾改进了浑象的设计。北魏晁崇等人铸成了中国历史上唯一一台铁制浑仪，使用长达三百多年。唐人李淳风、一行等人在改进仪器方面也做了很多工作。宋元时期，在以郭守敬为代表的诸多天文学者的努力下，中国传统的天文仪器——洞壶、圭表、浑仪、浑象等，不断出现和改进。

天文观测由专职官员负责，职掌天文的官职在很早就已设立，历代皆有沿袭，亦有变化，机构名为司天台、司天监、钦天监等。根据观测的结果制定相应的历法，再以帝王的名义颁布。

（二）历法

历法制定由天文观测得来，并用以指导农业生产，中国古代观天象定历法有着悠久的历史，历法包含的内容也非常丰富，包括朔望的推算、二十四节气、闰月安置以及日食、月食和行星位置的计算等。

《诗经》中不光有天象和物候现象，如日食、星宿方位的记载，还有四季的记载。颇具代表性的便是《豳风·七月》，它记载了一年四季不同季节的天象和物候，以及相应的生产生活安排，是天文历法在民众生活中应用的直接反映。《夏小正》是现存最早的一部农事历书，原文收在《大戴礼记》中。按一年十二个月，分月记载了相应的气象、物候、星象和重大的生产生活安排。

春秋末至战国时代诞生的四分历，标志着中国古代历法已经进入了成熟期。当时诸侯各国分别使用的黄帝历、颛顼历、夏历、殷历、周历、鲁历等所谓的古六历，都是四分历。自战国至汉初，四分历普遍应用。西汉武帝时颁布《太初历》，对四分历进行改革，以正月为岁首，将二十四节气分配于十二个月中，使月份与季节相配更加合理，形成了中国古代第一部比较完整的历法。

沈括的《十二气历》反映了当时对于天文与历法之间关系的把握更趋精确和科学。在沈括之前，历法均以一年当中的十二个月配春夏秋冬四季，平均每季三个月，如有闰月，则当季就是四个月。但是在天文学上，是以立春、立夏、立秋、立冬四个节令作为对应四季的开始。因此，两者之间的矛盾在历法上很难做到统一。针对这一问题，沈括主张以“十二气”为一年的历法，参照节气定月，一年的第一天为立春，共十二个月，不以月亮的朔望定月，不用闰月。《十二气历》是纯太阳历，既与实际星象、季节相合，又便于掌握。

中国古代历法经各代改革，到元代郭守敬的《授时历》博采众长，颇为精密，在许多方面有所创新，于公元1280年制成，次年正式颁布，一直沿用到明朝结束。

明代末年，西方传教士来华传教，他们的天文学知识影响了中国历法的修订。崇祯皇帝曾经命令徐光启组织人手修订历法，当时就有传教士参与，最终撰成《崇祯历书》。该书引进了欧洲天文学知识、计算方法和度量单位等，是中国古代制历的一次重大改革，也为中国古代天文学向近现代发展奠定了理论基础。

四、数学

中国早期的数学与人们的生产生活密切相关，《世本》有“黄帝作数”的传说。甲骨文、金文反映商周时代已经有了数字的概念及相应的符号。春秋战国时期社会中诸如土地测量、贸易的计算、天文历法等迫切需要数学知识。算筹作为中国古代的计算工具，在这一时期得到了应用。在春秋战国时期诸子的著作中，也有不少关于数学知识与方法的记载。比如《墨经》说，“圆，一中同长也”，讲的就是关于圆周半径的几何知识；“平同高也”，则与水准测量有关。《庄子・天下》篇所记“一尺之捶，日取其半万世不竭”，则与古典符号逻辑有关。

成书大概不晚于西汉前期的《算数书》是我最早的数学书。书中包括二百多枚保存完好的数学竹简，是一部数学问题集，有完整的加、减、乘、除运算法则，涵盖了当今数学分类的算术、几何两大类。

汉唐时期先后出现了十部重要的数学专著，被称为“算经十书”。其中《周髀算经》提出了勾股定理的特例及其普遍形式，并在天文历法的测算方面取得了一定成就，如测量太阳高、远的方法；《九章算术》有数理层面的表述，又注重联系实际，形成了以筹算为中心的数学体系，不光影响了中国古代数学的发展还在隋唐时期传到朝鲜、日本等地，在世界数学史上占有重要地位。

在算经著作涌现的同时，还产生了一批伟大的数学家。《周髀算经》《九章算术》

的注者赵爽和刘徽，他们是汉末至魏晋时期的著名数学家，他们为中国古代数学理论体系的创立起到了非常重要的作用。南北朝祖冲之将圆周率的计算精确到小数点后第六位，其子祖暅推导出了球体体积的公式。唐朝时设国子监算学馆，将算学与国子学、太学、四门学、律学、书学，并称为国子监六学，科举考试设明算科。国子监设算学博士和助教，将“算经十书”列为算学馆学生的教材。

宋元时期，以筹算为基础的数学著作大量涌现，筹算达到了极盛。此时期关于高次方程的数值解法、多元高次方程组的解法等，领先于欧洲数百年，秦九韶、李冶、杨辉和朱世杰被称为宋元数学四大家。

明代商业经济发达，社会需要演算方便的计算方法和工具，于是珠算普及，日用数学不断发展。还出现了数量众多的珠算读本，以程大位所著《算法统宗》影响较大。《算法统宗》的出现，标志着珠算理论已成系统。珠算代替筹算，是算数工具的一大进步。

五、物理学与机械工程

（一）力学

中国古代力学成就主要表现为机械工程的发明创造。从对力的利用上看，包括对弹力、惯力、重力、摩擦力的利用，还有对畜力、风力、水力、热力等各种原动力的利用；从传动装置的角度看，有绳或皮带传动、链式传动、齿轮及齿轮系传动、凸轮传动、杆的传动等；从用途的角度看，中国古代机械大致包括农业机械、纺织机械、陆路运载机械、水路运载机械、军用机械、天文仪器与计时器等。

以水力利用为例，中国历史上的水力机械有水转筒车、水力磨、水转大纺车等。中国元代的水转大纺车是世界上最早发明和运用水力的纺纱机，它的西传对于欧洲工业革命初期阿克莱水力纺纱机的发明起到了重要的促进作用。

（二）光学

较早记录光学现象的典籍当属《墨经》，如“景（影）不徙，说在改为”“光至，景（影）亡。若在，尽古息”等，揭示了光源、物体与投影三者之间的关系。北宋沈括的《梦溪笔谈》记载了衍射色彩、物体透光之色、各种冷光以及对四面镜焦点与焦距等。清人郑复光在大量观察、试验的基础上，著成《镜镜詅痴》一书，可视为中国第一部光学物理专著，该书在物体颜色、光的传播、反射折射、透镜成像等方面，都有记载和深入论述。

（三）声学

河南发掘出公元前五千年的七孔骨笛。《吕氏春秋》《太平御览》中有黄帝命伶伦取竹作律、伏羲作琴的记载。战国曾侯乙编钟有六十五件，显示了我国古代精湛的制作工艺和基础的音律学水平，在声学史上具有重要地位。

（四）磁学

指南针为航海发挥的作用至关重要，对东西方世界的文明进程也产生了深远的影响，是中国古代四大发明之一。指南针的发明正是建立在磁学知识的基础上。指南针的早期形态是司南。司南在汉代已经出现，东汉人王充在《论衡》中对司南作了相应描述。北宋曾公亮在《武经总要》中关于指南针的记载，反映了当时对磁学知识的把握。沈括的《梦溪笔谈》也有大量关于磁学和指南针制作方法的记载，反映了先民在磁学方面的杰出成就。

六、炼丹术与火药

火药是中国古代四大发明之一，由硝、硫、炭三种粉末拌和而成，燃烧后会生成黑色烟雾，因此被称为黑火药。

对硝的化学性质的认识是发明火药的关键。一般说来，燃烧需要氧气作为条件，火药在燃烧时则无须外界提供氧气，这就需要一个类似氧化剂的角色，而硝石恰恰就扮演了这个角色。中华先民对硝石的性状、产地、功用有一个长期探索和认识的过程，在早期的医学著作《黄帝内经》《神农本草经》中都有相关记载。春秋战国时期，人们对硝石、硫黄等物质的产地、药性和化学特性已经有了相当的了解。到了南北朝时期，相关认识已经达到了非常高的水准，这一点远远领先于世界上的其他国家，南朝陶弘景的炼丹即为典型例证。自然界中的硝有“硝石”和“朴硝”两类，这两类外观类似，均色白味苦，呈针芒形结晶，在很长的时间内，人们难以找到区分的办法。在《本草经集注》中，陶弘景指出硝石在火焰上燃烧，有青烟升起，而朴硝在燃烧时则没有这种现象。这种鉴别硝酸钾的“焰色法”为提炼纯硝奠定了基础，在近代有关化学实验中仍被采用。阿拉伯和西方世界直到13世纪才真正了解硝石的特性，这也正是黑火药最早出现于中国的原因。

火药的发明与炼丹术密切相关。中国古代道教信徒在长生不老理想的驱动下，古代炼丹术长期流行。唐代炼丹家们已经设计并制作出不少化学仪器、设备，在提取化学制剂方面积累了一定经验。炼丹家们在使用硫黄、砒霜等性烈金石之药时，需要预先通过灼烧的办法来消解或者降低其毒性，这种方法称为“伏火”。伏火的方子一般都有硝石、硫黄和炭末，因此在炼丹过程中非常容易发生爆燃，催生了火药的诞生。可见，火药并非一人一时的发明创造，而是由本草学家、医学家、炼丹家在长期的实践当中逐渐探索的结果。到唐朝末年火药已经产生，并在北宋时期开始普及应用。北宋时期编纂的中国第一部军事百科全书《武经总要》，载录了三个完整的火药配方，其中的“蒺藜火球火药方”中硝、硫、炭的比例与现代配比基本无异。

火药也是烟火的来源，北宋已经用于烟火、鞭炮的制作，而在军事方面的应用也由粗糙走向精细，并且批量制造，开启了火器与冷兵器并行的时代。13世纪火药传至阿拉伯，并经阿拉伯传到西方世界，为欧洲中世纪的社会秩序重建和随后的海外殖民扩张提供了利器。

七、造纸与印刷术

纸张在东汉蔡伦之前已经出现并得到应用，而蔡伦的突出贡献在于对纸张的生产技术进行改良，使得纸张质量提高。纸张使用方便，书写效果良好，带动了社会文化的发展。官府公文用纸、书籍印制，尤其是佛教、道教经典的传播，反过来也刺激和推动了造纸业的发展。

魏晋南北朝时期，纸张的染色技术已经较为成熟，有青、红、浅青等多种色泽的纸张可供选择。到了唐代，施胶、施蜡、撒金等方法涌现，提高了纸张的观感和书写体验。纸张的种类从东汉至唐代经历了从麻纸到皮纸的发展过程，皮纸又包括藤纸、楮皮纸和桑皮纸三类。藤纸是当时的高级公文用纸。桑皮纸用于书画，如中国十大传世名画之一——韩滉的《五牛图》。明清以来，随着工艺的提高，宣纸逐渐成为中国手工纸的杰出代表，享誉中外。

手抄是印刷术发明之前文献传播的普遍方式。在南北朝隋唐时期，抄书曾是一种职业。由于效率低下、耗费人力，印刷技术应运而生。印刷术分为雕版印刷和活字印刷两个阶段。雕版印刷大概出现于唐代中后期，由雕刻工人在木板上，将文字雕刻成凸出的反体字，印刷时在字体表面均匀涂上墨汁，然后覆上纸张轻轻拍打，文字便印到纸张上面。《金刚般若波罗蜜经》是现存最古的印本之一，在经卷之首，有释迦牟尼说法图像，雕印精美，说明当时中国的雕版印刷术已达到了相当的水准。

五代时期，国子监校定“九经”，组织工人雕版印刷，是政府大规模组织刻书的开始。北宋年间毕昇发明活字印刷，将文字制成阳文反体字模，然后单字挑选、排列在印版内，涂墨印刷。元代王祯创制了两个可转轮盘，将活字按照规则摆放，便于捡字工匠取字排版。明代广泛采用套印、版画和彩印等技术，套印是指在同一版面使用颜色不同的版分次印刷。中国的造纸术和印刷术先是传到阿拉伯地区，后经阿拉伯传到欧洲，对欧洲文化的传播起到了促进作用。

核心知识小结

中国历史悠久，170 万年前，就有人类在这片土地居住，春秋战国的百家争鸣使思想文化出现极大繁荣，尤以儒家、道家、法家、墨家、阴阳家对后世的影响最大，中国古代还有内涵丰富的姓名和称谓文化，使我们可以追源溯流，历朝历代的官制以及科举制度对中国封建社会影响巨大，科学技术成就也非常突出，为我们今天的旅游留下了深厚的历史文化。

案例解析

阆中古城

阆中是世界千年古县、中国春节文化之乡，迄今有 2 300 多年历史，拥有张飞庙、贡院、滕王阁佛塔等 8 处全国文物保护单位，天宫院、华光楼、福音堂等 20 余处省级文物保护单位，古城灿烂的历史人文与优美的自然风光交相辉映。

风水独特。阆中古城山锁四围，水绕三面，契合中国传统的风水格局，至善之美，自然天成，是当今保存最完好的一座“风水古城”。在此，你可登临白塔观景台俯瞰古城风水意象，中天楼体验“天人合一”意境，天宫院-淳风祠探寻“九龙朝圣、二龙捧珠”风水佳局。

春节源头。西汉天文学家、历算学家阆中人落下闳编制《太初历》，确定正月初一为新年的第一天，阆中被评为“中国春节文化之乡”。在此，你可到落下闳故居祭拜春节老人，游春节文化主题公园、祈福殿，看灯戏、观皮影、烧花舞龙，天天过新年。

三国遗韵。在群雄逐鹿的三国时代，蜀汉名将张飞，作为巴西郡太守，镇守阆中长达7年，最后死于阆中，葬于阆中。后人仰其忠勇，遂建有汉桓侯祠（张飞庙），代代祭祀。在此，你可到桓侯祠祭拜张飞，看张飞巡城，品张飞小吃，享三国盛宴，到三国产业园购买张飞系列旅游产品。

科甲鼎盛。在中国实行科举制度的1 300年间，阆中科甲鼎盛，俊彦辈出，有“状元之乡”之美誉。现存至今的清代四川贡院，其规模之大、保存之完好、内涵之丰富，乃全国之冠。是一处集科举实物展示、学习观摩、文化体验于一体的精品旅游景区。在此，你可以瞻仰状元牌坊，漫步状元街，参观清代四川贡院、文庙，登魁星楼，游状元洞，体验秀才赶考。

五教并存。道教、佛教、伊斯兰教、基督教、天主教在阆中共荣不悖，交相辉映。古城内散落着意境清幽的宫观、精工富丽的寺庙、异域风情的圣约翰福音堂、技艺精湛的巴巴寺……

嘉陵风光。阆中古城山水城相依相融，若即若离，亦真亦幻，犹如仙境。嘉陵江南岸锦屏山风光秀丽，历代都在山上建筑楼阁亭榭，素有“嘉陵第一江山”之美誉，杜甫赞曰：阆中城南天下稀！在此，你可泛舟嘉陵江上，畅游东河生态，亲临构溪湿地，漂流、观鸟、垂钓、露营、烧烤、发呆。

（资料来源：http://www.alangzhong.com/page/scenic！info.htm？id=1388）

思考与讨论：

1. 阆中古城作为历史文化名城有何现实意义？
2. 阆中古城存在哪些历史文化？如果要对景区讲解或规划开发应该如何进行？

复习思考

1. 中国历史上存在过哪些朝代，其朝代更替是怎样进行的？
2. 司法谈《论六家要旨》中的六家是哪六家？各家的主要思想是什么？
3. 姓与氏是一样的吗？我国古代姓氏由何而来？
4. 科举考试如何举行？
5. 中国古代有哪些科学技术？能否在书中所列基础上再加以补充？

第三章 中国宗教文化

■学习目标

- 了解什么是宗教
- 认识中国宗教的现状
- 初识道教及相关人物
- 初识佛教及相关人物
- 初识基督教及相关宗教节日
- 初识伊斯兰教及相关宗教节日

■引导案例

宗教景区：如何突破旅游发展瓶颈

宗教和旅游一直有着非常天然的紧密联系，宗教文化既蕴含着丰富的旅游资源，同时也是构筑我国传统文化的重要基石。在我国已经公布的国家级风景名胜区中，宗教类景区占景区总数的46%。《“十三五”旅游业发展规划》中首次对我国旅游行业的发展给予了政策性指导意见及相关法规条文，文化旅游成为未来中国旅游大力推进的方向，这对于作为我国文化旅游多业态环节中一环的宗教旅游有着较为积极的影响。

一、宗教文化景区的发展优势主要有以下几点：

（1）重游率高：普通景区游客很少会在短期内对已游览过的景区产生重游意愿，但宗教文化景区不同，中国信徒许愿还愿的传统习惯，会使其重复多次造访同一景区。特别是对于祈福、许愿等，若效果灵验还会向周围的熟人推荐这个景区。

（2）游客消费意愿强烈：一般人对娱乐休闲的消费是有限度、有预算的，但信徒对宗教的热情是没有止境的，宗教信徒的虔诚心以及宗教本身作为一种精神寄托的性质，使得游客信仰热情，产生强烈的、高额的消费意愿。

(3) 易提高过夜率：过夜率是一个景区是否能产生附加增值收入的重要指标，住宿、餐饮、特色商品及其他服务消费肯定会数倍于区区一张门票。佛道文化都讲究修炼，深挖景区宗教文化体验，对促进过夜率会有极大帮助，综合性服务大大提高景区的收益性。

(4) 常年游客参观量稳定：普通风景区一般会形成比较明显的假日经济，如长假、小长假和寒暑假。宗教文化景区会额外增加更多的节日吸引，比如宗教节日、初一十五等，这些都会促使信徒调整假期在普通工作日到访景区，减小了宗教文化景区的游客数量变化，保障了景区发展稳定性。

二、宗教文化景区的发展劣势

(1) 门槛高：宗教有其固有圣地、圣物，形成了固有的一些名山名寺，其他的景区如果要有大的突破就必须要有大创新、大手笔、大冲击的旅游产品，才能脱颖而出。

(2) 同质化严重：中国的宗教文化景区同质化现象严重，多是依靠原有的宗教文化资源。传统名山名寺游人如织（如四大菩萨道场等传统宗教圣地），其他宗教文化景区很少能起到吸引人气带动当地旅游业的作用，极少有创新，没有独特吸引力。这同时也造成了游客选择去名气较大的传统名山名寺。

(3) 游客年龄层偏高，受众面偏小：游客一般为信徒、兴趣者或许愿者，对宗教毫无信仰的人不管如何推广宣传都不可能去游玩。信徒一般又以中年以上人群偏多，如何吸引年轻人，提高他们对宗教文化体验的兴趣是宗教文化景区发展的一道难关。

(4) 娱乐范围受限：宗教文化景区具有宗教的神圣性，不适宜过于商业化、娱乐化，但又不宜过分沉闷、严肃，如何让景区具有吸引性、具有适度的休闲项目，又能融入宗教元素，不打扰虔诚的信徒，这就需要在景区的分区规划上突出新意与亮点，保证景区的运营可靠性之外，具有吸引游客停留的发展特质。

（资料来源：https://www.sohu.com/a/253105469_99936216）

第一节　宗教的概述

一、宗教的定义

英语单词 religion 衍生于拉丁语单词 religio，它指一个人在神灵面前感到的恐惧或敬畏。在西方文化中，我们常常根据一套与神有关的信仰来为宗教下定义，通过这一信仰，人们传授道德体系。虽然这一定义包含了可在许多宗教中发现的一些要素，但是它不可能对全部宗教来说都是妥当的。例如，某些宗教承认神的存在，但实际上与神几乎没有什么关系。耆那教与佛教的某些形式在某种程度上可被称为无神论的宗教，因为它们强调的是人在没有神帮助的情况下将其自身从所处的困境中解放出来。某些宗教并不是内在地与道德体系联系在一起。地球上存在的大多数宗教可能都更为关注人类与神、恶魔和其他种类的灵之间的恰当关系，关注世界的繁荣和幸福，而不是关注人与人之间的伦理关系。早期希伯来人宗教的一个明显特征是他们的上帝施加在他们身上的伦理纬度。在佛教、印度教和具有广泛和普遍号召力的其他宗教中，我们也可发现类似的关注。这些宗教的现代信徒将“宗教”与“道德”一词联系起来，但是，在大多数宗教中，这两个词不是同义的。

基督教神学家保罗·蒂利希（Paul Tillich）将宗教定义为“终极关怀”。根据蒂利希的定义，有人可能进一步指出，在最根本的形式上，一个人的宗教指的是某种最为重要的关注。于是，在这一意义上，我们在许多民族中发现的强烈的爱国主义也可被称为宗教。我们已经知道有些人将他们的家庭置于所有其他关注之上。根据这一定义，他们对家庭的强烈的爱也可被视为他们的宗教。无论蒂利希的定义在哲学层面上如何令人满意，它对于“世界宗教”的课程或课本来说还是太过宽泛。

在《宗教经验种种》(*The Varieties of Religious Experience*) 一书中，威廉·詹姆斯(William James) 提出，因为“宗教”一词有如此之多的定义，所以我们应该认识到整个概念的宽泛性，任何一个定义都不足以将其概括。与此相反，“宗教”应被视为一个集合名词。詹姆斯写道，在最宽泛的意义上，宗教中“包含这样一种信仰，即存在一种看不见的秩序，我们的至善就在于将我们自身和谐地调整为适应这种秩序的状态”。

二、中国宗教的内涵

中国宗教史可以大致划分为几个阶段。从最早有文字可考的时期到公元前 11 世纪的商朝末年，中国人民所信奉的宗教显然在本质上是一种多神教，其中混合有祖先崇拜的成分。从公元前 11 世纪周朝发展起来到公元初年，一部分中国文人断定，在所有其他神灵之上有一个至高神。第二个历史时期的特征是对道德的强调，尤其是对统治者道德的强调。这是产生老子（传说中道教的创建者）和孔子的时代。从公元初年到公元 11 世纪，佛教和道教在中国发展起来，并且在这段时期，首次发展出了完备的宗教礼仪。宗教发展的第四个时期是从 11 世纪至今的这段时间。在这一时期，出现了一种兼收并蓄的运动，它在大多数中国人民之间实现了一种佛教、道教和儒教之间的综合。

从很早的时候起，中国人就已经持有一定的宗教概念，并举行某些宗教活动，这些宗教概念和宗教实践影响了后来道教哲学和儒教哲学的发展。古代文献对这些概念只做了简要的描述，但是，为了更好地理解中国宗教，我们必须首先对它们进行考察。

（一）古人承认众多神灵的存在

正如已经说过的那样，中国人民最早的宗教似乎是建立在一种多神信仰的基础之上，人们相信有众多的神灵控制着宇宙。与其他许多信仰基本宗教的群体一样，古代中国人对宇宙的理解显然是一种多神论和万物有灵论。天地之神尤其受到关注和祭拜。在春秋两季，古代中国的皇帝会举行复杂而又耗资巨大的祭天和祭地礼仪。其中许多礼仪的目的都是要确保土地的肥沃多产和农业的大丰收。官员和普通百姓也祭拜这些神灵。

（二）阴和阳

古代的中国哲学家在寻求一种原则来解释宇宙真正的本质之时，发展出了阴和阳的概念。在他们的观念中，是这两种力量之间的平衡使得宇宙能够按现有的方式运行。阴是自然中的消极和否定的力量。人们在黑暗、阴冷、女性、潮湿、大地、月亮和阴影中能够看到这种力量。阳是自然中的积极和肯定的力量。人们在光明、温暖、男性、干燥和太阳中能够看到这种力量。

阴和阳之间的相互作用被认为是宇宙运行的要素之一。除了（纯粹属阳的）太阳和（纯粹属阴的）大地等少数几个物体，大自然中的其他所有存在物，包括人类、甚至是事件都是这两种力量的结合。当这两种力量和谐共处时，生命就处于它的应然状态。

（三）孝悌和祖先崇拜

中国文化在整个历史上都有这样一个特征，即对家中老人十分敬重甚至尊崇。在面对中国人的生活时，西方学生感到最难理解的一个方面可能就是这种对老人的尊崇。传说中道教的创始人是李伯阳，但是，他的弟子将他称为“老子”，意思是“老先生”。

对中国人来说，“老了”或“上了年纪”并不像在许多西方国家中那样是不恭敬的用语，与之相反，它们是最高的敬辞。对中国人来说，也许真的就像所说的那样，正是年老的父亲、母亲、祖父或祖母主宰着中国人的家庭。赡养老人，对老人毕恭毕敬，在老人死后厚葬他们，这些都是孩子的责任和义务。甚至在父母死后，孩子还应当继续维护他们的墓地，追忆父母及其作为，并为之行祭奠之礼仪。

（四）占卜

和许多其他信仰基本宗教的群体一样，早期的中国人也相信占卜，因为宇宙具有统一性，所以人们能够凭借某些手段预见未来的事情。某些古代宗教根据鸟的飞行方式、牺牲的内脏或各种神谕的说法预见未来，中国古人则根据龟壳裂纹的纹路或使用蓍草梗来预测未来。人们认为由于乌龟的寿命很长，所以龟壳上的纹路与宇宙的节律尤为协调。人们经常用火烤龟壳，然后观察龟壳上出现的裂纹以占卜未来。中国古人的占卜活动可能是随着一本名为《易经》的书的撰述而达到了它的顶峰，这部书至今仍在被中国人使用。人们投掷钱币和某种植物的叶柄，一定的图案就出现了。将这些图案对应到《易经》六十四卦的某一卦上，就能产生一个陈述或预言。

（五）封建制度的衰落

周朝的政治制度类似于欧洲中世纪的封建制度。整个周王国被划分为许多诸侯国，各诸侯均臣服于周天子。诸侯国进一步被分封为由臣属于诸侯的卿大夫统治的采邑。每一个封地都在财政上支持它的主人，而主人又反过来为这些封地提供保护。这样，社会就分成不同的阶层。社会中的每一个成员都知道自己的阶层和义务，也知道谁在他们之上，谁在他们之下。

当中国的封建制度逐渐崩溃时，主人再也不能保护他们的封国，使其不受敌军的侵略。这就导致霸主出现，这些霸主能够为弱小的诸侯国提供保护，并得到这些诸侯国的尊敬。在这个天翻地覆、礼崩乐坏的时代，奴隶有时变成了地主。城市中开始出现商人阶级，人们开始察觉到他们的经济实力。旧贵族发现自己既无财务又无权力。

整个封建社会都天翻地覆。伟大的诸子百家就诞生在这一时代。针对国家面临的这一局面，每一学派都给出了自己的应对方案。儒家梦想恢复封建制度的理想统治形式；法家所要的与封建主义相去千里，他们希望建立一个强大的中央集权政府；道家希望没有政府的存在，如果一定要有，那它越小越好。那些伟大的中国哲学——宗教正是产生于这一混乱的历史背景下。

第二节　道教

界定道教确实非常困难。我们可以描述道教的历史和它对中国人的影响，但是，我们不能像描述伊斯兰教或基督教那样，将其清晰地描述成一个具有一定教义和礼仪的宗教组织。它的起源隐藏在中国古代的历史迷雾中。对它的创建者，我们知之甚少，事实上，还有一些人甚至否定他的存在。它的宗教经典与其说是一部圣经，不如说是一部以诗歌形式写成的简短的哲学论述。该经典名为《道德经》，道教的名字即来自此，“道”一字可能最好被理解为“道路”或“自然之道”。尽管道教的名称使它看上去是一个宗教，但最早的道教导师所信仰的只是一种模糊的有神论。然而，到公元初年，道教已完全转变成一个具备了神仙、神职人员、宫观和祭祀仪式的宗教。如今，道教则更多让人联想到符咒、祓除妖魔，以及旨在延年益寿的各种法术。道教是一种关于自然的哲学，是一种宗教，也是一种巫术体系。

一、关于道教的创始人——老子的生平

虽然道教的基本哲学思想可能更为古老，但是在传统上，人们认为道教的创始人是生活在公元前6世纪的老子。人们对老子知之甚少，一些学者怀疑他可能不是一个历史人物。据传说，他大约比孔子早生50年。在儒家经典的记载中，孔子和老子之间曾有一次会面。他的原名据说叫李耳，但是他的弟子称他为老子（老先生）以示尊敬。据说，在这一礼崩乐坏的躁动时期，他担任周朝守藏室的官吏。他对宫廷中不自然的生活感到厌恶，便退了职，一路西行至中国西北边界群山之间的函谷关，试图经此离国远遁。守关的官员认出了这位智者并向他表示，如果他不把他的全部智慧都写出来就不让他出关。于是，老子坐下来，写下了《道德经》。写完这本书时，老子被允许离开，从此，人们再也没有见到他。这一故事的真实性从来没有得到证实。当然，相比起我们对任何其他世界宗教的创始人的了解，我们对老子的了解最是少得可怜。

二、道教的经典——《道德经》

《道德经》一书被认为写于公元前6世纪，它已经成为除《论语》之外最具影响力的中国文学作品之一。书名的准确意思是“道及其力量或美德的经典”。它是一本很小的书，只有5 000多字，共81章，外文译者常常使用诗体来翻译它。至少有1 000部研究或注释这本书的作品，《道德经》的英译本数量也超过了40个。事实上，除《圣经》之外，它比世界上任何其他书籍被翻译的次数都要多，因此，它可能是最广为人知的中国作品。

《道德经》是否是公元前6世纪老子在等着得道出关的允准时写下的，已被学者们讨论许久了。人们普遍同意的是，这本书经历了好几个世纪的发展，在公元前4世纪左右演变成目前这种形式。亚瑟·韦利（Arthur Waley）指出，这本书是在公元前3世纪作为与儒家和法家进行论战的著作被写出来的——儒家希望恢复封建制度的理想形式，法家则希望建立某种强大的中央政府。

第三节　佛教

一、乔达摩的生平

佛教的创建者是一位名叫悉达多（Siddhartha）的人，他是乔达摩（Gautama）氏族的一个成员。人们通常认为他生活在公元前560—公元前480年。生于公元前623年，公元前543年涅槃。本名乔达摩·悉达多，意为“义成就者”（旧译“义成”），成道后被尊称为释迦牟尼，意为“释迦族的圣人”。其他称号有觉者、世尊、释尊、天尊等。然而，随着乔达摩渐渐为人所熟知，关于其生平的记述却都是一些传奇，他的确切生卒年月依旧存疑。尽管如此，他可能还是生活在公元前6世纪，与耆那教的大雄同时代。

二、佛教的发展

佛教在古印度的发展，从公元前6世纪至公元前12世纪，大约有1 800年的历史，大致可分为三个阶段：前600年为原始佛教及部派佛教时期；中间600年为大乘佛教时期；后600年为密乘佛教时期。

初期第一个600年中，前200年为原始佛教时期（公元前6世纪—公元前4世纪），是释迦牟尼创立佛教及其亲率弟子在恒河两岸摩羯陀等国传教。后400年为部派佛教时期（公元前4世纪—公元前1世纪），佛教在印度本土迅速发展，孔雀王朝的阿育王定佛教为国教，但是在传承过程中众弟子对原始教义、戒律发生争议，最终没有达成一致。原始佛教分成两大派系：较为传统的一派称为“上座部”，倾向改革的一派称为“大众部”。

中间第二个600年为大、小乘佛教时期（1世纪—7世纪）。大众部主张“普度一切众生”，自称“大乘佛教”。注重自我解脱的上座部被称为“小乘佛教”，他们坚持世上只有一个佛即佛祖释迦牟尼。

后期第三个600年为密乘佛教时期（7世纪—12世纪）。大乘佛教的一部分派别与婆罗门教结合而形成密教。其他大乘佛教被称为“显教”或“显宗”。

第四节　基督教

一、基督教的发展

基督宗教发端于公元1世纪罗马帝国统治下巴勒斯坦地区的犹太团体。1至5世纪是基督宗教创立并从以色列传向希腊罗马文化区域的时期，是基督宗教发展的早期阶段，是使徒和早期教父建立基督宗教基本教义和神学学说的时期。这一时期常被称为基督宗教发展上的第一个阶段。到了395年，罗马帝国在内部的矛盾和外族的入侵下分裂为以意大利的罗马城为中心的西罗马和以君士坦丁堡为首都的东罗马。随着东西罗马的分裂，基督宗教也开始分裂为罗马天主教和东正教。直至1453年东罗马帝国在信仰伊斯兰教的土耳其人的进攻下灭亡，这是基督宗教发展史上的第二个阶段。

宗教改革运动直接的导火线是教宗利奥十世以修建罗马圣彼得大教堂为名，于1517年派多明我会修士台彻尔到德国去兜售赎罪券，此事激起极大反感，据传马丁·路德于同年10月31日在维滕贝格教堂门前张贴反对兜售赎罪券的《九十五条论纲》，揭开了这场宗教改革运动的序幕。路德提出“唯靠圣经、唯靠恩典、唯靠信仰”的改教口号，为以后的改教者所继承和追随。改教浪潮波及西欧全境，在教廷势力薄弱的地区引起一场又一场改教运动。瑞士苏黎世发生了茨温利领导的改革运动，在日内瓦以加尔文为首的激进派建立市民阶级共和式的长老制教会，由此产生新教加尔文派（归正宗或改革宗）。英国在亨利八世国王推动下自上而下进行改革，建立了独立于罗马教廷的英国国教会（圣公会）。瑞典、挪威、芬兰、丹麦等国自上而下地改革，相继以路德派教会代替天主教为国教。基督教由此开始了在全世界的发展。

二、基督教年历和节日

在一开始，基督教会是犹太教的一部分，并沿用它的历法，庆祝它的节日。随着这两个宗教之间的分歧日益扩大，基督教开始创制自己独特的历法。在教会的早期宗教生活中，人们就会庆祝一些基督教的节日，如复活节和基督降临节。其他节日如圣诞节，是在几个世纪之后才出现的。

一般来说，今天基督教的主要节日有主日、基督降临节、圣诞节、复活节等。

第五节　伊斯兰教

一、伊斯兰教的产生

伊斯兰教是世界宗教中最年轻的宗教之一，所以相比其他宗教的创始人，伊斯兰教创教者的生平细节更易获得。没有任何人对这个事实提出严肃的质疑，即穆罕默德是一位历史人物，并生活在公元7世纪。大约公元570年，他出生在古来氏部落的哈希姆家族中，这个部落群控制着在麦加的克尔白。

公元 6 世纪，麦加的商人控制了在印度洋与地中海之间行走的商队。这个事实与克尔白一起给麦加城带来巨大的财富，而且为年轻的穆罕默德提供了一个与诸商队一起工作、一起旅行的机会。似乎就是在这些旅行期间，穆罕默德接触到了典型的中东的宗教和文化。受到一系列的启示之后，穆罕默德深信，只有一位真神，他的人民将他称为安拉。神启的内容撰写出来后作为伊斯兰教的经典，名为《古兰经》。

二、伊斯兰教历和节日

伊斯兰教具有它自己独特的历法，一年由 12 个太阴月组成，每月有 29 天或 30 天，每年总共 354 天。为了调解阴历年与阳历年之间的一些差距，每 30 年中要有 11 年在最后那个月增补 1 天。然而，即使进行了这种纠正，依旧是 103 个穆斯林年等于 100 个太阳年。穆斯林将先知迁徙那年定为元年，所以先知去世的日子并不记作公元 632 年，而是记作希吉拉历 10 年。

在伊斯兰教五功中，穆斯林必须每日礼拜，在斋月进行斋戒，在他们一生中至少到麦加朝觐一次。这些神圣时刻被确立为穆斯林所信仰的宗教的基础。除了这些，穆斯林还需庆祝两个每年一度的节日。

（一）开斋节

开斋节在斋月之后的闪瓦鲁月（Shawwal）的第 1 天举办，在长时间的斋戒之后，人们庆祝回归常规的生活。他们在此时举行节庆，这场节庆可能持续 3 天之久。在许多穆斯林社团中，人们在这个时候交换礼品、走访朋友和亲戚，并凭吊死者。

（二）宰牲节

宰牲节在都尔黑哲月（朝觐月）的第 10 天举行。这一节庆是朝觐麦加的要求之一，但是，整个伊斯兰世界都过这个节日。穆斯林每逢这一日，会沐浴盛装，到各清真寺举行会礼，互相拜会。宰杀牛、羊、骆驼，除了自食以外，还互相馈赠，或送给清真寺，以示纪念。

（三）新年

穆哈兰姆月（Muharram）是穆斯林年的开始。人们在这个月份开展庆祝活动还因为这个月被认为是希吉拉发生的月份。在逊尼派社团中，穆哈兰姆月的第 10 天是斋戒日，它被称为舒拉日（Ashura）。在什叶派中，穆哈兰姆月的第 10 天是卡尔巴拉之战纪念日。

（四）穆罕默德诞辰纪念日

传统的穆罕默德诞辰纪念日定在希吉拉历 3 月 12 日。背诵先知的生平传记和为他祈祷是人们在这个节日中最普遍要做的事情。在许多地方还要举行游行、开办盛宴和进行特殊的集体礼拜。穆斯林的圣贤——尤其是苏菲修会的那些创建者——在他们的诞辰日受到许多穆斯林社团的纪念。

核心知识小结

“宗教”是一个集合名词。在最宽泛的意义上，宗教中“包含这样一种信仰，即存在一种看不见的秩序，我们的至善就在于将我们自身和谐地调整为适应这种秩序的状态”。中国宗教史可以大致划分为几个阶段。从最早有文字可考的时期到公元前 11 世纪的商朝末年，中国人民所信奉的宗教显然在本质上是一种多神教。

道教是中国的本土宗教，老子被视为道教的创始人，《道德经》是道教的主要经典。早期道教的教义主要是围绕着四个方面：宇宙背后的基本统一体是被称为“道”的神秘而又难以捉摸的力量，生命是最大的财富，人应当过简单的生活，人们应该鄙视浮华和虚荣。

佛教的创始人是乔达摩·悉达多，佛陀对人类困境的理解主要体现在四圣谛中，即苦、集、灭、道。佛教在发展过程中主要发展为上座部佛教、大乘佛教。

基督教是世界上最大的宗教。当今世界上有 20 多亿基督徒。这意味着地球上大约有 1/3 的人口某种程度上认为自己是基督徒。自然，一个信徒人数如此之多的宗教一定包含各种不同的信仰和实践。一般来说，基督徒都信仰拿撒勒人耶稣的唯一性：耶稣以某种方式用他的死为人类赎罪，而他自己又从死里复活。基督徒一般还信仰圣餐和作为入教仪式的洗礼。他们持守这样一个理念：信仰者有一次生命，这一生命决定他们死后的命运。他们通常认为，这种命运要么是在天堂永远享乐，要么是在地狱永远受苦。在基督教内部围绕这些基本主题有许多不同的表述。

伊斯兰教最基本的一个信仰是，世上只有一位真主，他的名字叫安拉。他是宇宙中唯一且至高的统治者。安拉在其他的时代里曾在许多先知面前显露自己的存在，但他在公元 7 世纪向先知穆罕默德传授启示是最后一次。伊斯兰教的教义称，人只能有一次生命。一个人度过这一生的方式决定了他将怎样度过他的永恒存在。在这一生中，信徒必须服从安拉的意志，因此伊斯兰教的信徒被称为穆斯林。

案例解析

如何打造“农禅”宗教文化旅游景区

云居山风景区位于九江市永修县，地处昌九城市带的中心位置，南昌一小时交通圈内，区位优势绝佳。云居山风景区作为云居山—柘林湖风景名胜区的重要组成部分，是国家重点风景名胜区和云中氧吧。其中云居山最为突出的景点为真如禅寺，是曹洞宗祖庭和全国汉传佛教三大丛林样板之一，拥有享誉世界的禅学文化，历代高僧辈出，可谓是“世界最大、最正统的禅学中心”。

一、文旅新时代下立体化解构云居山农禅文化价值

云居山的真如禅寺是佛门中“农禅并重”修禅道风的发源地。道膺禅师树百丈家风，开农禅先河，真如寺闻名天下。真如寺的禅不同于坐禅、武禅，他们倡导通过开垦荒地、田间劳作的“农禅”来修行，因此被誉为佛禅中最有活力、最具生活气息的禅。“春采茶、夏种田、秋砍柴、冬采笋”，寒暑往复，乐此不疲，这种农禅修行的日常画面已经存续千年之久，成为中国农禅的典范和样板。

1. 从当代人精神需求层面解读农禅的精神内涵

农禅作为佛教本土化后的文化产物，契合了中国人的内心情感诉求。“农”代表着乡村，乡村的核心是乡愁，是中国人骨子里的乡愁回归；“禅”则倡导“把外在的实物抛弃，把神收回来”，是精神的回归。放大“回归”这一农与禅的共同点，让回归成为一种信仰，通过回归产品的丰富迎合当下世人回归内心、回归生活的渴望。

2. 从文旅市场新趋势层面深挖农禅的市场价值

(1) 客群层面，农禅有效构建多元化的生活社群

真如寺崇尚农禅文化，对于周边城市客群，可通过在真如寺认养农业、参与农作体验结合的方式建立长期稳定的客群；对于中远端城市客群，可通过农禅文化所代表的暂离城市、回归乡野的生活方式吸引游客慕名而来。为构建“近中远”客群理想的生活社群奠定了文化基础。

(2) 产业层面，农禅成为生活禅与产业融合的实践田

农禅作为佛教徒在宗教情怀下自力更生、自食其力的农作方式，代表着一种高品质、原生态的精品农业发展方向。因为农的主张，寺院实现了自给自足，有了赖以生存的产业基础；因为禅的内涵，让云居山的农业、文创、美食等产业和旅游的融合成为可能，有效推动基地产业系统的良性循环。

(3) 体验层面，农禅拉近宗教禅与生活禅的距离

从旅游体验经济的角度，农禅无疑是对传统的禅修旅游和体验的认知突破，它将乡土农事体验与宗教修行融为一体，丰富了宗教和农事特色体验的方式。由此可见，农禅拉近了宗教和生活的距离，创生出全新的修行与生活结合的体验场景。

规划找准了农禅文化在文旅新时代的新价值，从客群、产业和体验三个维度，打造农禅生活社群圈、构建农禅生态产业链并丰富生活禅特色体验，真正实现从“兜售禅宗文化”到“输出生活方式”的转变。

二、创新性构建农禅生活空间在地化演绎农禅文化故事

规划通过对农禅的精神和价值的深入解读，明确云居山要打造成为中国“生活禅”文化旅游首创地，通过构建一个禅意大空间、系列生活禅内容体验，让云居山的生活禅成为一个超级符号。

1. 构建一个农禅生活空间，让生活禅无处不在

(1) 打造一条环线连接宗教禅和生活禅世界

依托云居山寺、茶、竹、街等旅游资源皆沿山路分布的空间布局，打造一条环线连接宗教禅和生活禅世界。首先优化提升环线道路和景观，使其成为连接各农禅美景的交通环，其次通过产业集聚、丰富产业要素打造产业环，最后围绕生活禅强化体验形成体验环，让近中远程客群在环线上能有更多理想生活体验。

(2) 利用十八颗佛珠的故事演绎全域旅游空间

方案通过赋予一条环线产业、交通和社群等功能的基础上，强化连接的十八颗佛珠，一线串联十八颗佛珠，以路串珠，珠连势成。整个空间上形成“捻过十八颗佛珠、感悟十八种境界”的禅意格局。

2. 打造系列生活禅体验，立体化表达生活禅内涵

基于农禅文化演绎的三重价值，围绕“生活禅”概念，将这十八颗佛珠每颗设计成一个旅游项目，在未来形成3大引擎项目、5大重点以及10大支撑项目的空间结构体系，围绕这一条环线全域分布。

(1) 三大引擎做示范，构建三大产业生态系统

规划打造山下生活小镇、云上山居以及星火文旅小镇三大引擎项目，从旅游、产业等多维角度创意构建三大产业生态系统，激活云居山旅游产业生命力。

山下生活小镇立足旅游服务功能，构建农旅居产业生态深度融合系统。整合利用范围内资源，更要以方圆数里为视野，丰富旅游集散功能，打造融入旅游元素的人居安置产品，同时打造农业体验等业态，打造乡村振兴的标杆示范、新农村人居生活的示范和旅游服务的经济示范。

云上山居项目以云居度假为主题，打造集聚多种生活禅体验业态的度假酒店体验地，构建集聚生活禅主题和度假功能的“文旅宿”产业生态系统，让云上山居成为本地及周边度假休闲首选地。

星火文旅小镇以水为连接，打造从三线文化遗迹到集商业休闲、禅意度假和博物体验的生活旅游小镇，构建“文创食”产业生态系统，通过禅境大道打造，实现生活的此岸到宗教的彼岸连接、从水镇生活到禅意度假。

三大引擎构建成三大产业生态系统，让宗教与产业融合的设想具有现实可操作性，成为打造云居山生活禅体验的产业动力。

(2) 五大重点丰产品，描绘五大禅意场景，丰富生活禅旅游体验

在产业构建基础上，规划通过五大重点项目描绘了“禅源”“茶去”“净心”“前进”和“云游”五种宗教和农事特色体验结合的场景，以此拉近宗教和生活的距离，为游客提供最质朴的漫享生活体验。

“禅源”，放大真如寺的信仰力量，通过景观氛围提升和旅游线路设计，感受生活的信仰；“茶去”，对现有商业餐饮街的改造提升，打造边品茗边聊天的休闲茶街，畅享吃茶去的禅意生活；“净心”，在湿地景观核心区打造莲花台，清风徐来，莲花盛开，感受放下烦扰的无限美好；“前进”，在百花谷打造三段溯溪体验，让游客体验“欲望从生”“自然艰险”“回归初心”的三重人生境界；“云游”，打通朱家岭-小庙-五龙潭-百花谷的登山步道，让游客感悟云游林野的淡然。五大场景丰富生活禅体验，产出即为爆款。

(3) 十大节点美景观，打造十重禅意美景，形成云居山网红打卡点

十大支撑项目主要为禅意景观打造和服务配套提升。具体讲，是通过景观廊道、驿站和露台的打造让景观成为打卡点，变景观经济为旅游经济；同时补充书店、茶园和野营住宿类的产品，提升、完善整体的服务配套体系。

(资料来源：https://baijiahao.baidu.com/s? id=1674697554933888928&wfr=spider&for=pc)

思考与讨论：

1. 宗教文化旅游资源的魅力何在？
2. 佛教文化旅游资源的价值是什么？

复习思考

1. 什么是宗教？
2. 中国宗教的特点是怎样的？
3. 中国道教的发展历程是怎样的？
4. 基督教的重要节日有哪些？
5. 伊斯兰教的节日有哪些？

第四章 中国建筑文化

■学习目标

- 了解中国传统建筑的发展史及其基本特点
- 掌握中国宫殿建筑的特点及其文化内涵
- 掌握中国陵寝建筑特点及其文化内涵
- 掌握中国民居建筑典型代表、特点及其文化内涵

■引导案例

把紫禁城完整地交给下一个600年

“文化遗产是保护还是利用，大家总是为此争论不休，其实保护和利用都不是目的。”故宫学院院长单霁翔2019年9月6日在成都表示，每个人在历史长河中不过是短暂的一瞬，将祖先创造的灿烂文化传承给子孙后代才是文化遗产保护的真正目的。

“故宫是全世界最大规模的古代宫廷建筑，也是世界最受关注的博物馆之一，但这些世界之最能呈现出来吗?”单霁翔回忆，彼时的故宫大部分区域都没有开放，99%藏品没有对外展示，上任之初他走在观众中，感到这里并没有真正被“擦亮”。

为此，单霁翔在故宫博物院进行了大刀阔斧的改革，增加标识、厕所革命、预约售票、拆除临时建筑、屋顶除草、数字化升级、点亮故宫……七年来，故宫“打破宫墙”，开放面积从30%增加到80%以上，人们足不出户也能在手机或电脑上通过故宫数字博物馆欣赏到故宫的珍贵文物和故宫建筑。

2019年9月，故宫、腾讯和中国广播电视网络有限公司敲定，由腾讯影业制作出品、故宫监制的剧集《故宫如梦》将探索以“5G+4K超高清+互动多结局+场

景沉浸”的创新形式，讲述年轻工匠蒯祥参与营建紫禁城的过程，弘扬中华工匠精神与故宫历史文化。

基于新文创模式，故宫博物院将探索纪录片、大电影等更多艺术形式，记录故宫人和故宫文物古建，将故宫古建精髓、匠人精神等优秀传统文化内容传递给青少年。2020年，故宫将迎来自己600岁的生日。“人们感受到文化魅力后，会有更多民众倾心保护传统文化，形成一个良性循环。”单霁翔说，无论是文物保护还是博物馆建设，都会面临很多难题，这需要大家把难题当作课题去解决，只有这样，才能自信地“把一个壮美的紫禁城完整地交给下一个600年”。

（资料来源：http://www.chinanews.com/cul/2019/09-06/8949540.shtml）

在人类历史文明的漫漫长河中，建筑是文化的载体，是人类文化的重要组成部分，为人类物质生活和精神生活提供了所必需的空间，因此建筑被誉为“人类历史文化的纪念碑”。在中国五千年悠久的历史和灿烂的文化进程中，中国古建筑的发展经历了漫长的过程，凭借其优美的艺术造型、精湛的技术工艺、独特的结构体系，在世界建筑行列中独树一帜，自立于世界建筑之林，深受世人赞赏。

第一节　中国古代建筑文化概述

一、中国古代建筑的发展史

中国古代的建筑与漫长的五千年中华文明史相伴相生。在漫长的人类历史文明进程中，中国古建筑与欧洲建筑、伊斯兰建筑并列世界三大建筑体系，而中国建筑与欧洲建筑延续时间最长、地域范围最广、建筑成就最高。

（一）形成时期——上古至秦朝

早在旧石器时代，在距今70万年前左右的北京周口店古人类遗址，人类就已发现原始人利用天然洞穴作为栖身之所。到了新石器时代，生活在黄河流域的氏族部落，已经懂得在地上挖出一个圆形或方形的坑，在坑中埋设立柱，利用树枝等材料沿炕壁建起围墙，有的还将围墙内外用草泥涂抹，以增强牢固性，并立柱和围墙上架设屋顶，从而发展为地面上的早期建筑雏形，并形成聚落。而长江流域的聚落，为避免水患和野兽袭击，则架空底层发展为干栏式建筑。其中，距今6 000多年前的浙江余姚河姆渡遗址发现带榫卯的干栏式建筑，是我国现已发现的古代木构建筑中最早的榫卯之一。这一时期为中国建筑的草创阶段。

至公元前21世纪，“禹传子家天下”，夏朝的建立标志着原始社会的结束。从这一时期陆续出土的建筑遗址发现，中国古代建筑在夯土技术、木构架制、空间布局、建筑立面，以及建筑材料的选择与运用，建筑色彩、装饰的使用方面，都达到了雏形阶段，也为中国古代建筑历代的发展奠定了基础。

（二）发展时期——两汉魏晋南北朝

两汉期间，统一安定的国家，经济繁荣的社会，为中国古建筑的发展提供了良好的环境。在这一时期，中国古建筑出现了历史上的第一次发展高潮。这一时期中国古代建筑发展主要体现在两个方面。

第一，崇伟宫殿、宅邸园囿等豪侈建筑群出现。西汉时期，大兴宫殿，广辟苑囿，长安城内长乐宫、未央宫、建章宫三宫，建筑结构繁复，外观嵯峨，甚是雄伟壮观。东汉时期，洛阳宫阙城邑规模虽无法与西汉之长安比拟，“望朱雀五阙，德阳其上，郁律与天连”，也是颇具规模。此外，两汉季世，皇室衰微，王侯外戚，宦官佞幸，竞相修筑宅邸园囿，“大治第室，起土山，渐台，洞门，高廊阁道，连属弥望”，甚是奢华。

第二，木架构的结构主体趋于完善。斗拱形式已形成，且在重要建筑物上普遍使用，同时呈现出多极程式化、基本单位清晰可见的特点。这一时期出现了庑殿顶、歇山顶、悬山顶、硬山顶、攒尖顶等屋顶形式，有的被广泛使用。此外，砖石、汉瓦、拱券等结构有了新的发展。汉代建筑更加趋于华丽，出现了雕刻、绘画、镶嵌等多种方式来对建筑进行雕饰。雕饰的题材也更加丰富，诸如人物、动物、职务、文字、几何纹、云气等。

魏晋南北朝时期，三国鼎立，晋室南迁，五代更迭，南北分立，三百六十余年，朝代迭兴，干戈不绝，民不聊生，土木之功，难与两汉比拟。正值丧乱易朝之时，民生艰苦，而乱臣权贵，府第宫室不时营建，穷极巧丽，传统建筑持续发展。在政权动荡之时，佛教因人民精神需求而兴盛，中国艺术与建筑得到佛教的助力，佛教艺术尤其是佛教建筑与中国传统建筑相结合，一时间佛教建筑诸如摩崖石刻、石窟、造像、佛塔、佛寺等盛行，其中不乏诸如大同云冈石窟、敦煌莫高窟、洛阳龙门石窟、天水麦积山石窟等杰出作品。

（三）成熟时期——隋唐宋

隋唐时期的建筑，承袭了汉魏的成就，同时又吸纳和融合了外来文化，独立而完整的建筑体系业已形成。这一时期，城市设计、殿堂、佛塔、石窟、民居等建筑走向成熟。隋唐时期的长安和洛阳，采用宫殿、官署、民居的分区，对城市进行棋盘形市容规划，城市街道进行标准界定，均为城市设计的大作。殿堂承袭汉魏六朝传统，形成了阶基、殿身、屋顶三部为建筑的主体部分。佛教建筑至隋唐极盛，凿崖造像建寺之风尤盛。总体来说，隋唐时期，社会繁荣，商业繁荣，文化多元包容，建筑技术和艺术有了巨大发展和提高，规模宏大、规划严整，建筑群更加成熟，大体量、大面积建筑的技术问题得以解决且定型化，设计和施工水平有所提升，砖石建筑进一步发展，建筑艺术加工更加成熟。

两宋时期，发达的手工业和繁荣的商业使建筑水平达到了新高度，出现了各种非寻常市楼所可及的殿阁楼台。北宋政治经济文化力量中心在东京开封，其宫室坊市繁复兴盛成为北宋建筑的代表，呈现出“栋宇密接，略无容隙”的建筑活跃局面，同时，出现了官私建置均随环境拓展，非隋唐坊市的计划布置，经纬井井有条，后代模仿以为定制。至宋徽宗时期，李诫的建筑理论著作《营造法式》出现，所定建筑规制成为后代的典范。其具体转变体现在，城市结构和布局发生了根本性变化，木架建筑采用了古典的模数制，通过加强进深来衬托主体建筑的建筑组合手法，建筑装修和色彩更加丰富，砖石建筑水平达到新高度，园林建筑兴盛。

（四）高峰时期——元明清

元明清统治中国600多年，整体呈现出统一的局面。因元朝统治者笃信宗教，使得宗教建筑得以兴盛发展。尤其是元朝统治者极力推崇藏传佛教，因此喇嘛教寺院得以发展，尤其是西藏。自古以来，我国首重都城规划，汉唐长安规模之大，隋文帝分区制的城市设计，明清之北京城遵循隋唐长安的规划，各有区域，界限清晰，成为世界现存最伟大的都市。此时期，木结构艺术技术得到进一步发展，砖石、琉璃、硬木成为装修陈设的重点。

鸦片战争以后，进入近代建筑时期。受大量的西方文化影响，部分建筑出现了中西合璧的新特点，西洋门面、西洋栏杆、西洋花样等出现在园林建筑中，我国建筑进入一个新的重要阶段。

二、中国古代建筑的主要特点

（一）以木料为主要构材

因材料不同而产生了不同的结构法，因不同的结构又产生了不同的形式。世界上其他建筑多采用石料，其装饰也多限于石面的雕饰，其造法多限于垒砌。中国始终用木材为主要建筑材料，木造结构为其主要形式，即用木构架做房屋的承重结构。

木结构本身有诸多优点，首先，承重和围护结构分工明确，木架构承担屋顶的重量，外墙起到防寒保暖、遮风挡雨的作用，内墙对室内空间进行合理分割。由于墙壁不承重，可以使建筑物有更大的灵活性。其次，由于木结构自身具有韧性，能起到防震、抗震的作用，而木构架的斗拱和榫卯结构具有伸缩余地，可以减少地震所带来的危害，“墙倒屋不倒”就是对这一结构特点最形象的表达。最后，木架构更易就地取材和加工制作。

木构架从春秋时期至汉代，由初步完备并被广泛使用，发展到更加成熟。木构架主要有抬梁式、穿斗式、井干式三种不同的方式。其中，抬梁式与穿斗式如图4-1所示。

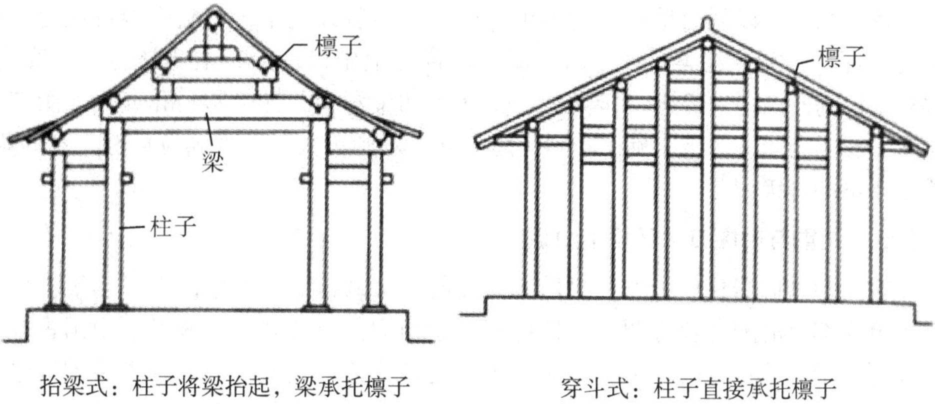

抬梁式：柱子将梁抬起，梁承托檩子　　　　穿斗式：柱子直接承托檩子

图4-1　抬梁式与穿斗式构架比较

（图片来源：https://new.qq.com/rain/a/20200329A04F0A00.）

（二）独特的外部造型

中国古代建筑，无论是宫殿寺庙，还是府邸民宅，都往往是由多个单体建筑组合而成的。无论单体建筑规模大小，中国古代单体建筑大致分为屋顶、屋身、屋基三个部分。上面是用木结构屋架所造的屋顶，屋顶做成柔和雅致的曲线，伸展至屋身之外，上面覆以青瓦或者琉璃瓦；屋身由木制柱额做骨架，并安装门窗；屋基用砖石砌筑的阶基，承托整个房屋。

中国古代屋顶的样式丰富多彩，早在汉代之时，就已经有庑殿顶、歇山顶、硬山顶、悬山顶、攒尖顶等几种形式，后来发展有重檐的形式。由于木架构容易受到风雨的侵蚀，为了保护木架构，往往采用“大屋顶、大出檐”的方式来保护屋顶和墙体，由于大出檐会遮挡光线，且雨水容易冲毁台基，后来屋顶便发展为稍有反曲的屋面、微微起翘的屋角，使得屋顶和屋角更加轻盈灵动。

（三）中轴对称、方正严整的群体组合与布局

中国古代建筑多以众多的单体建筑组合而成为一组建筑群体，大到宫殿，小到宅院，几乎都是如此。因中国地处北半球，为拥有更好的采光能力，有严格的方向性，常为坐北朝南，并以一条中轴线为主，将主要建筑物布置在中轴线上，次要建筑布置在主要建筑物两侧，组成长方形或者方形的院落。这种建筑布局既满足了安全和采光防寒的基本生活需要，同时也符合中国古代社会宗法和礼制的制度。每一个建筑组群少则一个院落，多则几个或者几十个院落，组合灵活多样，层次丰富分明，弥补了单体建筑空间有限和定型化的不足。平面布局采用左右对称的原则，根据中轴线调整组合形式。唯有园林的平面局相对较为灵活自由。

（四）丰富多彩的装饰手段

雕梁画栋，是对中国古代建筑的赞美之语。不难看出，中国古代建筑对装修、装饰一直都是非常重视和讲究的。一切建筑部位或构件，都会运用不同的形象、色彩、装饰物等加以美化。

作为建筑物的基座和进屋的阶梯的台基和台阶，通过高度、装饰、栏杆的差异，使建筑显得更为庄严和雄伟。门窗与隔扇属外檐装修，主要是用来分隔内外空间，但是其装饰性也特别强。门窗通过各种形象、花纹、色彩来增强建筑物的艺术效果。

在建筑物上饰以彩绘是建筑物不可缺少的一项装饰艺术，也是中国古代建筑的一个重要特征。最初，在梁、柱、门、窗等木构件上施以油漆，主要是为了防腐防蛀，后逐渐发展为彩画。后经进一步发展，出现了和玺彩画、旋子彩画和苏式彩画三种形式，和玺彩画为最高等级，旋子彩画次之，苏式彩画再次，彩画成为身份等级的象征，形成了严格的等级划分。

（五）注重与周围自然环境的协调

建筑作为人们居住、工作、娱乐、社交的一个载体，因此中国古代建筑不仅注重内部各组成部分的配合和协调，而且特别注意与周围自然环境的和谐。中国古代建筑的设计师都十分注重周围环境，会对周围的地理形态、气候特点、林木植被等进行综合考虑，使建筑布局、色彩、形态等和周围的环境相适应，从而使建筑与环境构成一个新的大环境。

中国古代建筑源远流长，长盛不衰，不仅拥有独树一帜的特色，同时也蕴含了中国几千年的文化内涵、哲学智慧和美学意蕴。

三、中国古代建筑的主要类型

中国古代建筑类型多样。在中国漫长的历史发展过程中，不同的建筑承担着不同的作用，满足了人们不同的需求，并不断完善发展。根据建筑所承担的作用和不同的性质，可将其分为宫殿建筑、坛庙建筑、民居建筑、宗教建筑、陵寝建筑、防御建筑、桥梁建筑和园林建筑。

（一）宫殿建筑

在先秦以前，宫殿是居住建筑的通用名称，秦以后专指帝王居所和处理朝政的地方，成为皇权的象征。在漫长的封建社会，帝王通过大兴土木，聚集能工巧匠，营建宏伟壮观的各种宫室殿堂，维护其庄严的统治，渲染其君临天下的皇权，满足其骄奢淫逸的享乐生活。所以，宫殿也成为当时中国古代建筑中建筑水平和建筑艺术的集中体现。目前，故宫是我国乃至世界现存最完整、规模最大的皇家宫殿建筑群。

（二）坛庙建筑

受中国传统儒家文化思想的影响，礼制建筑应运而生并经久不衰。“坛”就是用于祭祀的露天台子，多为黄帝祭祀天地、日月、社稷诸神的祭坛；“庙”是用于祭祀祖先、先贤先圣神灵的地方。坛庙建筑介于宗教建筑和世俗建筑之间，也有宣教的职能。天坛是现存最著名、最大的古代祭祀建筑群。太庙是历朝历代最重要的礼制建筑，是皇帝的家庙。山东曲阜孔庙是祭祀先圣的庙中名气最大的。

（三）民居建筑

中国民居建筑是中国古代建筑中最具特色的一部分，样式多，差异大。其中，汉族庭院式布局住宅分布最广。我国地域面积广阔，南北气候差异大，因此南北的院落式住宅因地制宜呈现出较大的差异性。同时，除了受中国传统审美文化的影响，中国民居建筑还蕴含了尊卑有别、长幼有序、男女有别、内外有分、等级差异、防御安全等传统社会的宗法伦理观念。除了传统的院落式民居外，为适应当地的自然环境产生了一些地域特色鲜明的民居建筑，比如内蒙古的蒙古包民居、福建的客家土楼、傣族的竹楼、羌族的碉楼、纳西族的木楞格房、陕北地区的窑洞民居等。

（四）宗教建筑

自佛教、伊斯兰教、基督教相继传入中国，我国形成了佛教、伊斯兰教、基督教和道教并存的局面，出现了汉式的寺院、佛塔、石窟，藏传佛教的宫室式木建筑，伊斯兰教的阿拉伯建筑，道教的宫观庵庙，基督教的教堂建筑等。这些建筑本身承载了所属教派的教义，承担着不同的作用，因而呈现出不同的空间布局和建筑式样。例如白马寺的寺庙、少林寺的塔林、拉萨的布达拉宫和大昭寺、哈尔滨的圣索菲亚大教堂、武当的道教建筑群等。

（五）陵墓建筑

“灵魂不死”，是中国古人的基本观念。因此，中国古人无论身处哪个阶层，都特别重视丧葬和陵墓的建造。陵墓建筑也成为中国古代建筑的重要组成部分，并先后出现了一大批宏伟、庞大的陵墓建筑群。中国陵墓建筑尤其是帝王陵墓多四周筑墙体，四角建角楼，建有甬道并同时配有石像生，陵园多苍松翠柏，林木森森，给人以宁静、肃穆之感。关中十八陵、明十三陵、清东陵、清西陵都是其中的典型代表。

（六）园林建筑

中国园林建筑历史悠久，是我国古代建筑艺术的珍宝。早在周武王时期就有建宫苑，汉代时期帝王修建离宫别苑，不少贵族富商也开始营建园林，经过南北朝、隋唐的发展，宋元以后园林建筑日趋精巧，明清达到高峰。园林建筑强调“虽由人作，宛自天开”的模山范水景观营造，注重营造舒适宜人的理想环境，巧于因势利导的手法，循序渐进的组织空间，营造小中见大的空间效果，蕴含耐人寻味的园林文化，表达追求超脱与自然协调共生的意境。按照园林的选址和开发方式，可以分为人工山水园和天然山水园；按照园林所属者的身份，可以分为皇家园林和私家园林；按照园林所处地理位置，可以分为北方园林、江南园林和岭南园林。其中，皇家园林多分布于北方地区，宏伟壮丽，而私家园林多分布于南方，精巧雅致，意境深邃。

（七）军事防御建筑

在冷兵器时代，为了保障一个国家或地区的安全，往往通过修筑坚固的城池或者利用险塞修筑关隘等建筑起到军事防御的作用。城墙上设有城楼、角楼、垛口等防御工事，构筑一套坚固的防御体系。万里长城是我国现存历史最悠久、保存最完好的军事防御建筑。城垣建筑随着历史变迁和时代发展，多已不复存在，现在保留完整的如山西平遥古城、西安的古城墙。

（八）桥梁建筑

逢山开路，遇水架桥，中国古桥梁遍布祖国江河，是我国古代劳动人民利用聪明智慧和艰苦劳动战胜大自然障碍的体现。桥梁的建设便利了人民出行，加强了人民之间的往来，装点了祖国的江山，是我国文明发展进步的标志。其中具有代表性的有河北的赵州桥、北京的卢沟桥、河北的赵州桥、福建的洛阳桥、广东的广济桥。

第二节　中国古代宫殿建筑

宫殿建筑又称宫廷建筑，是皇帝为了巩固自己的统治，彰显皇家权威，满足其精神生活和物质生活的享受而建造的规模巨大、气势宏伟的建筑。在先秦以前，宫殿是居住建筑的通用名字，人们常将“宫”“室”连起来使用，而且“宫”“室”可以通用，没有高低贵贱之分。秦以后成为帝王及其皇族居所的专用名，“殿”则成为皇帝处理政务的地方。宫殿专指皇帝行使权力和日常起居的场所。皇帝通过大兴土木，聚集全国能工巧匠，营建各种宫室殿堂，体现其权威。因而，宫殿建筑成为最能体现当时建筑水平和建筑艺术的代表。

一、中国宫殿建筑发展史

“禹卑宫室，致费于沟洫”，宫室已渐奢华。根据文献记载和考古发掘，早在公元前 16 世纪的商代，就出现了宫殿建筑。至商代末年，纣王广做宫室，益广苑囿，南距朝歌，北据邯郸及沙丘，皆为离宫别馆。周武王之后，已全部被毁。秦始皇统一天下，大修宫殿，建造了气势磅礴的阿房宫，与汉代的长乐宫、未央宫、建章宫共同形成了中国宫殿建筑发展史上的第一次辉煌。此后，随着朝代更替，江山易主，中华大地先后出现了一大批辉煌壮丽的宫殿建筑。隋朝的仁寿宫、大兴宫，唐朝的太极宫、大明宫和兴庆宫，以及明清时期的故宫，均恢宏壮丽，气势雄伟。伴随着朝代更替的纷纷战火，不仅将旧王朝淹没在历史中，同时也将这些人类杰出的宫殿建筑毁于战争当中。至今，保留最完整最大的古代宫殿建筑当属北京的故宫。沈阳故宫是仅次于北京故宫的重要宫殿建筑。

二、中国宫殿建筑的布局

宫殿建筑有严格的定制，据《周礼·考工记》中记载，“匠人营国，方九里，旁三门。国中九经九纬，经涂九轨。左祖右社，面朝后市”。不难看出，都城布局以王宫为中心，作为四方之极，一统天下，这种以王宫为中心的布局思想持续了 3 000 多年。

（一）前朝后寝

前朝后寝早在周朝时期已基本形成，并一直延续保留。前朝即外朝，即皇帝召见群臣、处理政务的地方，后寝即内寝或内廷，是皇帝和后妃们生活的场所。从历代皇宫建筑群的规划来看，帝王处理朝政的殿堂总是建在宫殿的前面，帝王生活起居和娱乐的地方总建在宫殿的后面，故宫的布局就是这种规范的一个典范。故宫的前朝部分为太和殿、中和殿、保和殿，以及东西配置的文华殿和无影点，这是帝王处理国家政务的中心所在。后寝部分主要包括帝王、皇后及其后妃们生活起居的地方，如乾清宫、交泰殿、坤宁宫、东西六宫，以及御花园等娱乐休息场所。这种格局因满足了实际功能需要，成为历代宫殿建筑营造的基本格局。故宫前朝、后寝区域如图 4-2、图 4-3 所示。

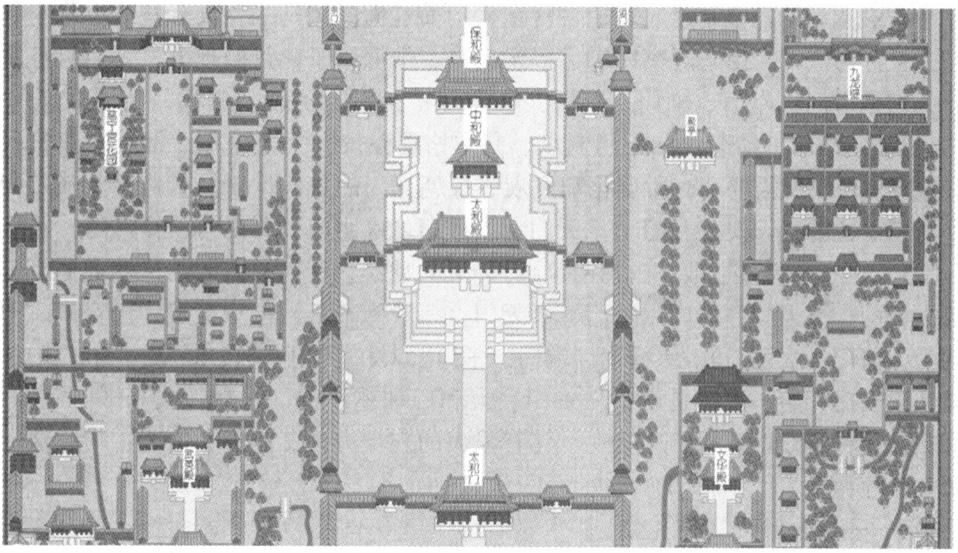

图 4-2　故宫前朝区域（故宫博物院官网）

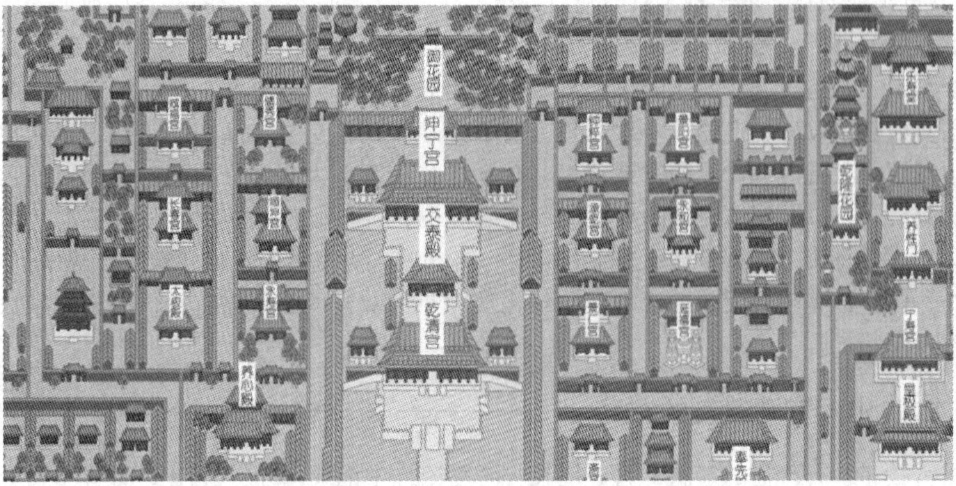

图 4-3　故宫后寝区域（故宫博物院官网）

（二）左祖右社

根据《周礼 · 小宗伯》和《周礼 · 考工记》记载，“建国之神位，右社稷，左宗庙”，“左祖右社，面朝后市”。帝王宫室在建立时，基本遵循左祖右社的原则。宫殿的左面（东侧）设宗庙，以祭祀皇帝的列祖列宗；宫殿的右侧（西侧）设社稷坛，以供皇帝祭祀土地（社）五谷（稷）之神。这种做法一直被沿袭下来。北京中山公园的方形大平坛“五色土”，就是明朝永乐年间所建造的社稷坛。北京劳动人民文化宫就是明清两朝皇帝供奉祖先牌位的太庙。

（三）三朝五门

《礼记 · 玉藻》中有“天子及诸侯皆三朝”，即外朝一，内朝二；另据《礼记 · 明堂位》中记载，“天子五门，皋、库、雉、应、路，诸侯三门”。这就是“三朝五门”的由来。由此可见，门阙森森、宫殿重重的宫殿制度形成于周朝初期。《左传》和《礼记》中记载周朝的宫室制度时写道，宫室大门前有阙。阙是一种高台建筑，用于登高远望，又称为宫阙，用来观察防御、揭示政令、纳取臣子建议的地方。其后有五重宫门，分别是皋门、库门、雉门、应门、路门，“外朝，治朝，燕朝”为古代的“三朝”。自战国以后，沿袭三朝五门制度，基本格局并没有太大变化。但是在建筑形式上，根据实际情况需要会有所变化和发展，三朝五门的具体位置及名称因朝代不同而有所区别。比如唐长安有五门（承天门、太极门、朱明门、两仪门、甘露门）和三朝（外朝奉天门、中朝太极殿、内朝两仪殿）。元失此制，明南京宫殿则又用此制，其五门为洪武门、承天门、端门、午门、奉天门，三殿为奉天殿、华盖殿、谨身殿。明代五门为大清门（大明门）、天安门、端门、午门、太和门，而清代来说这个五门的位置就是从天安门开始，然后是端门、午门、太和门和乾清门，三殿为太和殿、中和殿、保和殿。这种宫殿建置既威严壮观，具有强大的震慑力，又体现了中国古代宗法社会等级和秩序精神。

（四）中轴对称

中轴对称是中国古代宫殿建筑规划的重要原则之一。古人尚中观念在宫殿营造上得到了充分体现并得以严格执行，建筑沿中轴线从南至北依次排开，布局严谨，井然有序。故宫的前三大殿、后三大宫及其重要宫门、广场均沿着中轴线依次排开，附属建筑位于两侧，这种建筑布局充分体现了古代社会皇权至上和唯我独尊的文化内涵（见图 4–4）。

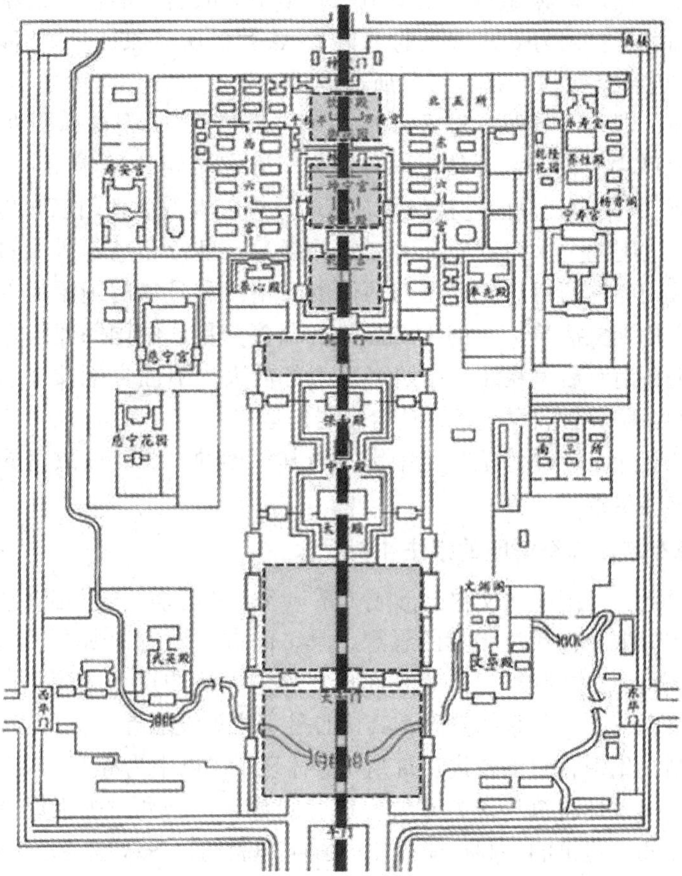

图 4–4　中轴对称：故宫分布图

三、中国宫殿建筑文化内涵

宫殿建筑作为中国古代建筑艺术的典范，蕴含了丰富的文化内涵和美学意蕴。古代天人合一的自然环境观和审美追求，以及以人为本的实践精神得到充分表现。中国封建社会尊卑有序、等级分明的宗法礼制观念在建筑中得到了鲜明的反映和严格的规范。此外，宫殿建筑中还蕴含了五行相克相生、阴阳有序等传统文化思想，并用数字、造型、文字等一系列建筑象征，蕴含了韵味无穷的美学意境。

（一）天人合一的自然观

老子《道德经》记载：“人法地，地法天，天法道，道法自然。”《老子章句》中有：“天道与人道间，天人相通，精气相贯。”这些无不表明人与自然之间的密切关系。在古代，中国人讲究“天人合一”，追求人与自然的和谐相处、共生共荣。在建筑中，追求建筑、环境与人三者和谐一致。比如在故宫的总体设计理念中就遵循了中国人“天人合一”的最高理想生活境界。

中国古代讲究“天人合一”的规划理念，用天上的星辰与都城规划相对应，以突出政权的合法性和皇权的至高性。中国古代天文学家将天上的星宿分为三垣、二十八星宿和其他繁星。三垣即太微垣、紫微垣和天市垣。故宫，旧称紫禁城，天帝居住在紫微宫，而人间皇帝自诩为受命于天的“天子”，其居所应象征紫微宫以与天帝对应，《后汉书》载“天有紫微宫，是上帝之所居也。王者立宫，象而为之”。由于封建皇宫在古代属于禁地，常人不能随意进入，故称为“紫禁”。明朝初期同外禁垣一起统称“皇城”，大约明朝中晚期，与外禁垣区分开来，即宫城叫“紫禁城”，外禁垣为“皇城”。故宫的端门、午门两侧的左掖门和右掖门对应着太微垣南门三颗星所代表的三座门，午门和端门之间的金水河则象征着天宫的银河。皇帝和皇后居住的乾清宫和坤宁宫，分别象征着天和地的意思。其东西两侧的日精门和月华门则象征着日月争辉。东西六宫及其他宫殿则象征着天上的十二星辰和众多繁星。中国的建筑多坐北朝南，故宫同样也是前朝在南，后寝在北，按照五行南方从火，阳性含生长之意，适宜从政的地方；北方从水，阴性含收藏之意，适合寝居的地方。

天人合一的观念是中国传统文化中影响极其深刻的理念，而故宫的建设更是将这种理念凸显得淋漓尽致。

（二）尊卑有序，等级鲜明的宗法礼制观念

早在战国时期，中国礼制文化已形成体系。汉武帝时期，“罢黜百家，独尊儒术”，儒家思想正式成为中国古代统治者的思想工具，而古代统治者则将“礼”视为治国理政的指导思想。因而，礼制思想渗透并体现在人们生活的点点滴滴中。礼作为界定天人关系、统治秩序、人伦关系的基础，其核心是宗法等级思想。

在中国礼制文化中，中国古代建筑则充分体现了“以中为尊”“以大显威”的这一礼制思想。面阔间数是建筑等级的重要标志，间数从三到九，等级规范就是礼制文化的要求体现。此外，建筑的层高也受礼制的影响和制约，等级越高，层数越高。此外，比如北京中轴线上的天安门、端门、午门都有 5 个门洞，中间一个是最大的，两侧的门洞等级依次减小。且为了体现“以中为尊”，中间的门洞专供皇帝使用，两侧的门洞依次供皇亲国戚、王公大臣通行。不难看出，宗法和等级制度体现在中国古代建筑的诸多地方，并通过具体制度化来进一步彰显。

（三）受命于天，皇权至上的伦理观念

在古代，宫殿不仅仅是皇帝及其妃嫔们居住、办公、游乐的场所，同时还具有非常重要的象征功能，象征着皇帝至高无上的政治权威。历朝历代都通过宫殿建筑来彰显皇帝的无上权威。

在古代，皇帝被视为天子，而乾则代表天代表阳代表天子，皇帝作为“皇天之子”，而受命于天，理应和天一样。故而都城作为国家的统治中心，皇宫作为皇帝处理政务的地方，自然皇帝也要“居中而坐”，方能彰显皇帝的威严和尊严，因此，皇宫、皇城均是建在都城的中轴线上。

（四）阴阳有序、五行生克的宇宙观念

阴阳五行是关于中国古代宇宙万物创生的基本理论，后来逐渐发展成为指导人们日常行为的基本准则。万事万物被分为两类，一类是具有阳的属性，一类是具有阴的属性，用阳指代一切事物中刚健的属性，用阴来指代一切事物中柔顺的属性。一切事物皆由阴阳这两个相互依存又相互对立的因素组成，即老子所谓的“万物负阴而抱阳”。五行则是指金、木、水、火、土五种元素。这五种物质被视为宇宙万物的起源和变化的基础。阴阳五行的思想影响着世人对万事万物的认知。在中国古代建筑中，建筑的布局、结构、部件、装饰及其环境设计均受“阴阳五行”观念的影响。

（五）艺术与文化内涵的完美结合

随着社会的发展和进步，建筑也由最原始最基础的居住功能，逐渐发展为兼具实用和审美的功能。这些体现在建筑的诸多细节当中，比如彩绘、门钉、脊兽、斗拱、面阔间数等。比如故宫的太和殿，面阔为九间，进深为五间，既能够彰显建筑的艺术之美，同时也象征着皇帝作为九五之尊的尊贵身份。

中国古代建筑就是通过运用象征手法来启示人们，使人们去领会建筑的意境之美，而这种意境之美则通过丰富的内容和完美的形式的统一而得以体现。

四、中国古代建筑的典型代表

故宫以其宏大的规模、独特的风格、华丽的装饰、辉煌的建筑，当之无愧的是中国古代宫殿建筑最杰出的代表。同时，故宫也是世界上现存规模最大、保存最为完整的木质结构古建筑之一，被誉为世界五大宫（北京故宫、法国凡尔赛宫、英国白金汉宫、美国白宫、俄罗斯克里姆林宫）之首，并被联合国教科文组织列为“世界文化遗产”。

故宫位于北京市中心，也称“紫禁城”。故宫始建于公元1406年，1420年基本竣工，是明朝皇帝朱棣始建。这里曾居住过明代十六位皇帝、清代十二位皇帝，是明清两代（公元1368—1911年）的皇宫。故宫南北长961米，东西宽753米，面积约为72万平方米，建筑面积15.5万平方米。相传故宫一共有9 999间房，实际据1973年专家现场测量故宫有大小院落90多座，房屋有980座，共计8 707间（而此“间”并非现今房间之概念，此处“间”指四根房柱所形成的空间）。宫城周围环绕着高12米，长3 400米的宫墙，形式为一长方形城池，墙外有52米宽的护城河环绕，形成一个森严壁垒的城堡。

故宫宫殿是沿着一条南北向中轴线排列，三大殿、后三宫、御花园都位于这条中轴线上。并向两旁展开，南北取直，左右对称。这条中轴线不仅贯穿在紫禁城内，而且南达永定门，北到鼓楼、钟楼，贯穿了整个城市，气魄宏伟，规划严整，极为壮观。故宫有四个大门，正门名为午门。其平面为凹形，宏伟壮丽。午门后有五座精巧的汉白玉拱桥通往太和门。东门名东华门，西门名西华门，北门名神武门。故宫的四个城角都有精巧玲珑的角楼，角楼高27.5米，十字屋脊，三重檐迭出，四面亮山，多角交错，是结构奇丽的建筑。

故宫内的建筑分为外朝和内廷两部分。外朝的中心为太和殿、中和殿、保和殿，统称三大殿，是国家举行大典礼的地方。三大殿左右两翼辅以文华殿、武英殿两组建筑。内廷的中心是乾清宫、交泰殿、坤宁宫，统称后三宫，是皇帝和皇后居住的正宫。其后为御花园。后三宫两侧排列着东、西六宫，是后妃们居住休息的地方。东六宫东侧是天穹宝殿等佛堂建筑，西六宫西侧是中正殿等佛堂建筑。外朝、内廷之外还有外东路、外西路两部分建筑。

故宫建筑中大量使用雕刻、贴金、镂金、彩绘、玉石、绸缎装裱等封建社会所能采用的一切工艺美术手段，将建筑技术与审美艺术有机融为一体，体现了我国古代建筑的最高成就。同时，作为中国现存最完整的宫殿建筑群，在世界建筑史上也是别具一格，堪称中国古典建筑的典范。

第三节　中国古代陵寝建筑

墓葬，起源于灵魂观念的产生。而这一观念的产生，大约在原始社会中期就已经出现了。在古人看来，灵魂和肉体是统一的，人死了以后，虽肉体已死，但灵魂是不死的。虽然灵魂何去何从是一个抽象问题，人们无法回答，但是对于死者的埋葬这一问题却是要面对的现实。在古人看来，灵魂依附于尸体，尸体是灵魂的归宿所在，灵魂要和人间的活人一样生活，只是换了一个地方而已，因此墓葬就成了安托灵魂的地方。“墓”与“葬”是既有联系又有区别的两种事物：“墓”是指放置尸体的固定设施，“葬”则是指安置尸体的方式。在考古学上，二者常被合称为“墓葬”。

受儒家思想的影响，中国历来非常重视“孝道”。历朝历代，无论是王公贵族还是平民百姓，都十分重视丧葬之事，以表达生者对逝者的尊重。因此，也就逐渐形成了一套隆重复杂的祭祀礼仪制度和丧葬制度。自古以来，由于受“祖先崇拜”以及“事死如生”等传统观念的影响，人们对丧葬十分重视。尤其是帝王陵墓规模之大，占地之广，耗资之巨，达到了惊人的程度。如汉武帝的茂陵，动用了全国赋税总额的三分之一，作为建陵和征集随葬物品的费用，以至于汉武帝入葬时，随葬品“不复容物”。茂陵耗时 53 年之久，总占地面积计为 56 878. 25 平方米，封土体积 848 592. 92 立方米，无论是豪华程度还是占地面积、规模都可堪称西汉陵墓之最。

因此，墓葬资料所提供的就不仅仅是埋葬习俗和墓葬制度本身，往往也能在一定程度上反映出社会政治、经济、生产、生活、风俗、宗教、观念等方面的情况。所以，墓葬所展现的埋葬习俗与埋葬制度常常被视为当时社会的缩影。

一、中国陵墓发展史

人死后埋葬的习俗出现于原始社会。但从文献记载和考古发掘来看，在夏朝以前尚未出现坟墓，据史料记载为“不封不树”的习俗。到了殷商时代，只有祭祀死者的地面建筑，并没有封土作为标志的墓葬地。到了周朝，才开始有封土出现，根据死者爵位的高低，决定封土的大小。爵位越高，封土越大，大的如山丘，故而把国君的墓叫作“墓丘”，如燕昭王的“燕丘”，赵武灵王的“灵丘”等。

到了秦汉时期，帝王陵墓已经颇具规模，不仅作为祭祀活动一个固定场所，同时也兼具凸显帝王皇权的威风，展示帝王权倾天下的威严，帝王陵墓成为封建社会中央集权的重要象征。以秦始皇陵为代表的秦汉时期的帝王陵墓，封土多为覆斗式的形状，并营造豪华墓室，堆砌高大的封土，这也是这一时期的典型特征。汉代沿袭了秦朝陵墓建筑的特点。

到了唐代，为了防止陵墓被盗和减少水土流失对陵墓带来的影响，这个时期的陵墓多依山为陵，在山腰开凿墓室，以山丘为封土，使整个陵墓显得尤为壮观。以李世民的昭陵、武则天和李治的合葬墓乾陵最具代表性。五代十国和宋代时期，因为战事频发，国力衰弱，陵寝制度相对缩减。而元朝因其蒙古族特殊的葬俗，实行深葬，地表不留任何痕迹。

到了明清时期，帝王陵墓进入一个新的辉煌时期。以明太祖朱元璋的陵墓为代表，将原来的覆斗式封土改为圆式宝顶，增加了专门的祭奠设施，改方形院落为多进长方形院落，创建了一个崭新的陵寝制度。清朝沿袭了明朝的这一制度，并在此基础之上进一步完善和改革，将中国古代的帝王陵墓推向顶峰。其中，以清东陵和清西陵为代表。

二、陵墓建筑的主要形式和特点

受“事死如事生”和“天人合一”风水的观念影响，厚葬之风在中国历朝历代长盛不衰，成为中国丧葬文化最典型的特征。我国的帝王陵寝不仅数量众多、历史悠久、在世界上独一无二；而且布局严禁、建筑宏伟、工艺精湛，具有独特的风格，是中国古代陵墓建筑的最典型代表。其陵墓主要有三部分组成，分别为地下墓室、地面建筑和封土成丘。

（一）地下墓室

地下墓室是用来停放死者棺木和陪葬品的地方。帝王陵墓的地下墓室建造华丽，如同宫殿一般，故而又称为地宫。地宫是帝王陵墓的地下建筑部分，又可称之为“玄宫”“幽宫”等。原始社会早期，地宫只是土穴木宫，春秋战国时期出现了“黄肠题凑”的帝王陵墓建筑形式。到明清时，地宫的规模已相当可观，明定陵的地宫在布局上采用的是“前朝后寝”的制度，极力模仿帝王生前的宫殿形式。

（二）地面建筑

地面建筑主要包括神道、祭祀区和护陵监。自汉以来，神道用来指“墓前开道，建石柱以为标”，是指通向祭殿和陵前的大道。神道两侧置放石人石兽石碑，象征帝王生前的仪卫。陵墓前的石人称翁仲，陵墓前的石兽称为石像生。竖在墓道两旁的墓表又称神道表或神道碑。祭祀区为陵园建筑的重要部分，用来供其后世子孙祭祀用，主要建筑物是祭殿，以及配殿、廊庑和大门等。护陵监是专门用来保护和管理陵园的机构，为了防止陵墓被盗掘和破坏，护陵监的外面有城墙围绕，里面有衙署、市衙、住宅等建筑。

延伸阅读

乾陵的“六十一蕃臣像”为何没有头颅？

武则天是中国历史上第一位女皇帝，死后葬在了位于陕西咸阳的乾陵。乾陵规模宏大，气势雄伟，尤其是神道东西两侧分布着两组石像，整齐恭敬地排列于陵前。历史上曾有很多盗墓贼想要盗取乾陵，都没有如愿以偿。石像和真人差不多高，穿着打扮都不一样。但他们都两手前拱，仿佛在列队恭迎皇帝。但令人想不明白的是，这些石像都没有脑袋。

因为这些人来自唐朝的蕃国，因此人们习惯上把这些石像称为“蕃像”“六十一蕃臣像”，现在为了彰显和平友好，称他们为“宾王像”。这些石像被称为“六十一蕃臣像”，位于在乾陵朱雀门内，分东西两侧排列。东侧 29 尊，西侧 32 尊。石像体量高低和真人类似，在装束上却明显有异域风格，或翻领紧袖、或袍服束腰、或披发左衽。背部都刻着姓名、职衔、族属以及属国国别等文字。目前仍能辨识，比如“朱俱半国王斯陀勒”“吐火罗王子持勤羯达健”“于阗国尉迟敬”等字样。

唐朝时期，国力强盛，皇帝死后，周边藩属国都要来吊唁。而这些人像，就是那些前来参拜的首领的雕像，象征拱卫大唐，让他们的雕像守灵，首领们当然不会拒绝。但是据说唐代末年藩镇割据，各民族政权逐渐脱离唐王朝的控制，藩臣的后代认为祖先的石像继续为乾陵守陵有伤风化，因此将其毁坏，将头部砍去。

第二种说法认为是八国联军侵华时，看见唐乾陵前面立着外国使臣的群像，同样感到有辱他们的脸面，于是就把石像的脑袋给砍掉了。但是这种说法毫无根据，因为据历史学家考证，当时的八国联军并没有来到乾陵这个地方，哪来的砍石像一说呢？比较靠谱的说法，认为是地震所致。

大量资料证明，在明嘉靖年间，也就是1555 年的 1 月 23 号这一天，在陕西华县一带发生了强烈的地震，震级高达 8~11 级。由于地震发生在子夜，所以致使 80 多万人死于这场地震中。而乾陵距华县只有 100 多千米，同样属于震中地带，乾陵也因此遭受到了毁灭性的打击，“六十一藩臣像”也被悉数震断头部（见图 4-5）。

由于这些石像的头部均失其所在，我们已经无法弄清这些藩臣的具体相貌。从现存石刻状况来看，这些藩臣的雕刻工艺都是相当高超的，他们的服饰和发型不尽相同，大多穿窄袖阔裾服装，也有个别的胡袖较长，有圆领、大翻领或斜叉领，腰束带，脚穿靴，双足并立，两手前拱，头发有卷发，也有披发。这些石像虽已惨遭毁坏，但站在这些蕃臣像前，我们还可想象得出当年朝堂中蕃臣侍立的场面，还可从他们的形象中窥见大唐盛世的景象，可以了解到世界上众多国家与唐王朝建立友好关系以及当时中外文化广泛交流的情况。

图 4-5　乾陵六十一藩臣像

（乾陵官网 http://www.tangwenhua.com/show.action? c=52&n=5424）

（资料来源：https://baike.so.com/doc/6629187-6842988.html）

（三）封土成丘

封土就是人们俗语的坟头，是帝王陵墓的地上建筑部分，也是陵墓的重要标志。我国早期帝王陵墓以及民间的封土是在墓室之上用黄土层层夯实，使之成为一个上小下大的台体。因为其上部是方形平顶，故名“方上”。到了唐代，为了防止盗墓和水土流失，将“封土”改为“以山为陵”的形式。宋代以后，受多方面因素的影响又采用了“方上”的形式。从明代开始，采用宝城宝顶的形式。

1.“方上”

“方上”是中国陵墓的早期的一种形式。战国时陵墓封土以方形为贵为上，所以至秦汉时帝王陵墓封土多采用“方上”形，即帝陵封土位于地宫之上，用黄土层夯筑到一定高度，顶端成正方形或长方形的平顶，称为“方上”。整个坟丘像被截去顶部的方锥体，犹如倒置的斗，所以又称“覆斗形”。这也和古代的帝王为大地的主宰的思想有关，按照天圆地方这一说法，故而作为大地的主宰者皇帝的陵墓则应为方形。陕西临潼秦始皇陵和西汉时期的帝王陵墓除汉文帝之外均为“方上”。

2.“以山为陵”

汉文帝霸陵是历史上第一座因山为陵的帝王陵墓，但形成定制始于唐代。利用山的峰峦作为帝王陵墓的坟头，与“方上”封土陵丘相比，更加高大壮观，更加坚固持久，从而更充分地体现了皇权的至高无上和威严尊贵。自唐太宗李世民以九峻山为陵建造昭陵开始，因山为陵成为唐代帝陵的既定制度，也是我国重要的帝陵形制。

3.“宝城宝顶”

五代开始，南方的一些偏远小国统治者陵墓封土为圆丘形，如前蜀王建的永陵。这主要是因为南方潮湿多雨，方上形较难保持封土原形，为防止坟丘被雨水冲蚀，人们修建圆丘状坟墓并以石块围护。明代开国皇帝朱元璋在修建明孝陵时，正式采用这一模式，陵墓封土演变为“宝城宝顶”形。在地宫上修筑圆形砖城，称为“宝城”，砖城内填土，形成高出城墙的圆顶称为“宝顶”。宝城前设突出的方形城台，上面建明楼，就是“方城明楼”。明清两代帝陵基本都是如此形制。

三、中国古代的生死观与风水艺术在陵墓建筑上的体现

生死，命之所必然也。对死亡的恐惧是人类的自然反应。在古代，在缺乏科学认知的情况下，人们认为世界万物皆有灵，且认为人的实体可以消失，但灵是万古长存的。人死了只是人的实体消亡，但人的灵魂是永远不会消失的，只是离开了现实世界到了另外一个世界，就是俗称的“阴间”。因此未来在“阴间”生活如同现实世界一样好，会为死者穿戴好衣服和饰物，陪葬好的器物，并将它们安置在专门的建筑即“阴宅”中，也就是我们所说的陵寝建筑。

古往今来，虽然有无数帝王都试图追求长生不老之术，但最终都草草收场，仍然受着命运的桎梏。虽然有前车之鉴，但还是有人想要摆脱生死之术，但都无疑是痴人说梦。因此，我们不难发现中国人重视厚葬实际是源于对死亡的恐惧、对“生命轮回”的期望和对到了另外的世界“阴间”能够享受美好生活的寄托。“生命轮回”无疑减轻了人们对死亡的恐惧。陵墓作为死者对再生的期望和信仰的寄托，真实地向我们展示了由古至今的生死观。

（一）“事死如事生”的观念与陵墓建筑

《荀子·礼论》记载，“丧礼者，以生者饰死者也，大象其生，以送其死，事死如生，事亡如存”。中国古代人崇信人死之后，在阴间仍然过着类似人间的生活，对待死者应该“事死如事生”，因而陵墓的地上、地下建筑和随葬生活用品均应仿照世间。据文献记载，秦汉时代陵区内设殿堂收藏已故帝王的衣冠、用具，置宫人献食，犹如生时状况。秦始皇陵地下寝宫内“上具天文，下具地理”“以水银为百川江河大海”，并用金银珍宝雕刻鸟兽树木，完全是人间世界的写照。

依据家族血缘关系，实行“子随父葬、祖辈衍继”，集中埋葬是中国古代帝王陵墓的基本埋葬制度。陵墓及其周围的附属建筑物周围划分专门的范围作为保护和控制陵墓的保护区，成为陵区。陵区和陵墓本身共同组成了布局严谨、规模宏大的陵墓建筑群。陵区占地面积从数十里到数百里不等，陵区的各种建筑布局周密，祭祀礼制和陵区管理均有一套完整的制度。最具有代表性的是明十三陵，明建都北京后13位皇帝均葬于此，总面积达到120余平方千米，230余年间，共修建了13座帝王陵、7座妃子陵、一座太监墓，埋葬皇帝13位，皇后23位，太子2位，30多名妃嫔、两位太监。

受“事死如事生”的观念影响，我国历代封建王朝，无论是帝王将相还是平民百姓，都十分重视丧葬，通过厚葬来彰显生者对死者的孝道。所谓厚葬，主要通过修建宏伟壮观的陵墓和丰厚的陪葬物品来体现。因此，人们花费大量的财力、人力用来打造奢华的陵墓。这些陵墓成为中国封建时代对灵魂信仰的集中体现，反映了各个不同时期的政治思想、道德观念和审美情趣。通过不同时期的陵墓及其陪葬品，也可以窥见当时的经济发展状况、科学技术水平和建造的工艺水平。

正因为，中国古代人民所倡导的“厚葬”之风，帝王陵墓成为盗墓者的重点目标，自古以来盗墓之风盛行。为了免遭掘坟之困扰，历代帝王更是竭尽所能反盗，而借此也能反映当时的工匠技术之巧妙。可以说，帝王陵墓是当时社会的科技水平、艺术水平和建筑水平的综合体现。而20世纪保护性挖掘的定陵，所发现的金刚墙、自来石等无不反映了古代劳动人民的智慧。

（二）“天人合一”的风水理念与陵墓建筑

风水是自然界的力量，是宇宙的大磁场能量。风就是元气和场能，水就是流动和变化。风水本为相地之术，即临场校察地理的方法，也叫地相、古称堪舆术，它是一种研究环境与宇宙规律的哲学，人既然是自然的一部分，自然也是人的一部分，达到“天人合一”的境界。风水的核心思想是人与大自然的和谐，早期的风水主要关乎宫殿、住宅、村落、墓地的选址、坐向、建设等方法及原则。晋代郭璞的《葬书》中有记载，“葬者，乘生气也，气乘风则散，界水则止，古人聚之使不散，行之使有止，故谓之风水，风水之法，得水为上，藏风次之”。可见风水之术也即相地之术，核心即人们对居住或者埋葬环境进行的选择和宇宙变化规律的处理，以达到趋吉避凶的目的。所以，受“事死如事生”观念影响的陵墓选址，自然也受到了人们的高度重视，一家人的坟墓的风水，关乎整个家族的未来兴衰。而帝王陵墓的选址，则关乎国运兴衰，因此格外受重视。

这在历代帝王的陵墓择址上均有体现，明清帝王陵墓表现尤为突出。如明十三陵，是明朝迁都北京后朱棣亲自选定。朱棣将他认为不雅的“黄土山”更名为“天寿山”这一吉名。明十三陵位于东、西、北三面环山的小盆地之中，陵区周围群山环抱，中部为平原，陵前有小河曲折蜿蜒，山明水秀，景色宜人。明十三陵依山而筑，分别建在东、西、北三面的山麓上，形成了体系完整、规模宏大、气势磅礴的陵寝建筑群。明代术士认为，这里是“风水”胜境，绝佳“吉壤”。因此被明朝选为营建皇陵的“万年寿域”。

延伸阅读

历史专家认为，秦始皇陵体现天人合一整体观

陕西师范大学教授刘九生表示，秦始皇陵的营造反映了先秦至秦代的天人合一整体观，是秦始皇宇宙观中“地天通”的具体表现，其中的文化现象包括天文、地理、哲学、堪舆、星象等。

刘九生认为，秦始皇陵封土“树草木以象山”，即刻意仿效古代神话传说里的昆仑山；自墓底直筑到封土顶部的九级台阶式“方城”，仿效昆仑的“增城九重”，起着传说里“地天通”的功能，秦始皇陵即是秦始皇的通天之路。

刘九生强调，秦始皇陵封土的一级台阶，仿效昆仑之山，二级台阶仿效凉风之山，三级台阶仿效悬圃之山，三级台阶顶部的“平面”及其上，就是天帝之居樊桐之山了。

“秦始皇经由昆仑山的神话传说，希望把自己与天地宇宙联系起来，常居 于天地之中。可以说，秦始皇陵总体营造的主导思想，就是以比类取象为核心的天人相应或天人合一整体观。”刘九生说。

秦始皇陵区范围约60平方千米，地下跟地面及其上各类埋藏、建构建筑品物之丰富，迄今所知不过冰山一角。专家表示，秦始皇陵墓营建蕴含着许多千古之谜，破解这些谜团，对于认识秦代文化和中国文明史等具有重要的现实意义。

（资料来源：https://www.163.com/money/article/8TCN2OUC00254TI5.html）

四、古代帝王陵墓的典型代表

在古代，人们讲究居住的阳宅风水，是因为阳宅风水与自身的运势相关；而人们讲究墓地的风水，是因为墓地的风水会关系着后代子孙的运势，以及整个家族的兴衰等。一家之主坟墓的风水，会影响整个家族的命运；一国之君的陵墓风水，则会影响整个国家的国运。历代帝王都非常重视陵墓选址，希望能够江山永固。许多帝王一登上皇位，便开始营建他的宫殿以及营造他死后的另一宫殿——陵墓。帝王陵墓一般位于京城附近，以便于下葬和后人祭拜，这是历朝历代的惯例。

秦始皇陵，作为世界上规模最大、结构最奇特、内涵最丰富的帝王陵墓之一，无疑是中国古代帝王陵墓的扛鼎之作。秦始皇作为中国历史上的第一个皇帝，其陵墓是中国历史上第一个规模庞大、设计精妙的帝王陵墓。秦始皇陵建于秦王政元年（公元前247年）至秦二世二年（公元前208年），历时39年，是中国历史上第一座规模庞大，设计完善的帝王陵寝。陵墓有内外两重夯土城垣，象征着帝都咸阳的皇城和宫城。陵冢位于内城南部，呈覆斗形，现高51米，底边周长1 700余米。据史料记载，秦陵中还建有各式宫殿，陈列着许多奇异珍宝。秦陵四周分布着大量形制不同、内涵各异的陪葬坑和墓葬，现已探明的有 400 多个，其中包括举世闻名的“世界第八大奇迹”兵马俑坑。秦始皇陵是世界上规模最大、结构最奇特、内涵最丰富的帝王陵墓之一。秦始皇陵充分表现了 2 000 多年前中国古代汉族劳动人民的艺术才能，是中华民族的骄傲和宝贵财富。其中，兵马俑的考古发掘无疑是秦始皇陵最具研究价值的。秦始皇陵兵马俑坑是秦始皇陵的陪葬坑，位于陵园东侧 1 500 米处。秦始皇兵马俑陪葬坑坐西向东，三坑呈品字形排列。最早发现的是一号俑坑，呈长方形，坑里有 8 000 多个兵马俑，四面有斜坡门道。不难发现，秦始皇陵实质上是按古代礼制“事死如事生”的要求特意设计的。这也是秦始皇即位后率领千军万马南征北战，耗费大量精力和时间进行统一全国的战争，从而实现吞并六国统一天下，凸显其生前的功绩军队的必然。秦始皇兵马俑陪葬坑，是截至目前所发现的世界最大的地下军事博物馆，是当之无愧的“世界第八大奇迹”。

唐代陵墓是中国古代陵墓发展的另一个重要转折时期。唐代陵墓开始了“以山为陵”的形式，以乾陵最具代表性。乾陵位于陕西省咸阳市乾县县城北部 6 000 米的梁山上，为唐高宗李治与武则天的合葬墓。乾陵建成于唐光宅元年（684 年），正值盛唐，国力充盈，陵园规模宏大，建筑雄伟富丽，采用“因山为陵”的建造方式，陵园仿唐都长安城的格局营建，分为皇城、宫城和外郭城。梁山南面两峰较低，东西对峙，中间为司马道，述圣纪碑和无字碑立于司马道两侧。其中无字碑在宋金以后，开始有游人题字于碑，使无字碑成为有字碑。历经元、明、清，碑上逐渐镌刻了许多文字，不仅在内容上自然形成了评价武则天的“碑文”，而且在书法上真、草、隶、篆、行五体皆备，或许这正符合了武则天当初立碑的本意。除主墓外，乾陵还有十七个小型陪葬墓，葬有其他皇室成员与功臣。乾陵是唐十八陵中主墓保存最完好的一个，也是唐十八陵中唯一一座没有被盗的陵墓。

而明清时期，中国古代陵墓进入到新的发展阶段，采用宝成宝顶的形式。其中以明十三陵最具代表性。明十三陵位于北京市西北 50 千米处的昌平区境内，是明朝 13 位皇帝陵墓的总称。陵区占地面积 80 平方千米，是当今世界上保存较完整的陵墓建筑和埋葬皇帝最多的墓葬群。明十三陵陵寝布局不是按照《周礼》左昭右穆的方式，而是以尊者居于主脉，卑者居于余脉的布局排列的。明十三陵营建始于明永乐七年（1409 年），止于清朝初年（1644 年），历时 230 余年。十三座皇陵均依山而筑，分别建在东、西、北三面的山麓上，形成了体系完整、规模宏大、气势磅礴的陵寝建筑群。明代术士认为，这里是“风水”胜境，绝佳“吉壤”。因此被明朝选为营建皇陵的“万年寿域”。陵区占地面积达 40 平方千米。陵区内除葬有 13 位皇帝外，还葬有 23 位皇后、1 位皇贵妃以及数十名殉葬的宫人。陵寝建造方式可分为三种：一是皇帝生前所建陵，规模大且装饰华丽（如长陵、永陵、定陵）；二是由嗣帝所建陵，因有先皇“从俭建陵”的遗诏或受葬期、国力的影响，规模小且比较简朴（如献陵、景陵）；三是皇帝生前未来得及建陵，改朝换代后由下一朝代营建（如思陵）。此外，陵区内还建有 7 座妃坟园寝和 1 座太监陪葬墓，以及为帝后谒陵服务的行宫、苑囿等各式建筑。在陵域周围的 10 个天然山口处修筑了城垣、拦马墙等防御设施，以保陵区安全。明十三陵以规模宏伟壮观、陵园体系完整、布局庄严和谐、景色优美静谧、风格典雅古朴著称于世。2003 年 7 月 3 日，经联合国第 27 届世界遗产大会审议，明十三陵被列入《世界遗产名录》。

第四节　中国传统民居建筑

中国民居建筑是中国古代建筑中最具特色的一部分，样式多，差异大。其中，汉族庭院式布局住宅分布最广。我国地域面积广阔，南北气候差异大，因此南北的院落式住宅因地制宜呈现出较大的差异性。同时，除了受中国传统审美文化的影响，中国民居建筑还蕴含了尊卑有别、长幼有序、男女有别、内外有分、等级差异、防御安全等传统社会的宗法伦理观念。除了传统的院落式民居外，为适应当地的自然环境还产生了一些地域特色鲜明的民居建筑，比如内蒙古的蒙古包民居、福建的客家土楼、傣族的竹楼、羌族的碉楼、纳西族的木楞格房、陕北地区的窑洞民居等。

一、中国传统民居的特点

民居建筑与人民生活密切相关，是最基本、最大量的一种传统建筑类型。中国地域面积辽阔，由于各民族的历史传统、生活习俗、人文条件、审美观念不同，以及各地的自然条件和地理环境不同，因而，民居的平面布局、结构方法、造型和细部特征也就不同，淳朴自然而又有着各自的特色，呈现出了千姿百态、互不雷同的住宅形态。

民居中的特征，主要是指民居在历史实践中反映出本民族地区最具有本质的和代表性的东西，特别是要反映出与各族人民的生活生产方式、习俗、审美观念密切相关的特征。民居的经验，则主要指民居在当时社会条件下如何满足生活生产需要和向自然环境斗争的经验，例如民居结合利用地形的经验、适应气候的经验、利用当地的材料的经验以及适应环境的经验等，这就是通常所说的因地制宜、因材致用的经验。总的来说，传统民居的建筑特征主要表现在以下三个方面。

（一）平面布局与人文环境特征密切相关

民居是社会制度、家庭组织、习惯信仰和生产生活方式的具体体现。规整式住宅是中国各个地区传统民居的主要平面布局形式，其中以采取中轴对称方式布局的北京四合院最具代表性。民居建筑不像官方建筑那样有一套程序化的规章制度和做法，它可以根据当地的自然条件、自己的经济水平和建筑材料特点，因地因材来建造房子。它可以自由发挥劳动人民的最大智慧，按照自己的需要和建筑的内在规律来进行建造。因此，在民居中可以充分反映出，功能是实际而合理的、设计是灵活的、材料构造是经济的、外观形式是朴实的等建筑中最具有本质的东西。特别是广大的民居建造者和使用者是同一的，自己设计、自己建造、自己使用，因而民居的实践更富有人民性、经济性和现实性，也最能反映本民族的特征和本地的地方特色。

（二）结构和外形特征受自然环境和技术影响

气候、地理环境、建筑材料和建造技术是影响传统民居的结构和外形特征的重要因素。例如，我国黄河中上游地区窑洞式住宅较多，在陕西、甘肃、河南、山西等黄土地区，当地居民在天然土壁内开凿横洞，并常将数洞相连，在洞内加砌砖石，建造窑洞。窑洞防火，防噪音，冬暖夏凉，节省土地，经济省工，将自然图景和生活图景有机结合，是因地制宜的完美建筑形式，渗透着人们对黄土地的热爱和眷恋。

（三）注重装饰装修和细部特征

民居建筑内部和外观艺术则反映了地方文化、民族习俗和审美意识。例如，各族人民常把自己的心愿、信仰和审美观念，把自己所最希望、最喜爱的东西，用现实或象征的手法，反映到民居的装饰、花纹、色彩和样式等结构中去。如汉族的鹤、鹿、蝙蝠、喜鹊、梅、竹、百合、灵芝、万字纹、回纹等，云南白族的莲花、傣族的大象、孔雀、槟榔树图案等。这样，就导致各地区各民族的民居呈现出丰富多彩和百花争艳的民族特色。

二、独具特色的中国地方传统民居建筑代表

中国传统民居深受几千年的农耕文化的影响，极具人情味和地方特色，同时具有丰富的文化内涵。中国地域面积辽阔，人口众多，由于各地气候差异明显、地理环境悬殊，各地材料各不相同，加上各民族的风俗习惯、生活方式和审美观念的差异化，从而形成了平局布局、结构方式、外观装饰和空间处理不同的传统民居。比如，受北方气候干燥寒冷和家族观念等因素影响，北方地区多以合院式民居为主。在南方地区气候湿热的地区，天井式民居较为多见。中国形式多样、瑰丽多姿的民居建筑，人们在实践中所创造的技术和艺术处理经验，如防潮、防火、防虫、防震等做法，以及结合山水地形和建筑装饰装修的处理，在今天看来依然值得学习和借鉴。根据中国各地区、各民族现存的民间住宅的特点来看，最具有代表性的有合院式住宅、窑洞、吊脚楼、干栏房、毡包和石碉房等。

（一）合院式住宅

合院住宅在中国有久远的传承历史，从西周的院落遗址到汉代的画像砖，从唐代的敦煌壁画到宋代的《清明上河图》都可以看到它们的身影。明清时期中国南北方的许多地区都发展出了各具特色的合院住宅，其中以北京的四合院最具代表性。由于其能够创造一个安静、私密性较好的居住环境，同时也能符合中国传统礼制和家庭伦理的要求，所以是被广泛流传的住宅形式。在山西、云南以及江南各地均有合院式住宅存在，但同时也存在差异，各具特色。

1. 北京四合院

北京四合院是北京地区乃至华北地区的传统住宅。其基本特点是按南北轴线对称布置房屋和院落，坐北朝南，大门一般开在东南角，称“坎宅巽门”，被认为是吉利的，实际上也有利于保持私密性和增加空间的变化。门内建有影壁，外人看不到院内的活动。正房位于中轴线上，也称为堂，供奉“天地君亲师”牌位，举行家庭礼仪，接待尊贵宾客，侧面为耳房及左右厢房。正房是长辈的起居室，厢房则供晚辈起居用，这种庄重的布局，亦体现了华北人民正统、严谨的传统性格。北京地区属暖温带、半湿润大陆性季风气候，冬寒少雪，春旱多风沙，因此，住宅设计注重保温防寒避风沙，

外围砌砖墙，整个院落被房屋与墙垣包围，硬山式屋顶，墙壁和屋顶都比较厚实。

北京四合院之所以有名，是因为它虽为居住建筑，却蕴含着深刻的文化内涵，是中华传统文化的载体。四合院的营建是极讲究风水的，从择地、定位到确定每幢建筑的具体尺度，都要按风水理论来进行。风水学说，实际是中国古代的建筑环境学，是中国传统人居建筑理论的重要组成部分，这种风水理论，千百年来一直指导着中国古代的营造活动。除去风水学说外，四合院的装修、雕饰、彩绘也处处体现着民俗民风和传统文化，表现一定历史条件下人们对幸福、美好、富裕、吉祥的追求。如以蝙蝠、寿字组成的图案，寓意“福寿双全”，以花瓶内安插月季花的图案寓意“四季平安”，而嵌于门管、门头上的吉祥词语，附在檐柱上的抱柱楹联，以及悬挂在室内的书画佳作，更是集贤哲之古训，采古今之名句，或颂山川之美，或铭处世之学，或咏鸿鹄之志，风雅备至，充满浓郁的文化气息，登斯庭院，有如步入一座中国传统文化的殿堂。

北京四合院（见图4-6）亲切宁静，庭院尺度合宜，把大地拉近人心，是十分理想的室外生活空间，庭院方正，利于冬季多纳阳光。不同地区的四合院又结合当地的自然环境特点，形成了自己的特点，比如东北气候寒冷，院子更加宽大。北京以南夏季西晒严重，院子则南北窄长。西北地区风沙很大，故采用加高院墙的方式来抵御风沙。

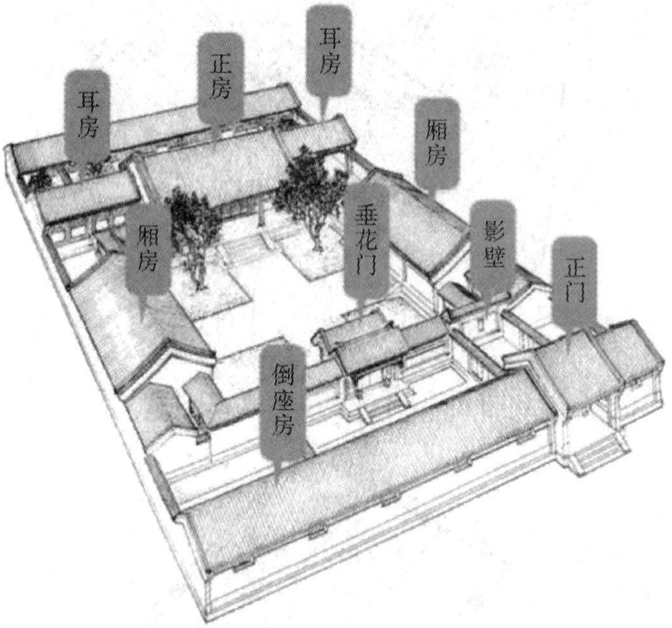

图4-6 北京四合院

（图片来源：http://news.163.com/17/0406/13/CHBG3TCM00018AOR.html）

2. 云南“一颗印”

由正房、耳房（厢房）和入口门墙围合成正方如印的外观，俗称“一颗印”。“一颗印”式民居是由汉、彝先民共同创造，最早在昆明地区流行起来的“特色品牌”，“一颗印”式民居的基本规则为“三间两耳倒八尺”。

云南高原地区，四季如春、无严寒、多风，故住房墙体厚重。“一颗印”民居建筑的特点是：由正房、厢房、倒座组成四合院，瓦顶、土墙，平面和外观呈方形，方方正正好似一颗印章，就称为“一颗印”。正房三间两层，较高一些，两厢为耳房，耳房就矮一些，这样就组成四合院。门廊又称倒座，进深为八尺，所以叫“倒八尺”，整体方形如印章，故称“一颗印”式。这样长辈居住的正房采光就比较好。为节省用地，改善房间的气候，促成阴凉，中间为一小天井，多打有水井，铺石板，作为洗菜洗衣休闲的场所。为安全起见，传统的房屋四周外墙上是不开窗户的，都从天井采光。在“一颗印”中，正房三间的底层中央一间多作客堂，为接待客人用，左右为主人卧室，耳房底层为厨房和猪、马牲畜栏圈，楼上正房中间为祭祀祖宗的祖堂或者是诵经供佛的佛堂，其余房间供住人和储存农作物等。

“一颗印”无论在山区、平坝、城镇、村寨都宜修建。可单幢，也可联幢，可豪华，也能简朴，千百年来是滇池地区最普遍、最温馨的平民住宅，随着城市的改扩建，“一颗印”式古民居建筑，已经越来越少。

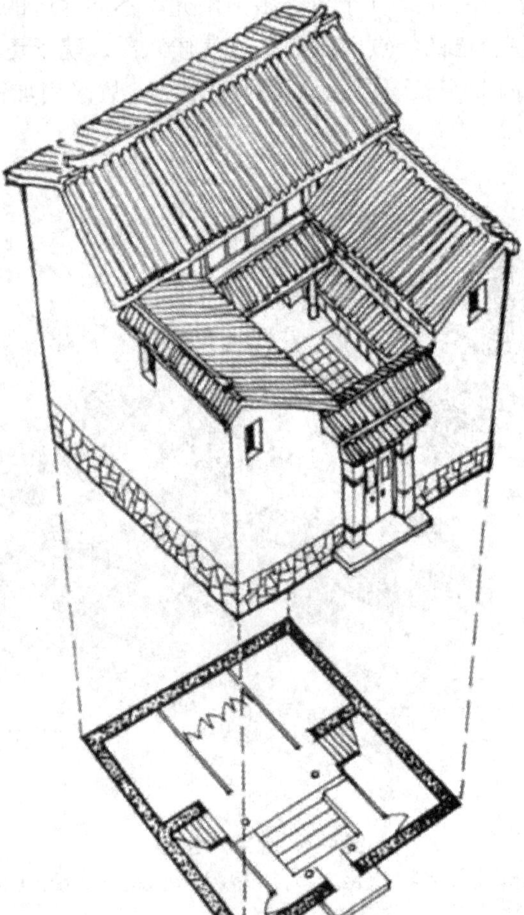

图 4-7　云南“一颗印”

（图片来源：http://news.163.com/17/0406/13/CHBG3TCM00018AOR.html）

3. 江南的四水归堂

四水归堂因其屋顶内侧坡的雨水从四面流入天井，寓意水聚天心而得名。四水归堂是安徽江南民居独有的平面布局方式，其建筑风格理念来源于徽州文化传承天人合一的理学思想，布置紧凑，院落占地面积较小，以适应当地人口密度较高，要求少占农田的特点。

四水归堂式住宅的个体建筑以传统的“间”为基本单元，房屋开间多为奇数，一般三间或五间。每间面阔 3~4 米，进深五檩到九檩，每檩 1~1.5 米，各单体建筑之间以廊相连，和院墙一起，围成封闭式院落。为了利于通风，多在院墙上开漏窗，房屋也前后开窗。为了适应地形地势，充分利用空间，四水归堂建筑呈现出布置灵活、体型美观、用材合理、清新活泼的面貌。

这种住宅第一进院正房常为大厅，院子略开阔，厅多敞口，与天井内外连通。一般坐北朝南的为正房，为长辈的居所，东西两侧常配有厢房，为儿子儿媳的住房，南边的房子为门楼。北面的正房多为楼房，正方的中央开间为堂屋，是一家人聚会、待客和祭神拜祖的地方，堂屋内部多陈设一些寓意吉祥的字画，是全宅的中心。堂屋的楼上用来储存粮食和杂物或者用作客房。屋顶铺小青瓦，室内多以石板铺地，以适合江南温湿的气候。江南水乡住宅往往是临水而建，前门通巷，后门临水，每家自有码头，供洗濯、汲水和上下船之用。

一个天井是一个住宅的基本单元，一些人口众多、财力雄厚的家族，往往是几座天井院前后串通或左右并列，彼此相通，组成一座规模宏大的合院式住宅。但是不论是大天井院还是小天井院，外貌都是高高的白墙，墙上开大门和少量的窗子。天井院多是木结构外包着砖墙，为了防止火灾殃及邻居，所以就将邻居间的墙体加高，随着屋顶的两面破形式，将砖墙做成阶梯状，封住火灾，因此被称为“封火墙”。因封火墙顶上都有屋脊，屋脊两端高高翘起，形如马头，因此又被称为“马头墙”。除此之外，江南的四水归堂院落非常注重装饰和装修，以木雕、砖雕和石雕最具代表性。因此，高大连片的天井院落不仅是江南地理、经济条件下的产物，也是中国封建社会传统礼制和家庭伦理道德的反映。

（二）窑洞

《诗经》中“陶复陶穴”，就是周人根据不同的地理条件而挖的两种形式的窑洞。窑洞是中国西北黄土高原上居民的古老居住形式，这一“穴居式”民居的历史可以追溯到四千多年前。黄土高原的山西、陕西、河南、河北、内蒙古、甘肃以及宁夏等省，由于气候干燥少雨，经济不发达，加上当地土质坚实，所以挖洞造房就成了当地百姓获得住房的一种经济方便的手段。

窑洞挖土成洞，有靠崖式、下沉式、独立式等形式，其中靠山窑应用较多。常见的形式就是靠崖式（靠着土山或者黄土沟里的山崖向里挖洞），或者下沉式（向地下挖洞再向四周挖洞的形式），洞一般呈长方形，洞顶为圆拱形，一般高约 3 米。窑洞建筑最大的特点就是冬暖夏凉，传统的窑洞空间从外观上看是圆拱形，虽然很普通，但是在单调的黄土为背景的情况下，圆弧形更显得轻巧而活泼。这种源自自然的形式，不仅体现了传统思想里天圆地方的理念，同时更重要的是门洞处高高的圆拱加上高窗，在冬天的时候可以使阳光进一步深入窑洞的内侧，从而可以充分地利用太阳辐射，而内部空间也因为是拱形的，加大了内部的竖向空间，从而使人们感觉开敞舒适。

"建筑是凝固的音乐，音乐是流动的建筑。"作为地下空间生土建筑类型的洞，其建筑艺术特征又与一般建筑大异其趣。窑洞建筑是一个系列组合。窑洞的载体是院落，院落的载体是村落，村落的载体是山或川或原的黄土大自然。所以这种建筑造型艺术特色从宏观的窑洞聚落的整合美到微观细部的装饰美，无不打上了"窑"字号的印记。黄土高原地区的窑洞建筑如图 4-8 所示。

图 4-8　黄土高原地区的窑洞建筑

（图片来源：https://www.toutiao.com/a6496239377809670669/）

（三）吊脚楼

建筑，作为人类文明的主要承载者之一，是了解一个民族文化体系的捷径。吊脚楼，也叫"吊楼"，是中国西南地区的古老建筑，其雏形是一种干栏式民居，为苗族（重庆、贵州等）、壮族、布依族、侗族、水族、土家族等族传统民居，吊脚楼在渝东南及桂北、湘西、鄂西、黔东南地区分布较广。吊脚楼多依山靠河就势而建，呈虎坐形，以"左青龙，右白虎，前朱雀，后玄武"为最佳屋场，后来讲究朝向，或坐西向东，或坐东向西。吊脚楼属于干栏式建筑，但与一般所指干栏有所不同。干栏式底部是全部悬空的，所以吊脚楼被称为半干栏式建筑。

吊脚楼最基本的特点有：正屋建在实地上，厢房除一边靠在实地和正房相连，其余三边皆悬空，靠柱子支撑。吊脚楼有很多好处，高悬地面既通风干燥，又能防毒蛇、野兽，楼板下还可放杂物。吊脚楼还有鲜明的民族特色，优雅的“丝檐”和宽绰的“走栏”使吊脚楼自成一格。这类吊脚楼比“栏杆”较成功地摆脱了原始性，具有较高的文化层次，被称为巴楚文化的“活化石”。凤凰古城回龙阁吊脚楼如图 4-9 所示。

图 4-9　凤凰古城回龙阁吊脚楼

（图片来源：https://m.sohu.com/a/120021418_264081）

（四）干栏房

干栏式建筑，即干栏巢居，中国古代史书中又有干栏、干兰、高栏、阁栏和葛栏等名，是由古越语言转译而来的音变。此外，一般历史文献上所说的栅居、巢居等，大体所指的也是干栏式建筑。该建筑形式是远古时代的人群，特别是南方百越部落的主要建筑风格，即在木（竹）柱底架上建筑的高出地面的房屋。从考古发现看，中国新石器时代的河姆渡文化、马家浜文化和良渚文化的许多遗址中，都发现埋在地下的木桩以及底架上的横梁和木板，表明古时流行于南方百越部落的居住区已产生干栏式建筑。这种建筑以竹木为主要建筑材料，主要是两层建筑，下层放养动物和堆放杂物，上层住人。

居住形式与各民族生活的自然与经济条件有密切联系。干栏式住房以竹木为材料，木材作房架，竹子作檩、椽、楼面、墙、梯、栏等，各部件的连接用榫卯和竹篾绑扎，为单幢建筑，各家自成院落，各宅院有小径相通。南方地区因气候湿热，且部分地区处于地震带上，干栏式房子与地面隔离，能够较好地达到有效的防潮和防震的功用。除此之外，干栏式方式具有有效地利用空间、一房多用的效能。因这种建筑适合那些居住于雨水多而比较潮湿的地方的人，现在主要流行于中国较偏远的地区，包括广西中西部、云南东南部、贵州西南部和越南北部。其他国家也有干栏式建筑。

图 4-10　干栏式建筑

（图片来源：https://image.so.com/view? q=%E5%B9%B2%E6%A0%8F%E5%BC%8F&src=tab_www&correct=%E5%B9%B2%E6%A0%8F%E5%BC%8F&ancestor=list&cmsid=67da222dd5d164d851510ed09da5f854&cmras=6&cn=0&gn=0&kn=19&fsn=98&adstar=0&clw=255#id=9bbad8279edba159189287df39db7f87&currsn=0&ps=67&pc=67）

（五）毡包

毡包多为圆形平面，用木条编成可以拆装的框架，框架外面以羊毛毡包裹，因蒙古民族用得较多，故而又被称为“蒙古包”（见图 4-11）。早在西汉时期，远嫁乌孙的细君公主就在她的生活中这样描述“穹庐为室兮旃为墙，以肉为食兮酪为浆”，这里的穹庐指的就是毡房，从中可知，毡房已有两千多年的历史了。为了适应游牧生活和便于迁徙，几千年来逐水草的游牧突厥部落民族就创造了毡房。

在我国内蒙古自治区蒙古族和新疆哈萨克族的聚集区，当地百姓依然饲养着成群的牛羊和马匹，过着游牧的劳动和生活方式，住着随着草场变化的放牧地的毡包。由于春、夏、秋三季牧场的经常迁徙，因此牧区的牧民们一年可能要搬十几次家。为了适应生产和生活的需要，几乎每户牧民都练就了一手“绑驮子”的绝技，整个毡房和生活用具，用毛绳绑扎停当，在崎岖山路的长途颠簸中，也毫不松散。到了目的地两个小时左右就可搭起来。如果毡房选择的地方不太合适，只要几个人抬起来，摆到合适的地方就行了，因而毡房可以十分恰当地称为牧民的移动房屋。

毡房最大的特点就是携带方便，易于搭卸。毡房由围墙、房杆、顶圈、房毡、门组合而成，分为上下两部分。下部为圆柱形，上部为穹形。下部圆柱形四周是用横竖交错相连而成的红柳木栅栏构成的围墙。毡包高一般在三米左右，占地面积二三十平方米。四周是环形的毡墙，上面是圆形的屋顶。毡房内的陈设与布置都有一定的规矩，严格分成住宿和放物品两部分。毡包外表简洁朴素，但内部的生活环境在经济条件允许的情况下都会铺上地毯并挂上彩毯，装饰华丽，充分展示了草原牧民对美好生活的追求和向往。

图 4-11　毡包的建造过程和内部景观图

（图片来源：https://www.sohu.com/a/237908603_167788）

（六）石碉房

石碉房是中国西南地区的西藏、青海、四川西部地区藏族和羌族常见的居住形式，因当地多石材，所以建造房屋时多以石材为主要建筑材料（见图 4-12）。从《后汉书·南蛮西南夷列传》中就有“依山居止，累石为屋”的记载，在汉武帝以前就已存在。用乱石垒砌或土筑的房屋，平屋顶，高有三至四层，因外观很像碉堡，故称为石碉房。一般来说，石碉房底层可用作牲畜的圈；二层可用作人的居室、储藏室等；三层可用作经堂，供佛像、点酥油灯等。

根据石碉房的功能不同，可将其分为居住碉房、防御碉房和战事碉房。石碉房的外观颇具特色，四周为坚实的墙体，下部为粗石砌造，色彩凝重，质地粗犷，上面外墙多抹灰，形成上下色彩和质感上的对比。碉房具有坚实稳固、结构严密、楼角整齐的特点，既利于防风避寒，又便于御敌防盗。

图 4-12　藏族石碉房

（图片来源：https://www.sohu.com/a/168347335_393286）

核心知识小结

中国古代建筑发展经历了先秦时期的形成时期、秦汉时期的发展时期、隋唐宋元时期的成熟时期和明清时期的高峰时期。中国古代建筑的特点有：以木料为主要构材，外部造型独特，群体组合与布局讲究中轴对称、方正严整，装饰手段丰富多彩，注重与周围自然环境相协调。根据建筑所承担的作用和不同的性质，可将其分为宫殿建筑、坛庙建筑、民居建筑、宗教建筑、陵寝建筑、防御建筑、桥梁建筑和园林建筑。

宫殿建筑是最能体现当时建筑水平和建筑艺术的代表。宫殿建筑有严格的定制，逐步形成了前朝后寝、左祖右社、三朝五门、中轴对称的空间布局。作为中国古代建筑艺术的典范的宫殿建筑，蕴含了丰富的文化内涵和美学意蕴，体现了古代天人合一的自然环境观和审美追求，反映了中国封建社会尊卑有序、等级分明的宗法礼制观念，蕴含了五行相克相生、阴阳有序等传统文化思想。其中，故宫以其宏大的规模、独特的风格、华丽的装饰、辉煌的建筑，当之无愧的是中国古代宫殿建筑最杰出的代表。

受“事死如事生”和“天人合一”风水的观念影响，厚葬之风在中国历朝历代长盛不衰。我国的帝王陵寝不仅数量众多、历史悠久、在世界上独一无二；而且布局严禁、建筑宏伟、工艺精湛，具有独特的风格，是中国古代陵墓建筑的最典型代表。其陵墓主要由三部分组成，分别为地下墓室、地面建筑和封土成丘。其中，封土部分先后经历了秦汉以前的“方上”、唐宋的“以山为陵”和明清的“宝成宝顶”的发展过程。其中具有代表性的帝王陵墓有秦始皇陵、乾陵和明十三陵等。

中国民居建筑是中国古代建筑中最具特色的一部分，样式多，差异大。我国地域面积广阔，南北气候差异大，因此南北民居也呈现出较大的差异性。同时，除了受中国传统审美文化的影响，中国民居建筑还蕴含了尊卑有别、长幼有序、男女有别、内外有分、等级差异、防御安全等传统社会的宗法伦理观念。中国传统民居因地制宜，具有代表性的有合院式民居、毡包、吊脚楼、干栏式民居、窑洞、石碉房等。

案例解析

婺源古民居驿站改造：贯穿古今的华丽转身

婺源，乌托邦式的理想家园。每年春季，婺源必会受到万众瞩目，蜿蜒连绵的油菜花盛开在山野梯田间，与粉墙黛瓦的徽派建筑一起，构成了一幅绝美的中国水墨山水画。

婺源天净沙的一个古民居驿站 Skywell（见图 4-13），原身为一座近三百年的徽派老式建筑。而酒店的英文名 Skywell 来源于当地特色建筑元素——天井，也就是房子和外墙之前自然围合的一片狭窄的露天空地，天井最直接的好处是将室外的明媚阳光巧妙引入室内。整个项目的建造过程更像是一个大规模的文化遗产修复工程，尤其是那些精美绝伦、细致生动却亦饱经岁月摧残的木质承重结构以及木质雕花饰面，让设计团队费尽了心思。

图 4-13　Skywell 驿站的外观

当地资深木工老匠人，运用其精湛的手工技艺和独特的修复方法，让原本破旧残缺的木结构和木雕花重获生机，无惧岁月，跨越古今，依旧熠熠生辉。为了弥补建筑本身自然光线不足的缺陷，设计师沿着天井，在房间的墙面上开设了可开启的窗楹，并配置了精致的木质雕刻花纹，与原本的建筑特色完美融合。驿站的总体室内色彩搭配以暖色以及简约的中性色调为主，搭配上大胆而跳跃的亮色，在保持古韵风华的同时也为房间注入了盎然生机。设计者们怀揣对清代建筑语言的崇敬，在保留古建筑精髓的基础上，恰到好处地添加了现代的结构来加固并进行了功能扩展，达到原始质朴和与时俱进的完美契合。旧建筑改造越来越流行，修旧如旧，浑然天成，这是修复项目的核心，也是设计师的本心。

（资料来源：https://www.sohu.com/a/224630897_379739）

思考与讨论：

1. 如何平衡好传统民居与现代居住要求？
2. 传统民居在改造的过程中需要注意什么？

复习思考

1. 简述中国古代建筑的发展历程。
2. 中国古代建筑具有什么特点？
3. 中国古代宫殿建筑所蕴含的文化内涵有哪些？
4. 简述中国古代陵寝建筑的发展历程。
5. 中国传统民居的类型有哪些？分别具有什么特点？

第五章 中国古典园林

■学习目标

- ➢ 了解中国古典园林文化的景观意义及旅游开发途径
- ➢ 熟悉中国古典园林特征及造景手法
- ➢ 掌握中国古典园林基本知识和审美鉴赏方法

■引导案例

天人合一、咫尺乾坤：苏州园林的东方魅力

公元 1276 年，威尼斯旅行家马可·波罗来到苏州，他震撼于自己眼前所见：水道如织、小桥流水、人人衣锦着缎，一派繁华气象。千百年来，交错纵横的水道使苏州繁荣不衰，富足的苏州人建起了一座座典雅秀丽的园林。苏州园林蕴含着丰富的中国古典哲学理念，最突出的是“天人合一”理念，即万物与人为一体，人与自然和谐。与错综复杂的苏州园林相比，西方园林更像是一个艺术画廊，讲究严谨、工整对称。走进园里，一眼望去，四下尽收眼底。若说西洋园林“悦目”，那苏州古典园林则更加“赏心”。苏州以“园林之城”闻名遐迩，目前，苏州正力求实现从“苏州园林”到“园林苏州”的转型。“宛自天开”的苏州古典园林正是人与自然和谐共处的典范！

苏州古典园林始于春秋时期吴国建都姑苏时，形成于五代，成熟于宋代，兴旺鼎盛于明清。到清末苏州已有各色园林 170 多处，现保存完整的有 60 多处，对外开放的有 19 处，主要有沧浪亭、狮子林、拙政园、留园、网师园、怡园等园林。苏州古典园林在世界造园史上有其独特的历史地位和价值，有着写意山水的高超艺术手法，蕴含浓厚的中国传统思想和文化内涵，是东方文明的造园艺术典范。

2018 年，苏州市政府出台的《关于加快推进“天堂苏州·百园之城”的实施意见》提出，至 2022 年，列入《苏州园林名录》的数量将超过 100 处，力争完成 12 处园林的修复或遗址保护，园林开放率达 90%以上，努力实现“天堂苏州·百园之城”建设的目标。

（资料来源：https://baijiahao.baidu.com/s? id=1635409603792398333&wfr=spider&for=pc）

第一节　中国园林文化概述

一、中国园林的概念

中国古典园林艺术是人类文明的重要遗产，是举世公认的世界园林之母，世界艺术奇观。中国的造园艺术，有着以追求自然境界，“虽由人作，宛自天开”为最终和最高目的的审美旨趣。

在历史上，游憩境域因内容和形式的不同用过不同的名称。中国殷周时期，以畜养禽兽供狩猎和游赏的境域称为囿和猎苑。中国秦汉时期供帝王游憩的境域称为苑或宫苑，属官署或私人的称为园、园池、宅园、别业等。“园林”一词，首见于西晋以后诗文中，如西晋张翰《杂诗》有“暮春和气应，白日照园林”；唐宋以后，“园林”一词的应用更加广泛，常用以泛指以上各种游憩境域。

“园”繁体写法为“園”，是我国古代造字六书中的指事。指事者，视而可识，察而见意，也就是说园是在一定象形基础上，加上了具有一定象征意义的抽象符号。“園”的象征符号包括围墙、假山、水池、花草树木等，这些象形要素是有机融入人类的文化元素和艺术意韵。所以，我们可以将中国古典园林定义为，以植物、山石、水体、建筑等为素材，遵循科学美的规律以及工程技术，创造出可供人们游憩和赏玩的现实生活境域。简而言之，园林是“第二自然”的时空艺术，是自然人化。

历史上著名的有：西周素朴的囿，秦汉宫苑“一池三山”，西汉山水建筑园，南北朝自然山水园，佛寺丛林和游览胜地，隋代山水建筑宫苑，唐代宫苑和游乐地，唐代自然园林式别业山居，唐宋写意山水园，北宋山水宫苑。

二、中国园林的特点

园林艺术是一个追求“美”的过程，让人们在审美的过程中形成美的思维、美的形象、美的享受、美的情操。园林的艺术呈现具有鲜明的自然、经济、政治、文化等时代烙印，是一定社会意识形态和审美理想在园林形式和内容上的反映。中国园林体系与世界上其他园林体系相比，具有许多不同的个性，形成了中国古典园林的四大特点：

（一）师法自然

“虽由人作，宛自天开”，中国国古典园林在造景谋篇中多以自然风景为基础要素依据，体现师法自然，其在造园艺术上包含两层内容。一是总体布局、组合要合乎自然。山与水的关系以及假山中峰、涧、坡、洞各景象因素的组合，要符合自然界山水生成的客观规律。二是每个山水景象要素的形象组合要合乎自然规律。比如：假山峰峦是由许多小的石料拼叠合成，叠砌时要仿天然岩石的纹脉，尽量减少人工拼叠的痕迹；水池常作自然曲折、高下起伏状；花木布置应是疏密相间，形态天然；乔灌木也错杂相间，追求天然野趣。例如在园林造景中最常见的假山，能在很小的地段上展现咫尺山林、幻化千岩万壑的气势、气象万千的景观。

（二）融于自然

西方园林大多遵从规则、几何的造型，图案构成精心设计，体现必然性，建筑是控制一切的。而中国古典园林，无论建筑的多少、性质、功能如何都能使山、水、植物三个造园要素有机组织，突出彼此协调、相互补充的一面，达到一种人与自然和谐相处的境界，一种“天人合一”的哲理境界。

中国古代园林用种种办法来分隔空间，其中主要是用建筑来围蔽和分隔空间。分隔空间力求从视角上突破园林实体的有限空间的局限性，使之融于自然，表现自然。为此，必须处理好形与神、景与情、意与境、虚与实、动与静、因与借、真与假、有限与无限、有法与无法等种种关系。如此，则把园内空间与自然空间融合和扩展开来。比如漏窗的运用可使空间流通、视觉流畅，因而隔而不绝，在空间上起着互相渗透的作用。在漏窗内看，玲珑剔透的花饰、丰富多彩的图案，有浓厚的民族风味和美学价值；透过漏窗，竹树迷离摇曳，亭台楼阁时隐时现，远空蓝天白云飞游，造成幽深宽广的空间境界和意趣。

（三）顺应自然

我国幅员辽阔，江山多娇，跨越不同的气候带，地形地势复杂，水景众多，造就了辽阔的地域内山脉蜿蜒，大河奔流，湖海罗布，植物繁茂，林相丰富，为我国古典园林带来无限的生机和活力，激发古人从中吸取灵感。中国古代园林中，有山有水，有堂、廊、亭、榭、楼、台、阁、馆、斋、舫、墙等建筑。人工的山，石纹、石洞、石阶、石峰等都显示自然的美色。人工的水，岸边曲折自如，水中波纹层层递进，也都显示自然的风光。所有建筑，其形与神都与天空、地下自然环境吻合，同时又使园内各部分自然相接，以使园林体现自然、淡泊、恬静、含蓄的艺术特色，并收到移步换景、渐入佳境、小中见大等观赏效果。

（四）表现自然

与西方系统园林不同，中国古代园林对树木花卉的处理与安设，讲究表现自然。我国园林假山都是真山的抽象化、艺术化、典型化的模拟。园林内开凿的各种水体也都是自然界的河湖溪泉瀑的艺术概括，即使再小的山石也曲折有致，形似回肠，状如游龙。在有限的空间内尽量模仿天然水景的全貌，这就是“一勺则江湖万里”之主意。

松柏高耸入云，柳枝婀娜垂岸，桃花数里盛开，乃至于树枝弯曲自如，花朵迎面扑香，其形与神、意与境都重在表现自然。师法自然、融于自然、顺应自然、表现自然——这是中国古代园林体现“天人合一”民族文化之所在，是独立于世界民族之林的极大特色，也是永具艺术生命力的根本原因。

三、中国园林文化的发展演变

中国园林历史悠久、风格独特、分布广泛，园林文化源远流长、博大精深，在世界园林史上负有盛名，被誉为“世界园林之母”。一般认为中国园林的出现不晚于商周时期，这个时期天子的苑囿已经具备了起居、游憩和娱乐的功能，可以看作中国古典园林的滥觞。从商周时期园林的雏形初现到近代公园的出现，中国园林历经几千年的发展演变，大致可分为以下几个阶段。

（一）萌芽期：先秦两汉

先秦时期真正意义上的园林还没有出现，殷、周时期出现专门豢养奴隶主、帝王狩猎而来野兽、禽鸟的场所，称为“囿”。《诗经》毛苌注：“囿，所以域养禽兽也。”域养需要有更为坚固的藩篱以防野兽逃逸，故《说文》释囿为“苑有垣也”。为便于禽兽生息和活动，需要广植树木、开凿沟渠水池等，有的还划出一定地段种植果蔬，呈现出群兽奔于林间，众鸟飞翔于树梢、嬉戏于水面的自然生态图景。《诗经·大雅》的“灵台”篇有一段文字描写周文王在灵囿时，“王在灵囿，鹿攸伏，鹿濯濯，白鸟”。据此，可以看出文王巡游的时候，也是将飞禽走兽作为一种景象来观赏，“囿”具备了园林的观赏功能，因而可以看作中国古典园林的前身。

秦汉帝国的统一促进了皇家园林的发展，最具代表性的就是秦始皇修、汉武帝扩建的上林苑，它的范围已经扩展到了渭河的南岸。除此之外，大型的皇家园林层出不穷，例如未央宫、建章宫、甘泉宫，这些园林都采用了“一池三山”的模式，被称为“秦汉典范”。总而言之，先秦至两汉，中国古典园林以皇家园林为主流，风格比较原始粗犷，虽然人工雕饰的痕迹不断加强，但是景色以原生态取胜，山水式审美观念的树立和审美意识的觉醒则是推动萌芽期的中国古典园林向风景式方向发展的重要因素。

（二）转折期：魏晋南北朝

魏晋南北朝时期社会动荡、政治腐败，是一个思想激荡、艺术繁荣的时代，也是中国园林史上的重大转折期。首先是风格的转变。文人士大夫阶层将自己的审美理念与园林建筑结合起来，推崇山水自然园林，摒弃了秦时期以宫室建筑为中心的建筑原则，山水成为园林的主体，初步确立了中国文人园林的美学理想。而且由于文人雅士巨大的号召力，文人园林的审美原则对皇家园林也产生了深刻影响，由此，中国园林的风格大变，山水园林成为主流。其次是数量和类型方面也有很大进步。不仅皇家园林和私家园林如雨后春笋般涌现，同时另外一种园林类型——寺庙园林也出现了。尤其是南北朝时期，佛寺、道观林立，寺庙园林也应运而生，它并不表现多少宗教的意味和特点，而是更多地追求赏心悦目、畅情抒怀。群众参加宗教活动，同时也游览寺庙、观园林。在当时的洛阳，著名的报恩寺、龙华寺、追圣寺都拥有大型的园林，这些园林定期或经常开放，游园活动盛极一时。

（三）成熟期：唐宋时期

唐宋时期中国造园艺术也由兴盛到成熟，展现出前所未有的活力。在唐代，豪华绮丽的皇家园林如华清宫遍布两京的城郊，规模之大，数量之多，映射了泱泱大国的气概；清新雅致的私家园林洒遍名山大川，布局之优美、意境之清幽，体现了“城市山林”的美学概念；寺庙园林更是借唐代宗教兴盛发达的东风，以势不可挡的趋势出现在中国大地上，大型寺观多已成为包括殿堂、寝膳、客房、园林四部分的庞大建筑。宋代造园艺术中模山范水的艺术达到成熟水平，古典园林的风格基本定型。文人画家参与到园林建筑中来，园林与诗歌、绘画、音乐等艺术形式结合得更加紧密，无论是私家园林还是皇家和寺庙园林，都自觉熔铸诗画意趣，重视园林意境的创造。这一时期著名的写意山水园以汴京（今开封）西北角的皇家园林“寿山艮岳”为代表。园的设计者就是以书画著称的宋徽宗赵佶。苏州园林的造园艺术已经十分精湛，布局更加诗情画意，著名的苏州园林沧浪亭就是宋代私家园林的杰作。

（四）顶峰期：明清时期

明清时期中国造园艺术总结几千年造园的经验，达到了光辉灿烂的顶峰。皇家园林、私家园林、寺庙园林均出现了精品珍品，同时还出现了园林艺术专著《园冶》。现存的皇家园林北京颐和园和承德避暑山庄都是中国园林艺术集大成之作。现存的私家园林以江南园林为代表。江南地区河湖密布，盛产湖石，造园条件得天独厚。江南园林以扬州、无锡、苏州、湖州、上海、常熟、南京等城市为主，其中又以苏州、扬州最为著名。《园冶》由明末著名造园家计成撰写，全面论述了园林建筑等原理和具体手法，反映了中国古代造园的成就，总结了造园经验，是研究中国古代园林的重要著作。

（五）延展期：鸦片战争以后

以公园的出现为明显标志，1840 年为界线，我国造园史完成了由古代到近代的转折。人们把 1840 年以前的园林称为古典园林，而 1840 年以后的园林则称为近代园林。公园首先出现在上海，是西方文化影响的产物，它改变了中国古代园林的性质，由供帝王、封建文人、士大夫等避暑、听政、居住游乐等场所转变为向大众开放。1868 年建造的“公花园”（今黄浦公园）是最早的一个公园。之后，1905 年建“虹口公园”。1906 年，无锡、金匮两县乡绅俞仲等筹资建“锡金公花园”，这是我国最早的公园之一。该公园具有中西合璧的特点，与上海早期的公园有着明显的不同，1949 年以后，我国园林在城市建设中蓬勃发展，分布广泛，但近些年西方园林文化对我国园林建筑影响较大，具有欧式风格和中西合璧风格的园林广场在城市中广泛分布。

案例分析

中西园林的各美其美

凡尔赛宫位于法国巴黎西南郊外伊夫林省省会凡尔赛镇，是巴黎著名的宫殿之一，也是世界五大宫殿之一，1979 年被列为《世界文化遗产名录》。

凡尔赛宫宫殿为古典主义风格建筑，立面为标准的古典主义三段式处理，即将立面划分为纵、横三段，建筑左右对称，造型轮廓整齐、庄重雄伟，被称为是理性美的代表。其内部装潢则以巴洛克风格为主，少数厅堂为洛可可风格。

正宫前面是一座风格独特的“法兰西式”的大花园，园内树木花草别具匠心，使人看后顿觉美不胜收。而建筑群周边园林亦是世界著名。它与中国古典的皇家园林有着截然不同的风格。它完全是人工雕琢的，极其讲究对称和几何图形化。

凡尔赛宫现存面积约为100公顷，是法国著名的古典园林之一。凡尔赛宫全园以“轴线式”进行布局设计，将建筑统筹到全园的景观布局之中。全园主体景观结构中，平坦的地形上应用了大量水渠和运河等静态水景。这些像镜面一样的规则式水面使全园增加了一种辽阔、深远的气势。

凡尔赛宫

世界各民族在各自漫长的造园活动中，充分汲取了各自的文化营养，形成了独具特色的造园艺术形式。西方有以法国古典主义园林为代表的几何园林，东方则有以中国古典园林为代表的再现自然山水式的园林。

（资料来源：https://baike.baidu.com/item/%E5%87%A1%E5%B0%94%E8%B5%9B%E5%AE%AB/523764？fr=aladdin）

思考题：

请根据所学和案例内容归纳总结中西方园林在审美表现上的异同。

第二节　中国园林的分类及构成要素

一、中国园林的分类

广阔的地理空间和多元的文化体系，建构起了一个博大精深而又源远流长的中国园林体系。

（一）按园地选择和开发方式

1. 人工山水园

人工山水园是在地上开凿水体、堆筑假山，人为地创造山水地貌，配以花木栽植和建筑营造的。人工山水园或借助于原有地形的起伏，加以艺术的加工，把天然山水风景移缩模拟在一个小范围内，在城镇内居多，它的规模可小可大，所包含的内容由简到繁，小则几亩，中则几十亩，几十亩以上则为大型人工山水园。在人工山水园里，人的创造性得到了极大的发挥。园林艺术丰富多彩，十分讲究多种表现手法和多变的空间艺术，有着以下的特点：①本于自然，高于自然；②建筑美与自然美融合；③有诗画情趣；④蕴含意境。

所以人工山水园仍是最能代表中国古典园林的艺术成就的一个类型。可以说，数千年来，人工山水园左右着中国古典园林的发展，为园林规划设计者津津乐道，是现代园林规划设计构思、创意的源泉。

2. 天然山水园

天然山水园一般建在城镇近部的山野风景地带，可以说是将局部或全部作为建园基址，然后再配置花木和建筑营造，将原始的地貌因势利导适当地调整、改造、加工，例如北京颐和园、西山八大处、香山、南京的、灵谷寺、金山寺。需要注意的是，山水风景资源是一种不可再生资源，必须予以充分的保护。

（二）按园林的权属

1. 私家园林

私家园林，又称第宅园林，为民间的贵族、官僚、缙绅所私有，古籍称为园、园墅、池馆、山庄、别业等。其主要分布在江南的苏州、无锡、南京、扬州、杭州、湖州等。选址多在城市，功能上其为居住、休憩、游赏三者合一。其主要特点是规模较小、布局灵活，营造精巧，建筑体量相对较小，多假山奇水，玲珑秀雅，韵味隽永。第宅园林的主人多是文人士大夫，或由文人、画家参与设计营造，表现出了士大夫阶层清高淡泊、寓意深远的思想意识。第宅园林风格富有文意与书卷气，清雅质朴，个性鲜明。其多以写意式的山水为主体，将大自然的山水景观浓缩提炼到诗情画意的境界，并致力于创造和表现“小中见大”的空灵玄远的精神空间。私家园林的造园艺术受禅宗文化影响较大。江南园林建筑物色彩与北方园林明显不同，其色彩处理朴素淡雅，色调以黑、白为主，黑色的小青瓦屋顶与水墨窗框、栗色或棕色的木梁架等。

2. 皇家园林

皇家园林为皇帝和皇室所私有，古籍里称为苑、苑囿、宫苑、御苑、御园等。其主要集中分布在我国北方的古都北京和黄河中下游的西安、洛阳、开封等地。皇家园林中的典型代表有北京颐和园、河北承德避暑山庄等。其突出特色是气势恢宏壮阔、富丽堂皇，布局比较严整，分区明确，园中有园。建筑物的色彩浓重，色调以红、黄为主。造园受儒家文化影响较大。建筑体量相对较大，主体建筑高达显赫，以此象征封建皇权的至高无上。局部平面布局中轴对称，空间序列比较规整，以此体现封建王朝强烈的等级制度。同时，还具有风格粗犷，各种人工建筑厚重有余，轻灵、委婉不足的特点。如果用一个字来概括，即“雄”。

3. 寺观园林

寺观园林即佛寺与道观的附属园林，包括寺观内外的园林环境。无论是外来的佛教还是本土的道教，在中国相对于皇权来说始终居于次要的、从属的地位，以儒家为正宗而儒道佛互补互渗，因此在建筑上无更新、更特殊的要求，而是世俗住宅的扩大和宫殿的缩小，更多地追求赏心悦目、恬适宁静，很讲究内部庭院的绿化，多以栽培名贵花木而闻名于世。郊野的寺观大多修建在风景优美的地带，一些名山也多为名僧所占，形成“自古名山僧占多”的格局。其寺观周围向来不许伐木采薪。因而古木参天、绿树成荫，再配以小桥流水或少许亭榭的点缀，便形成寺观外围的园林绿化环境。正因为这类寺观园林及其内外环境雅致、幽静，历来的文人名士都慕名而至，借住其中，读书养性。

（三）按照园林位置

1. 北方园林

因地域宽广，范围较大，又因近政治中心而形成众多中心性城市，所以建筑富丽堂皇。因自然气象条件所限，河川湖泊、园石和常绿树木都较少，所以秀丽媚美则显得不足。北方园林的代表大多集中于北京、西安、洛阳、开封，其中尤以北京为代表，皇家园林是北方园林的代表。

2. 江南园林

南方人口较密集，所以园林地域范围小；又因河湖、园石、常绿树较多，所以园林景致较细腻精美。因上述条件，其特点明媚秀丽、淡雅朴素、曲折幽深，有层次感，但究竟面积小，略感局促。南方园林的代表大多集中于南京、上海、无锡、苏州、杭州、扬州等地，其中尤以苏州为代表。

3. 岭南园林

岭南因地处热带，植物终年常绿，又多河川，所以造园条件比北方、南方都好。其明显的特点是具有热带风光，建筑物都较高而宽敞。现存岭南类型园林以岭南四大园林最为著名；分别是东莞的可园、佛山的梁园、顺德的清晖园、番禺的余荫山房。

除三大主题风格外，还有巴蜀园林、西域园林等各种形式。

二、中国园林的构成要素

（一）筑山

为表现自然，筑山是造园的最主要的因素之一。其中，著名的有苏州环秀山庄的太湖石假山和上海豫园的黄石假山等。园林内使用天然石块和土堆筑假山的技艺称“筑山”，匠师的广泛采用各种造型、纹理、色泽的石材，以不同的堆叠风格而形成了不同的流派，可分为南方叠山和北方叠山。南方的叠山造型细腻，花木与叠山造型配合，相得益彰，山水园居多，风景秀丽，充满恬静；而北方干燥少雨多日，使叠山造景得天独厚，造型浑厚、凝重，有凌跨群雄的阳刚之美，恰与南方造景的阴柔之美形成对照。扬州个园山石分布如图 5-1 所示。

图 5-1　扬州个园山石分布示意图

（图片来源：https://m.zhulong.com.）

1. 春石。位于园店南部，以粉墙漏窗为背景，一峰突兀于疏竹丛中，犹如雨后春笋，象征春回大地，有万物竞相争春之意趣。

2. 夏石。位于园西北，峰岩石耸立，盘礴浑厚，碧波川流其间，苍翠蓊郁气氛极浓，具有生机勃勃的活力。

3. 秋石。位于园东北，倚立于亭之一侧，呈暗赭色，寓意万物萧索，叶枯翠残。

4. 冬石。位于园东南一小院内，柔而棉，呈灰白色，似有惨淡欲睡之意。加之墙院之上又开凿若干圆形窗孔，每当北风凛冽便瑟瑟有声音。

（二）理水

理水是园林艺术中不可缺少的最富魅力的一种要素，是刚柔相济、动静结合的一种“奇物”。园林内开凿的各种水体也都是自然界的河湖溪泉涧瀑等的艺术概括。古代园林理水之法有三种：掩、隔、破。

（1）掩是指以建筑和绿化，将曲折的池岸加以掩映。临水建筑，除主要厅堂前的平台，为突出建筑的地位，不论亭、廊、阁、榭，皆前部架空挑出水上，水犹似自其下流出，用以打破岸边的视线局限；或临水布蒲苇岸、杂木迷离，造成池水无边的视角印象和想象。

（2）隔是指或筑堤横断于水面，或隔水净廊可渡，或架曲折的石板小桥，或涉水点以步石。正如计成在《园冶》中所说，“疏水若为无尽，断处通桥”。如此则可增加景深和空间层次，使水面有幽深之感。

（3）破是指在水面很小时，如曲溪绝涧、清泉小池，可用乱石为岸，怪石纵横、犬牙交齿，并植配以细竹野藤、朱鱼翠藻，那么虽是一洼水池，也似有深邃山野风致的审美感觉。

人工理水必须努力做到“虽由人作，宛自天开”，即使再小的山石也应曲折有致，形似回肠，状如游龙。并用山石点缀岸、矶。水口以显示水源之脉，疏水若为无尽，稍大一些的水面则必堆筑岛、堤，设桥，在有限的空间内尽量模仿天然水景的全貌，这就是“一勺则江湖万里”之主意。江南一带因水源丰富，达到了“无园不水”的程度。除了静态的水景观，中国古典园林早在汉代上林苑中就有“铜龙吐水”——人工喷泉的动态水景。

（三）植物

在中国古典园林，园中的许多景观或景名形成与花木，尤其以树木为主调的名称有直接或间接的关系。例如，承德宫中的“万壑松风”“青枫绿坞”“梨花伴月”“曲水荷香”等，拙政园内的“雪香云蔚”，留园中的“闻木樨香”，都无非借桂花、梅花、荷花等香气袭人而命名。各种花木的生长、盛开凋谢常因季节时令变化而更迭，反映出季节和时令的变化。这些在古典园林中都能化为诗的意境而深深地感染着人。林黛玉的葬花便为一例。对花木的选择标准有：一讲姿美，二讲色美，三讲味香。中国古典园林不同于西方古典园林，它不追求整齐一律，而在树种选择上灵活，既可选择一种树重复种，又可以用不同树种配置种。在栽种上不讲究成行成列植，但也非随意参差，而是三株五株虬枝右干而予人以蓊郁之感，运用少量树木的艺术概括来表现天然植被的气象万千。同时，园林中的树可起到以下作用：一是烘托陪衬建筑物，二是点缀庭院空间，三是可丰富空间层次变化，四是加大景深以示深远。

（四）建筑

中国自然式园林中的建筑形式多样，有厅、堂、亭、楼、阁、廊、塔、桥、榭、墙等。

（1）厅，是满足会客、宴请、观赏花木或欣赏小型表演的建筑，它在古代园林宅第中发挥着公共建筑的功能。它不仅要求较大的空间，以便容纳众多的宾客，还要求门窗装饰考究，建筑总体造型典雅、端庄，厅前广植花木，叠石为山。一般的厅都是前后开窗设门，但也有四面开门窗的四面厅。

（2）堂，是居住建筑中对正房的称呼，一般是一家之长的居住地，也可作为家庭举行庆典的场所。堂多位于建筑群中的中轴线上，体型严整，装修瑰丽。室内常用隔扇、落地罩、博古架来进行空间分割。

（3）亭，是憩息赏景的建筑，也是园中的一景，大小不一，式样众多。通常有四方亭、六角亭、八角亭、圆亭、扇面亭等形式，其屋顶分单檐和重檐两类。

（4）楼，是两重以上的屋，故有“重层曰楼”之说。楼的位置在明代大多位于厅堂之后，在园林中一般用作卧室、书房或用来观赏风景。由于楼高，也常常成为园中的一景，尤其在临水背山的情况下更是如此。

（5）阁，与楼近似，但较小巧。平面为方形或多边形，多为两层的建筑，四面开窗。一般用来藏书、观景，也可用来供养巨型佛像。

（6）廊，是园林中的突出建筑。它不仅是连接建筑之间的有顶建筑，而且是划分空间、组成景区的重要手段，同时它本身又可成为园中之景。一般廊上都有彩画。

（7）塔，是重要的佛教建筑。在园林中往往是构图中心和借景对象，如西湖的雷峰塔。

（8）桥，在园林中不仅供交通运输之用，还有点饰环境和借景障景的作用。江南园林中的小桥流水人家意向，就是将桥作为一个重要造景要素。

（9）榭，其突出特点是建于水边，驾临水上。结构轻巧、立面开敞，跨水部分由立于水中的石构梁柱支撑。它的主要作用是点饰水岸和观赏水景。

（10）墙，是园林的围墙，用于围合及分隔空间，有外墙、内墙之分。墙的造型丰富多彩，常见的有粉墙和云墙。粉墙外饰白灰以砖瓦压顶。云墙呈波浪形，以瓦压饰。墙上常设漏窗，窗景多姿，墙头、墙壁也常有装饰。

（五）动物

中国古典园林重视饲养动物。最早的苑囿中，以动物作为观赏、娱乐对象。魏晋南北朝园林中有众多鸟禽，使之成为园林山水景观的天然点缀。唐代王维的辋川别墅中养鹿放鹤，以寄托“一生几经伤心事，不向空门何处销”的解脱情趣。宋徽宗所建艮岳，集天下珍禽异兽数以万计，经过训练的鸟兽，在徽宗驾到时，能乖巧地排立在仪仗队里。明清时园中有白鹤、鸳鸯、金鱼等。园中动物可供观赏娱乐，可隐喻长寿，也可借以扩大和涤化自然境界，令人通过视觉、听觉产生联想。

（六）匾额、楹联与刻石

每个园林建成后，园主总要邀集一些文人，根据园主的立意和园林的景象，给园林和建筑物命名，并配以匾额题词、楹联诗文及刻石。匾额是指悬置于门振之上的题字牌，楹联是指门两侧柱上的竖牌，刻石指山石上的题诗刻字。园林中的匾额、楹联及刻石的内容，多数是直接引用前人已有的现成诗句，或略做变通。如苏州拙政园的浮翠阁引自苏东坡诗中的“三峰已过天浮翠”，还有一些是即兴创作的，另外还有一些园景题名出自名家之手。不论是匾额楹联还是刻石，不仅能够陶冶情操，抒发胸臆，也能够起到点景的作用，为园中景点增加诗意，拓宽意境。

对于这些元素的组合，中国古典园林也有一套构造艺术。如：

（1）抑景。中国传统艺术历来讲究含蓄，所以园林造景也绝不会让人一走进门口就看到最好的景色，最好的景色往往藏在后面，这叫作“先藏后露”“欲扬先抑”“山重水复疑无路，柳暗花明又一村”，采取抑景的办法，才能使园林显得有艺术魅力。如园林入口处常迎门挡以假山，这种处理叫作山抑。

（2）添景。当甲风景点在远方，或自然的山，或人文的塔，如没有其他景点在中间、近处作过渡，就显得虚空而没有层次；如果在中间、近处有乔木、花卉作过渡景，使景色显得有层次美，这中间的乔木和近处的花卉，便叫作添景。如当人们站在北京颐和园昆明湖南岸的垂柳下观赏万寿山远景时，万寿山因为有倒挂的柳丝作为装饰而生动起来。

（3）夹景。当甲风景点在远方，或自然的山，或人文的建筑（如塔、桥等），它们本身都很有审美价值，如果视线的两侧大而无当，就显得单调乏味；如果两侧用建筑物或树木花卉屏障起来，使甲风景点更显得有诗情画意，这种构景手法即为夹景。如在颐和园后山的苏州河中划船，远方的苏州桥主景，为两岸起伏的土山和美丽的林带所夹峙，构成了明媚动人的景色。

（4）对景。在园林中，或登上亭、台、楼、阁、榭可观赏堂、山、桥、树木，或在堂桥廊等处可观赏亭、台、楼、阁、榭，这种从甲观赏点观赏乙观赏点，从乙观赏点观赏甲观赏点的方法（或构景方法），叫对景。

（5）漏景。园林的围墙上，或走廊（单廊或复廊）一侧或两侧的墙上，常常设以漏窗，或雕以带有民族特色的各种几何图形，或雕以民间喜闻乐见的葡萄、石榴、老梅、修竹等植物，或雕以鹿、鹤、兔等动物，透过漏窗的窗隙，可见园外或院外的美景，这叫漏景。

园林中的建筑的门、窗、洞，或乔木树枝抱合成的景框，往往把远处的山水美景或人文景观包含其中，这便是框景。

案例分析

繁花似锦，林木绝胜——谈拙政园的种植设计

苏州园林以其精致、淡雅的风格闻名于世，拙政园是中国四大古典名园之一（颐和园，避暑山庄，拙政园，留园）。始建于明正德四年（公元1509年）的拙政园占地5.4万平方米，是苏州园林中最大也是最具代表性的名园。现存园貌主要形成于清末，全园分东、中、西三部，以中部为主。中部是全园精华所在，约成横向矩形，水面较多，也成横长形，水面堆出两座小岛。在水池西北、西南和东南伸出几条小水湾，岸线弯曲自然、有源源不尽之意。历经多位文人墨客悉心经营布置，拙政园山石、建筑、池水、花木的营建都达到了极完美的境界，形成了疏朗自然、清新旷远的园林意境。园内造园手法多变，景色变化多姿，建筑风格淡雅明快，令人流连忘返，堪称苏州园林的经典。

因为拙政园园区面积较大，所以在植物方面不仅品种丰富，而且数量很多。园内植物的栽植非常巧妙清湛，历史上该园即以“林木绝胜”而著称，虽有林木、花卉近千株，但多而不乱，经营得颇有章法，花木与山水建筑紧密结合，形成了“乔木参天，有山村杳冥之歌”的城市园林。种植设计是园林设计的一个重要组成部分，自古以来花木在园林中都得到了广泛运用。造园家们积累了丰富的经验，使花木植栽成为塑造园林环境沟通人与自然的主要手段，形成了东方独具特色的种植设计方法。其呈现出以下几个主要特点：

一、以花木为主题组景，以景物衬托花木精神

中国人历来热爱花木，梅兰菊竹被誉为“四君子”，松竹梅被称为“岁寒三友”。名花佳木被人们赋以高尚的品格，成为吟咏欣赏的对象。拙政园里直接以观赏花木为主题或借花木而抒发意境和情趣的景点有多处。

二、模拟植物的天然生长状态，花木种植宛如天成

中国园林讲究师法自然，表现在园林布局上强调诗情画意，建筑、山水、花木的安排处处体现了“虽由人作，宛如天成”的美学意境。植物的种植、修剪也和西方将植物修剪成几何形，安排成规则图案的做法相反，造园家模拟植物的自然生长环境，种植的品种和姿态则根据周围建筑和地形的需要高低错落。

植物是造园的一个重要因素，植物的生长、开花、凋谢，反映了季节和时令的变化，丰富的植物品种是反映大自然万千变化的要素。拙政园花木的成功运用表现了中国古代造园家们运用花木的成熟和高超技巧，它典型地表现在集中以某个花木为主题，赞颂花木精神；重视花木的天然生长状态，花木种植宛如天成。因此，花木和山石、建筑完美结合，创造了富有感染力的园林意境，从而创造了天人合一的人居环境。

［资料来源：周红卫. 繁花似锦，林木绝胜：谈拙政园的种植设计［J］. 美与时代（下半月），2005，000（1）：49-50.］

思考题：

拙政园植物的选择是如何体现季节性的？

第三节　中国园林的景观意义

中国古典园林景观除了具有重要的实用性外，也是中国传统文化的重要载体之一，具有丰富的文化内涵和文化意义。

一、审美的意义

中国的园林糅合了中国古典哲学、文学、建筑、山水、花木、艺术等的精华，可以说是一种富有诗情画意的综合艺术品，展现出了其独特的艺术魅力。

“天人合一”是中国古典哲学的根本观念之一，是说人和自然在本质上是相通的，故一切人事均应顺乎自然规律，达到人与自然和谐。因而“天人合一”也就成为中国园林的审美理想，也成为成中国园林艺术民族特色的根本所在。园林作为一种空间艺术和时间艺术相结合的艺术作品，首要功能是一种可供人们在其中游览、休息、美化，并满足人们对山水林泉自然美享受需要的实用空间。水石土木、花树建筑等物质要素构成园林的材料，不仅有生态环境要求、实用功能要求，还有艺术欣赏的要求，追求的是“诗情画意”。虽然世界其他民族、其他国家园林也强调“人与自然”的主题，但是中国园林尤以“天人合一”为审美起点与最终归宿，追求的是人与自然冥合中实现主体的价值，这是中国园林与其他国家和民族园林的最大区别。

“天人合一”的审美理想体现在园林审美情趣中，要求“有真为假，做假成真”，即强调园林山水的创作必须师法自然使“有真为假”，而“做假成真”则表明园林不是对自然山水的如实再现，“真”已有了新的内涵，对山水“真意”的感悟也就具有了一定的主体性、差异性。

中国古典园林还充分体现了老庄和儒家的自然山水观，既依照“人法地，地法天，天法道，道法自然”这一万物本源之理和庄子“天地有大美而不言”的观念，营造所谓“大巧若拙”“大朴不雕”，不露人工痕迹的天然美，并成为中国人传统审美观之一；而依据孔子提出的“知者乐水，仁者乐山”来设计园林，一开始便重视筑山和理水，形成了山抱水、水绕山的自然景观，又成为中国人对园林的另一传统审美观。

而受佛教境界论的影响，把人与物结合在一起，通过把“悟”来感受自然的理念渗透到造园的设计中，把琴、棋、书、画带入园林中，在造园中提倡“大胆落墨，小心收拾”“疏可走马，密不透风”“方寸之间，气象万千”，在有限的空间内创造无限景观，以小见大，把光、影、声、味作为园林景观的一部分，使“真境逼而神境生”，强调情景交融，创造和谐意境。

二、象征的意义

（一）显示帝王的豪气和达官贵人的富足

官家园林特别是皇家园林规模浩大、面积广阔，仅清代的清漪园占地近300公顷，园林内建设恢宏、金碧辉煌，尽显帝王气派；皇家园林中几十乃至上百个景点，荟萃国内乃至国外园林美景，体现“普天之下，莫非王土”的中国数千年封建社会形成的传统思想；园中功能齐全，集处理政务、受贺、看戏、居住、园游、祈祷以及观赏、狩猎于一体。这些园林都是为了满足皇帝、官僚、地主、富商的享乐奢华生活而建造的，显示他们的富足的需要，非劳动人民所能够享用。

（二）借助园林动植物造型表达崇高的理想和追求

中国园林普遍采用狮子等猛兽象征神圣、正义和不可战胜。在陵寝园林中，猛兽往往以石雕的神兽形象出现，期望猛兽守护、避邪、镇墓，表达生者对死者安危、超度，对生者吉祥太平的追求；在皇家宫苑中，或者豢养雄狮于林园，或者摆设雕刻成各种造像的狮子，代表帝王的化身，象征国家一统或定天下于一尊，表达了人们对国泰民安及太平盛世的憧憬和追求。

植物也常常被利用于园林中表达一定的思想感情或形容某一意境，如“岁寒而知松柏之后凋”，表示坚贞不渝；“留得残荷听雨声”“夜雨芭蕉”，表示了宁静的气氛；海棠，为棠棣之华，象征兄弟和睦之意；枇杷则产生“树繁碧玉叶，柯叠黄金丸”。

（三）借园林动植物造型反映高尚的品德情操

古人根据动物的行为和生活习性给它们赋予品德情操，比如说黄牛任劳任怨、春蚕终生奉献、蜜蜂勤劳无私等。在中国古代园林中广泛使用动物造型来表达这种思想。如以虎表达王者风范、仁智之德，以身体矫健、天资聪颖、性情祥和温顺的鹿象征才子佳人，借孔雀以表达大贤大德的高尚品德，以锦鸡表达《韩诗外传》所说的“五德”（“头戴冠是文，足搏距是武，敌在前敢斗是勇，见食相呼是仁，适时是信”），以仙鹤表达清纯高洁、超凡脱俗的人格精神等。以竹虚心有节，象征谦虚礼让断，这样不但区分了空间，而且让居室更显通透，气节高尚；以迎春怒放的梅象征不畏严寒，纯洁坚贞；以出淤泥而不染的荷花，象征廉。

（四）借园林动植物表达深刻的人生哲理

中国古代常常利用园林动物植物形象、名称或动作行为表达某种哲学思想和不同的人生哲理。如以骆驼象征任重道远、海鸥象征搏击风浪、燕子象征春到人间、鱼龟象征沧浪濠濮等，这些都蕴含着特定的人生哲理。再如，在园林堂屋常见装饰有“雄鹰图”，或以雄鹰翻翩在苍茫的云海之上，蕴藏鹰击长空、志在千里之意；或以雄鹰挺立在波涛中的江渚礁岛之上，寓意身处险恶风浪之中而独立潮头，作时代的弄潮儿，表现那些仁人志士豁达的人生境界。雄鹰栖息于松林、山石之上，构成一幅绝佳的写意画面，它可以象征园主人的精神如青松长存，意志如磐石坚强；又因雄鹰高飞，眼疾，寓意有高瞻远瞩和远见卓识。受传统思想的影响，中国人通常会把植物寓于人的精神。古人造园植木，善寓意造景，选用花木常与比拟、寓意联系在一起，如松的苍劲、竹的潇洒、海棠的娇艳、杨柳的姿、蜡梅的傲雪、芍药的尊贵、牡丹的富华、莲荷的如意、兰草的典雅等。

（五）借园林动植物表现园林主人的生活情趣

园林建筑的装饰图案中类似的还有许多。蝙蝠与如意、蝙蝠与寿桃、蝙蝠与钱币等组成的福寿图，形象表达了人们追求自己的生活幸福长久、吉祥如意的浓郁情趣。如在某些园林中，把建筑外形设计成蝙蝠形状，寓意福气满堂；门楣上雕刻蝙蝠象征福气盈门；理水时把水体设计成蝙蝠形状，寓意福如东海；如果蝙蝠在庭院、林地、花丛中翻飞，在园主人眼里又是一幅幅“福音频传”或“盼望佳音”的写意构图。园林厅堂中常见悬挂的装饰图案——五只蝙蝠合围一个“寿”字，寓意五福捧寿。又如，园林水体中常见到成双成对的鸳鸯游来荡去，鲜明地表达了夫妻恩爱、白头偕老的传统美德。

三、建筑学的意义

中国古代园林特别是皇家园林继承、发展并创造性地运用各种建筑技艺，撷取中国南北各民族名园、名寺的精华，仿中有创，亭、台、楼、阁、榭、堂、轩、廊、舫等建筑类型齐全，表达“移天缩地在君怀”的建筑主题。在园林与寺庙、单体与组群建筑的具体构建上，实现中国古代南北造园和建筑艺术的融合，囊括亭台阁寺等中国古代有代表性的建筑形象，展示了中国古代木架结构建筑的高超技艺，在许多建筑中实现了木架结构与砖石结构、汉式建筑形式与少数民族建筑形式的完美结合。加之建筑装饰及佛教造像等中国古代最高超技艺的运用，构成了中国古代建筑史上的奇观，并把中国古典哲学、美学、文学等多方面文化的内涵融注其中，使其成为中国传统文化的缩影。如，承德避暑山庄周围寺庙的建筑风格使汉、藏文化艺术融于一体，寺庙殿堂中，完好地保存和供奉着精美的佛像、法器等近万件，共同构成了18世纪中国古代建筑富于融合性和创造性的杰作。

核心知识小结

中国园林不仅历史悠久源远流长，从秦汉时期到如今市民公园都有中国传统文化的沁润影响。同时广阔的地理空间和多元的文化体系，建构了包括皇家园林、寺观园林、私家园林为代表的中国园林体系，在此体系中中国园林体现出“天人合一”的审美意义以及多样的建筑意义和象征意义。

案例解析

中国园林的消夏之境

水景销烦暑

在园林里避暑，深受中国人的喜爱。今天苏州洞庭东山的“消夏湾”，就是因春秋时期吴王夫差与美女西施在此避暑而得名，诗人们称赞此地“一湾湖作沼，六月暑如秋”。为避暑而兴造宫苑，规模最大、历时最久、数量最多的，要数清代的帝王。清代是中国皇家园林的鼎盛时期，其中许多园林都与避暑有关。

清代帝王从东北进入关内，很难适应北京的溽暑。尤其是始建于明代的紫禁城，为了营造庄重威严之感，极少栽种花木。最气派的太和殿前，偌大一座庭院，一棵树都没有。清代首位入关的顺治皇帝，在1651年亲政后不久，就着手拓建紫禁城旁边的西苑。除了修建北海的琼华岛和白塔，还修葺了南海的南台，这里清幽空旷，四面环水，顺治皇帝常到此享受清凉。到康熙时期，这里扩建成一处独立的宫苑区，称作“瀛台”，举凡日常的政务、接见臣僚和御前进讲等事务，都不在紫禁城，而是在瀛台举行。

畏暑的清代帝王，在不知不觉中改变了皇家园林的功能和性质。

清代以前的宫苑，多是帝王游乐嬉戏的地方，因此吴王夫差的消夏湾、蜀王孟昶的摩诃池，都有国色天香的爱妃相伴。但清代的帝王，由于整个夏天都在园林里度过，而朝政国事又不能荒废，所以他们索性把朝堂也搬到园林中来。时政要务、军国大事，都在园林里谋划决断。

西苑的瀛台邻近紫禁城，只是皇帝兼顾朝政与避暑的权宜之计。待天下安定、国力强盛之后，皇帝们开始寻找更理想的园林基址。北京西北郊的海淀一带，毗邻西山，水土丰美，与内城相比，堪称京师的避暑胜地。康熙皇帝在这里兴建了清代第一座离宫御苑——畅春园。此后，继统的两位帝王一发不可收：雍正皇帝在畅春园北建造了圆明园，乾隆皇帝在圆明园西建造了清漪园，即今天的颐和园。海淀地区名园荟萃，就是在这一时期奠定了基础，而其肇因，则与避暑有关。

就构成而言，中国园林包含四项要素：山、水、花木和建筑。其中与避暑联系最密切的，要数水景。夫差与西施嬉游的消夏湾，孟昶与花蕊夫人居住的水殿，都与水有关。清代帝王修建的几座避暑宫苑——西苑、畅春园、圆明园和颐和园，也都以水景取胜。

西苑包括北海、中海和南海，从名称就可以猜到，园内有大片的水面，浩瀚如海。康熙《畅春园记》记载，他为畅春园择址，首先相中的便是此地水源丰沛，“平地涌泉，奔流，汇于丹棱沜。沜之大，以百顷，沃野平畴，澄波远岫，绮合绣错”，拓建后园内“弥望涟漪，水势加胜”，成为一座壮观的水景园；康熙常在“盛夏郁蒸，炎景铄金之候”来此居住，游赏园景“以迓清和而涤烦暑”。畅春园虽以“春”为名，其意图则在消“夏”。

畅春园在清末被毁，原貌已不得而知。相比之下，我们对圆明园与颐和园了解得更多。两座园林都有丰富的水景。圆明园西部围绕前湖和后湖布置九州，东部则是象征中国东海的福海。颐和园南部有开阔的昆明湖，面积占到全园的四分之三。有趣的是，圆明园被翻译为 Old Summer Palace（老夏宫），颐和园被翻译为 New Summer Palace（新夏宫），直接点明了它们作为消夏避暑之所的本质。

花木驻清凉

园林中与避暑联系密切的另一项要素，是花木。东晋简文帝游华林园，讲过一段名言：“会心处不必在远，翳然林水，便自有濠濮间想也。”华林园的荫翳清幽，得益于“林”和“水”。除了前面提到的水景，高大茂密的树木能够遮挡烈日，也是园中纳凉不可或缺的要素。

鲍沁星等所作《中国传统园林避暑营造历史探析》一文，将花木定义为“生物冷源”，与溪流、泉水、山洞等“地质冷源”并列。有助于消暑的花木种类很多，李渔《闲情偶寄》提到“树之能为荫者，非槐即榆”，他将槐树和榆树称为“夏屋”。夏含有“大”之意，夏日的房屋，越高大越凉爽，与其他三个季节不同。

树木因其绿荫得以生凉。李渔指出，“种树欲其成荫，非十年不可”，即使最易成活的杨柳，长到“荫可蔽日，亦须数年”。但有一种花木，却能做到“早间种树，晚间乘凉”，那就是竹。

借竹消暑在园林里的应用非常广泛。北宋宰相司马光的独乐园有七景，第四景“种竹斋”便是一处清暑之所。这座房屋建在水池北面，东西共六间，屋顶铺设多层茅草，围墙也做得很厚，借以抵御烈日；入口开在东侧，南北都是宽敞的窗户，便于延引凉风；其最具特色之处，是房前屋后多种姿态优美的秀竹，营造出一片绝佳的避暑天地。

明代孙承恩笔下的听雨轩建在小溪的曲折处，“两岸竹树掩覆，绿阴蓊合”，即使在夏日中午，也感受不到暑气。清代南京愚园有一座竹坞，建在羊肠曲径之间，“缭以疏篱，竹树蒙密”，在这种氛围里，唯觉“绿阴昼静，当暑萧爽。”最有代表性的，要数南京的万竹园，园以竹命名，内有“碧玉数万挺，纵横将二三顷许，偃蹇自得，幽深无际，赤日避而不下，凉飔徐发”，数万株翠竹甚至能令烈日退避，凉风自生，将竹林避暑的功效发挥到了极致。

在消暑方面能与竹相媲美的另一种花木，是荷。苏轼所咏“水殿风来暗香满”，那充溢在殿堂内的便是从水上递来的荷香。后人题咏夫差、西施的《消夏湾》诗曰，“清风摇万柄，田田满白莲。水月濯灵魄，花叶相新鲜”，莲荷亭亭玉立，引来清风；花瓣映在水中，清心悦目。皇家园林圆明园四十景中有一景“曲院风荷”，模仿西湖十景的同名景致，每当夏日风起，便感受到沁人心脾的馥郁荷香。

李渔《闲情偶寄》称赞荷花可人、可目、可鼻、可口，近乎完美，其中与避暑有关的是可鼻。李渔写道：“可鼻，则有荷叶之清香，荷花之异馥，避暑而暑为之退，纳凉而凉逐之生。”如果说竹林通过遮阴蔽日营造的清凉是自外而内，那么莲荷通过呼吸调息所获得的清凉则是自内而外，两者构成内外呼应的双极。

水景和花木都与避暑直接相关，园林的另外两项要素——建筑和山石则与避暑间接相关。袁枚指出：“亭馆之宜，避寒易，避暑难。”正因避暑之难，苏轼提到的建在水边的凉殿才会格外受欢迎。李渔介绍山石中的石洞，提倡“洞中宜空少许，贮水其中而故作漏隙，使涓滴之声从上而下，旦夕皆然。”扬州个园四季假山的夏山便是一座山水结合的石洞，可使“置身其中者，有不六月寒生”。

如此看来，所谓“园林无暑到，长夏与秋同”，园林的四大要素皆与避暑有着或近或远的关联，堪称理想的消夏之所。园林营造本就始于人们对优美舒适环境的追求。古人如此，今人亦不妨到园林中，寻味人世的清凉与内心的宁静。

（资料来源：https://baijiahao.baidu.com/s?id=1673219215347218584&wfr=spider&for=pc.）

思考题：

1. 中国园林在造园手法上是如何体现景观性和实用性和谐统一的？
2. 中国园林在植物选择中是否存在南北差异？

复习思考

1. 中国园林的特点是什么?
2. 论述中国园林与西方园林在审美中的异同?
3. 中国园林的分类有哪些?
4. 江南园林有哪些特点?
5. 通过本课程的学习，你认为当下研究园林旅游有哪些实际意义?

第六章 中国民族风情与民俗文化

■学习目标

➢ 了解民族的概念和分布，民俗的概念、特点和类型

➢ 熟悉各少数民族的民俗文化的基本内容和特点，并能够运用于旅游开发、策划和服务

➢ 掌握汉族的民俗文化的基本内容，并能够运用于旅游开发、策划和服务

■引导案例

文化和旅游部：2019 年春节假期旅游传统民俗和民间文化吸引力凸显

旅游过年已成新民俗，家庭游、敬老游、亲子游、文化休闲游成为节日期间主流的旅游休闲方式。春节期间，各地组织了丰富多彩的文旅惠民活动，营造春节气氛。北京、山西、内蒙古等 12 个省份开展“非遗过大年、文化进万家”系列文化活动，安徽举办彩灯大会、舞龙舞狮、抖空竹等民俗体验活动，广东的广府庙会、迎春花市、醒狮贺岁、客家山歌、采茶戏等非遗项目让游客流连忘返。

而随着人们对旅游深度体验的需求增强，在传统的家庭游、敬老游、亲子游之外，文化休闲游开始成为节日期间主流的旅游休闲方式。据中国旅游研究院（文化和旅游部数据中心）调查，春节期间参观博物馆、美术馆、图书馆和科技馆、历史文化街区的游客比例分别达 40.5%、44.2%、40.6%和 18.4%，观看各类文化演出的游客达到 34.8%。

基层和乡村的春节休闲方式越来越丰富，民俗活动、文化展览等极大丰富了人民的节日生活。全国各地县、乡、村举办了丰富多彩的文旅活动，村民当上了“村晚”导演，左邻右舍成为舞台主角，逛庙会、猜灯谜、旅游文化巡游等迎新年活动吸引了广大游客到农村去闹新春，草莓采摘、柑橘采摘成为亲子游的热门活动。

（资料来源：http://www.sohu.com/a/294277436_99957768）

第一节　民族与民俗

一、民族

（一）民族的概念

民族（nation），是指人们在一定的历史发展阶段所形成的具有共同语言、共同地域、共同经济生活以及表现于共同的民族文化特点上的共同心理素质的稳定的共同体。由于历史的原因，一个国家可以有不同民族，一个民族也可以生活在不同的国家里。在现代社会，同一个民族可有不同的宗教信仰，同一个民族也可有不同的历史渊源，不同的民族也可用相同的语言。

（二）民族的构成

中国自古就是一个多民族的国家。中国的统一与辽阔的疆域，是由中国各民族共同缔造开发的。中华民族共包括56个民族，其中汉族是中国的主体民族，其人口约占整个中国人口的92%。中国的文化与历史，是由56个民族在几千年的发展中共同创造出来的。

（三）民族的分布

我国少数民族人口虽然较少，但分布很广，多分布在西南、西北和东北等边疆地区，主要分布在内蒙古、新疆、宁夏、广西、西藏、云南、贵州、青海、四川、甘肃、辽宁、吉林、湖南、湖北、海南、台湾等省、自治区。云南省是我国少数民族最多的省份。我国少数民族分布具有“大杂居，小聚居，交错杂居”的特点，这是长期历史发展过程中各民族间相互交往、流动而形成的。现在，全国已建立了5个自治区：内蒙古自治区、新疆维吾尔自治区、广西壮族自治区、宁夏回族自治区、西藏自治区，以及30个自治州、120个自治县（旗）。此外，还建有1 300多个民族乡。少数民族聚居地区占全国面积一半以上，主要是高原、山地和草场。

二、民俗

（一）民俗的概念

民俗，即民间的风俗习惯，指一个国家或民族中广大民众所创造、享用和传承的生活文化。民俗来源于人们的日常生活，一般是由长期的历史积淀和发展形成的。民俗虽然源于传统，但也是在现实生活中仍然发挥着特定功能的一种社会文化现象。民俗是民族文化的重要组成部分，属于民间文化。民俗文化是各种民俗的抽象集合，具体来说，是指通过口头和行为方式传承的工艺、建筑、村落、服饰、交通、信仰、宗教、仪式、节日等。

（二）民俗的特点

民俗具有集体性、民族性、历史性、地方性、传承性、扩布性等特点。民俗在人们日常生活中具有行为准则的作用，对社会群体中每个成员的行为方式具有约束作用，在人类个体的社会化文化过程中具有教化作用。民俗规范和约束人们的思想和行为，同时也满足人们日常生活需求，调节人类的社会生活和心理本能。民俗的形成是一个约定俗成的过程，民俗一旦产生，就会随着人们的生产生活方式长期相对固定下来。

（三）民俗的类型

民俗大致可分为物质民俗、社会民俗、精神民俗、岁时民俗和人生礼仪民俗五个类型。

（1）物质民俗，包括生产民俗、饮食习俗、服饰民俗、居住民俗、交通民俗、商业贸易习俗等。

（2）社会民俗，包括家庭、家族、村镇、社会组织和结构、生活礼仪等。

（3）精神民俗，包括宗教、信仰、禁忌、伦理、道德、神话、传说、歌谣、故事、谜语等。

（4）岁时民俗，包括春节、清明、端午、中秋、重阳等。

（5）人生礼仪民俗，包括诞生、成年、生育、婚嫁、丧葬等。

第二节　汉族及其民俗文化

一、概况

汉族是中国的主体民族，人口约占全国总人口的92%，是世界上人口最多的民族。汉族发源于黄河中下游，形成于秦汉，这是中华民族形成中的一个重要阶段，在多元一体格局中产生了一个凝聚的核心。

汉族广泛分布于全国各地，在黄河流域、长江流域和珠江流域集中分布，与少数民族交错杂居。明清以来，汉族有相当一部分人口移居海外，这些华裔或华侨仍然保留了不同程度的汉族特点和习俗。

汉族的语言为汉语，属于汉藏语系汉语族，是世界上历史最悠久、内涵最丰富的语言之一，也是世界上使用人口最多的一种语言。现代汉语的方言主要有北方、吴、湘、赣、闽、粤、客家七大方言。汉族的文字通称为汉字，是世界上最古老的文字之一，自其诞生至今已经有6 000多年的历史。汉字也是使用人口最多的一种文字，如今已成为国际通用文字之一。

二、物质民俗

（一）服饰

从古至今，汉族服饰的基本特点为上衣右衽，比如西汉时期的深衣、清朝时期的旗袍等都是以右衽为特点。汉族女装的特点为上衣下裙，但不同朝代存在差异。服饰材料、样式、颜色多种多样。古代汉族男子结发于顶加冠，民国后男子留短发，女子则在婚前留辫子，婚后盘头。历代以来，汉族的衣裳服饰受少数民族服饰影响极大，比如战国时代赵武灵王推行胡服骑射就是很好的一个例子。

（二）饮食

汉族的饮食文化源远流长、丰富多彩。汉族以小麦、玉米、稻米等粮食作物为主食，辅以蔬菜、鸡肉、鱼肉、猪肉、牛肉等副食，讲究烹饪方式和样式搭配。不同地区由于气候差异，饮食习俗也不同。南方以米为主食，北方则以面为主食。在口味上形成了南甜、北咸、东辣、西酸的特点，并形成了世界闻名的鲁、川、粤、闽、苏、浙、湘、徽八大菜系。

茶和酒是汉族的传统饮料。中国是世界上最早酿酒的国家之一。汉族酿酒历史也非常悠久，夏商时期已经出现了酿酒和饮酒习俗，数以万计的古诗词中曾提及饮酒。在节日或宴会中，酒是一种不可缺少的饮料，行酒令既是一种常见的娱乐活动，也是一种文化艺术。酒的种类众多，有茅台酒、五粮液、汾酒、剑南春、泸州老窖、西凤酒等白酒，女儿红、花雕酒等黄酒，另外还有啤酒、葡萄酒等。汉族酿造白酒的技艺精湛，白酒按照香型可以分为酱香、浓香、清香和米香等香型。

中国是世界上最早种茶的国家。汉族是世界上最早种茶、制茶和饮茶的民族，经过几千年的发展形成了内涵深厚的茶文化。汉族饮茶习俗由来已久，是主要的待客礼节。茶的种类有绿茶、黑茶、白茶、红茶、乌龙茶等。名茶有西湖龙井、六安瓜片、庐山云雾、安徽铁观音、碧螺春等。烹茶讲究茶叶、茶水、茶具和意境，品茶要从名、形、色、香、味五个方面赏茶之美。中国的茶艺在世界上享有盛誉，在唐代就传入日本，形成日本茶道。

（三）居住

土木建筑是汉族房屋和宫殿建筑的特点。汉族房屋建筑的传统形式为斗拱挑檐的木结构，最早萌芽于河姆渡遗址的干栏式房屋，西汉时期形成了“秦砖汉瓦”和木结构的完整的建筑结构体系。秦朝以后陆续出现规模宏大的宫殿建筑，清朝的园林建筑独具特色。汉族的民居因地区不同，样式也不同。华北地区的汉族的传统住房多为四合院式的平房，以北京四合院为代表；西北黄土高原的汉族以冬暖夏凉的窑洞为住房；南方地区的汉族则以木结构房屋为主，讲究飞檐重阁和榫卯结构。住房是汉族生活中非常重要的内容，人们盖房时往往要选择“风水宝地”和“黄道吉日”，在建筑布局上讲究依山面水、坐北朝南，注重采光。

（四）生产

汉族是农业民族，长期处于自给自足的小农经济形态，创造了很高水平的农业文化和很发达的手工业。“民以食为天”“以农为本”的思想在春秋战国时期就开始形成，使得农业经济生活根深蒂固。生产工具和生产技术是农业发展水平的两个重要标志。石器是商代以前主要的生产工具，春秋战国以后，铁制生产工具成为主要的生产工具。生产技术的发展集中表现在耕作、栽培、施肥、水利等方面，尤其是发达的水利灌溉与精耕细作，都江堰就是古代水利灌溉工程的典型代表。几千年以来，粟和稻分别是北方和南方汉族的主要粮食作物。在历史上的不同时期，汉族也向少数民族引进了很多品种的农作物。

汉族的手工业是小农经济的补充，在历史上主要有官营手工业、私营手工业和家庭手工业三种模式。传统手工业有石器、木器、陶器、瓷器、铜器、铁器、纺织业、编织业等，至今享誉海内外。在高度发达的农业和手工业生产的基础上，汉族发明了印刷术、造纸术等技术，为世界文化和科技的发展做出了突出贡献。

汉族的商业出现得较早，隋唐时期形成了长安、洛阳、扬州、成都等商业发达的大城市，北宋时期出现了世界上最早的纸币——交子。汉族在历史上各个时期与少数民族的互市贸易都十分频繁。西汉时丝绸之路的开辟，促进了汉族与少数民族的融合。随着造船业和航海技术的发展，出现了广州、泉州等对外贸易港口，加强了古代中国与外国的贸易往来与文化交流。

三、精神民俗

（一）宗教信仰

汉族没有一个为全民族所信仰的宗教，但“万物有灵”的传统观念在汉族人民生活中占据重要地位。汉族先民信奉自然崇拜和祖先崇拜，敬天祭祖的民间宗教活动十分普遍。古代汉族信仰多神，有玉皇大帝、山神、龙王、灶神、土地公公、四方之神等。最有代表性的是对龙的崇拜，汉族相信龙是万能之神，民间流传着许多龙的神话传说，旧时兴建的龙王庙更是不计其数。

汉族历来对各种宗教信仰采取兼容并蓄的态度，具有儒、释、道三教合流的特点。佛教于东汉时期由印度传入中国汉地，逐渐形成了许多具有中国特色的教派，包括天台宗、三论宗、净土宗等。唐朝由于帝王信佛，寺庙大量兴建，佛教在汉族地区的发展长久不衰，形成了具有汉族文化特色的宗教体系，同时对汉族的文学、艺术等方面产生了较大影响。

道教是中国唯一的土生土长的宗教，也是汉族信仰较为普遍的宗教。道教起源于古代巫术、神仙方术和阴阳五行学说等，于东汉时期由张陵创立，东晋南北朝以后得到广泛传播，形成了很多派别，正一教和全真教是主要的两大教派。道教主张积德修善、长生成仙，崇奉多神，以“三清”（玉清元始天尊、上清灵宝天尊、太清道德天尊）为最高尊神。

除了佛教和道教以外，欧洲的天主教、基督教也先后传入中国，也有一部分汉族开始信仰这些宗教。如今，绝大多数中国人都不信仰任何宗教，但孔孟思想和儒家学说对汉族还是具有深远影响。

知识延伸

汉族的龙凤图腾

龙凤图腾由一条龙与一只凤组成，意思代表阴阳，也就是男女，由于汉族人口众多，占据了中国历史发展大部分，所以延续了中国最古老的动物龙，作为自己民族的标志。龙飞凤舞，是中原地区与南方地区的民族标志。龙是中华民族的象征，中国人都以自己是“龙的传人”而骄傲。

相传，黄帝在统一中原之前，以“熊”为标志性图案。败蚩尤统一中原后，其标志兼取并融合了被吞并的其他民族、部落的标志性图案，如鸟的标志图案、马的标志图案、鹿的标志图案、蛇的标志图案、牛的标志图案、鱼的标志图案等。最后拼合成中华民族共同崇拜的形象“龙”，一种虚拟的综合性神灵。这一奇特的形象蕴含着中华民族发展、各民族相互融合团结的意味，成为中华民族始祖的标志性图案。相传炎帝是一位叫登的女子感天上的“神龙”而生，黄帝是附宝感“北斗”而生，尧帝是庆都感“赤龙”而生，始祖是龙繁衍的后代，因此，中华民族的子孙便是“龙的传人”了。

龙之精神：是万物一体、相容并蓄的精神境界，是追求和谐、群体本位的人生态度，是中华大一统的情结。凤之品德：凤凰涅槃求光明，象征新生与中华民族的觉醒；是集民众责任感与历史使命感于一身的忧患意识；是自强不息，舍身弘道的理想主义；是勤劳俭朴、艰苦奋斗的谋生态度。

（转引自 www.minzu56.net）

（二）文学

汉族在发展的历史长河中，不断吸收和融合其他少数民族文化，形成了博大精深、丰富多彩的文学成就。汉赋、唐诗、宋词、元曲、明清小说都达到了很高的水平。

诗歌是汉族文学创作最早的形式，在汉族文学发展中占据着重要地位。诗经、楚辞、唐诗、宋词等形式极具创意，涌现出了屈原、李白、杜甫、苏轼、陆游等名家。明清时期的小说创作尤为繁荣，代表性的作品有《红楼梦》《三国演义》《西游记》《水浒传》《儒林外史》《聊斋志异》等传世名著。

（三）艺术

汉族在美术、书法、音乐、舞蹈、戏曲等方面都获得了较高的艺术成就。

汉族最初的美术作品可以追溯到 7 000 多年前黄河中游地区的彩陶，商周时期的青铜器的造型和图案已经达到了很高的艺术水平。兵马俑的发现证实了秦朝已经具备了较高的泥塑水平。随着佛教的传播，石窟、壁画的创作十分普遍，艺术水平也越来越高。汉族最有代表性的传统美术是水墨画，即国画，常见素材有人物、山水、花鸟、动物等。东晋顾恺之，唐朝阎立德、阎立本、吴道子等都是极负盛名的画家。

书写汉字的工具为“文房四宝”，即笔、墨、纸、砚。书法汉族独创的表现艺术，被誉为：无言的诗，无行的舞。著名的书法家有三国时期的钟繇，东晋的王羲之，唐代的欧阳询、颜真卿、柳公权等。

汉族自古重视乐，秦以前，汉族先民就已创造了乐器和乐曲，发明了乐律。古代乐主要分为宫廷乐和民间乐两类。宫廷乐为帝王和贵族服务，民间乐有传统民歌、小调和舞蹈。少数民族的音乐和舞蹈对汉族产生了较大的影响。

戏曲也是汉族的传统艺术形式，地方戏曲来自民间，剧种繁多，如北方的评剧、东北的二人转、岭南的粤剧、湖南的花鼓戏、西北的秦腔、四川的川剧等。特别是被视为中国国粹的京剧，孕育于清朝乾隆末年，四大徽班进京后，吸收了湖北的汉调，同时接受了昆曲、秦腔的部分剧目、曲调和表演方法，通过不断的交流和融合，最终形成京剧，到民国得到空前的繁荣。京剧的唱腔以西皮、二黄为主，用胡琴和锣鼓等伴奏，传统剧目达到千余种。

四、岁时民俗

汉族自古以干支纪年，天干和地支顺序相配，六十年一个轮回，周而复始。汉族的节日多以“农历”计，有 24 个节气，对于农业生产具有重要意义。汉族的传统节日众多，有的源于宗教信仰，有的源于神话传说，还有的与人们的生产生活方式有关。具有代表性的传统节日有春节、元宵节、清明节、端午节、中元节、中秋节、重阳节等，其中以春节最为隆重。

（一）春节

春节，即农历正月初一，俗称新年、新春、过年等，是汉族最重要的传统节日。春节集祈年、庆贺、娱乐为一体，从正月初一一直到正月十五，民间会举办各种庆祝活动，以“辞旧迎新”为主题，形式多样、内容丰富，有扫尘、贴年红、守岁、吃团年饭、长辈给孩子们派发压岁钱、拜年、放鞭炮等，表达对新一年生活的美好祝愿。春节也是阖家团圆和娱乐狂欢的节日，举办游神、庙会等主题民俗活动，表演舞龙、舞狮、踩高跷、杂技等，气氛喜庆、场面热闹。

（二）元宵节

元宵节，又称上元节，为每年的农历正月十五，起源于汉朝。正月十五是一年中第一个月圆之夜，也是人们庆贺新春的延续。民俗活动主要有吃元宵（汤圆）、赏花灯、猜灯谜、放烟花、舞狮子、划旱船等。

（三）清明节

清明是二十四节气之一，逐渐成为汉族的一个传统节日。汉族的清明节一般是在公历的四月五日，据传起源于古代帝王的“墓祭”之礼，人们在这一天扫墓祭祀、缅怀祖先。清明节也是春暖花开、万物复苏、春耕春种的大好时节。清明节期间进行扫墓、踏青、插柳、植树、放风筝、荡秋千、拔河等民俗活动。

（四）端午节

端午节，又称端阳节、龙舟节等，为每年的农历五月初五。关于端午节起源的说法较多，有说源于古人的驱邪避瘟，有说源于龙图腾祭祀，也有说纪念诗人屈原，还有说是纪念吴国大将伍子胥，等等。端午节的民俗活动主要有吃粽子、赛龙舟、挂艾蒿和菖蒲、喝雄黄酒等。有的地方还要在门上贴钟馗像以驱邪。

（五）中元节

中元节为每年的农历七月十五，俗称“七月半”“鬼节”，佛教称为“盂兰盆节”，意为超度亡灵。中元节一般是七天，各家各户无论贫富，都要备好酒菜、焚烧纸钱以祭奠亡人。中元之夜，人们要放河灯，将灯具和纸船放入河内，顺流而下，表示对逝去亲人的悼念，以及对活着的人们的祝福。

（六）中秋节

中秋节为每年的农历八月十五，源自古人的天象崇拜，由拜月祭月的习俗演变而来，宋朝以后盛行至今。中秋节人们要观赏明月，寄托思念之情；还要吃月饼，寓意家人团圆。有些地方还有舞草龙、砌宝塔等活动。其他少数民族在中秋节这一天，也要举行“追月”“寻月”“串月”“行月”“跳月”等特色活动。

（七）重阳节

重阳节为每年的农历九月初九，由上古时代丰收祭祀演变而来。古时民间在重阳节有登高祈福、秋游赏菊、佩插茱萸、采中草药、拜神祭祖及饮宴祈寿等习俗，还要吃重阳糕、饮菊花酒，寓意祛灾祈福。如今，重阳节又添加了感恩敬老这一重要主题，寄托着人们对老人健康长寿的祝福。

知识延伸

汉族的“龙抬头”

龙抬头，又名中和节。《燕京岁时记》说：“二月二日，古之中和节也，今人呼为龙抬头。”节期以观测东方苍龙七宿在天空中的位置而定。从天象上看，每当春分时刻，黄昏时角宿出现于东方地平线，而其他六宿尚隐于地平线下，故名龙抬头。夏至日，苍龙七宿位于正南，秋分后潜于地平线下直至来年春分。故《说文解字》释龙“春分而登天，秋分而潜渊”。由于一年中阴阳平衡、天地同和的日子只有春分、秋分，都称之为中和节，秋分之中和节称中秋节，春分之中和节即为中春节。后世将中秋节固定于农历八月十五，便又把半年前的二月十五称为花朝节，春花秋月，对应绝妙。由于龙神出头，人们总要祭祀龙神，祈求风调雨顺。

（转引自 www.minzu56.net）

五、人生礼仪民俗

（一）成年礼俗

汉族男子成年时举行的礼仪为冠礼，女子成年时举行的礼仪为笄礼。举行仪式表明被社会承认并接纳为成人。男子行冠礼时，要在宗庙中盘起头发，按照程序穿戴衣冠，并请长辈赐字。女子行笄礼时，将头发盘成髻，并用簪子固定，表示成年。

（二）婚姻礼俗

婚姻是人生大事，也是家族社会的大事。汉族男女成年即可婚配，注重门当户对，“父母之命，媒妁之言”是最根本的原则。秦汉到清朝，婚礼一直是王朝制礼的重要内容。汉族的婚礼程序十分规范，有纳彩、问名、纳吉、纳征、请期、亲迎六项。加上聘书、礼书和迎亲书，全称为“三书六礼”。简单来说，先由媒人介绍，男方父母拜访女方家，了解女方情况，占卜吉凶，男方向女方下聘礼定亲，双方定好日子以后，最后男方到女方家迎娶新娘。

知识延伸

汉族的婚礼用品

汉族传统的婚礼仪式，是喜悦的典礼，所以称为庆典。结婚典礼全部使用体现吉祥的婚礼物品来装饰。如张贴大红喜字，给新娘遮上红盖头、穿上大红袄，新郎胸前佩戴大红绸等。这些红色的吉祥物品不但给婚礼带来喜庆的气氛，同时也暗示着新婚夫妇婚后的日子会越过越红火。婚礼中必备的物品有：花轿、旗锣伞扇、鞭炮、凤冠霞帔、盖头、马鞍、火盆、花烛、秤杆等。花轿分四人抬、八人抬两种，又有龙轿、凤轿之分。轿身红幔翠盖，上面插龙凤呈祥，四角挂着丝穗。嫁女的人家无论贫富对嫁衣都十分讲究，内穿红袄，足蹬绣履，腰系流苏飘带，下着一条绣花彩裙，头戴用绒球、明珠、玉石丝坠等装饰物连缀编织成的“凤冠”，再往肩上披一条绣有各种吉祥图纹的锦缎“霞帔”。

（转引自 www.minzu56.net）

（三）生育礼俗

汉族妇女怀孕，俗称“有喜”。小孩出生后来探望的亲戚朋友往往馈赠红色鸡蛋、红糖等表示祝贺。孩子满月后要剃胎发，办酒席庆贺。孩子满周岁要进行“抓周”仪式，即将纸、笔、算盘、钱币、书籍等物品放在孩子面前，任其抓取，以此预测其前途和性情。如今汉族人民在孩子满周岁时多以拍照留念、购置新衣物等以示庆贺。

知识延伸

汉族的姓氏名字

最初，汉族的姓、氏是有区别的。原始的姓是母系氏族公社的族号。“姓”字就是由“女”和“生”字合成。许多古姓都有“女”旁，如姜、姚、姬等。氏是姓的分支。由于子孙繁衍，一族分成若干支，散居各地，每一支都有一个特殊的记号作为标志，这就是氏。后来，姓和氏就没有多少差别了。姓氏的来源，大致有以官职为姓、以职业和技艺为姓、以祖先爵位的名字、以封国封地为姓、以原始崇拜物为姓，等等。

宋朝人编写的《百家姓》内收入单姓共408个，复姓共76个。近代出版的《中国人名大辞典》，已收入单复姓共4 129个。常用姓氏不过200个左右，最常见的单姓只有100个，而以李、王、张、刘、陈、杨、赵、黄、周、吴、徐、孙、胡、朱、高、林、伍、郭、马为姓的人已占全国人口一半以上。

（转引自 www.minzu56.net）

（四）丧葬礼俗

结婚与丧事号称汉族两大红白喜事。汉族历来重视丧葬礼俗，讲究重殓厚葬。传统的汉族葬礼分为治丧、丧服、入葬三大部分。治丧的程序和礼俗最为复杂。入殓前要给死者招魂、沐浴，再穿衣下棺。家人朝夕祭奠，宾客吊丧拜祭。依吉时出殡，最后下葬。下葬后家人在守丧期间有很多禁忌。汉族自古盛行棺木土葬。

第三节　北方地区少数民族及其民俗文化

北方地区的少数民族包括东北及内蒙古地区的满族、蒙古族、朝鲜族等，西北地区的回族、维吾尔族、哈萨克族等。以下介绍满族、蒙古族、回族、维吾尔族。

一、满族及其民俗文化

（一）概况

满族，也称为满人、旗人等，旧称女真。满族人口在中国少数民族中仅次于壮族和回族。满族主要分布在辽宁、吉林、黑龙江、河北、北京、天津等地。满族的先祖可以追溯到商周的肃慎和隋唐的靺鞨，后发展为女真，12世纪初建立金朝，1636年皇太极称帝，1644年清军入关，建立了中国历史上最后一个大一统的封建王朝——清朝，辛亥革命以后改称满族。满族有自己的语言和文字，属于阿尔泰语系。

（二）物质民俗

满族男子穿长袍马褂，束腰窄袖，白袜青鞋，女子穿绣有花卉纹饰的旗袍，下摆至小腿。旗袍经过改良和演变，现在已发展成为代表中国女性的民族服装，至今仍广为流行。满族人喜欢吃小米、豆面饽饽、白肉血肠等，最有特色的食品是萨其玛和酸汤子。满族的住宅一般为四合院，大门朝南，有坐北朝南的3间或5间正房，院子左右建有东西厢房。院内有影壁，后面立“索罗杆”。满族原以狩猎为主，善于骑射，后来从事农业生产，主要农作物有大豆、高粱、玉米、小麦、烟草等。

（三）精神民俗

满族曾经信仰萨满教，萨满教是原始宗教的一种晚期形式。“萨满”意为巫师，被认为具有通灵、预言、占卜、治病等能力。满族的萨满教兼有自然崇拜、图腾崇拜、祖先崇拜和偶像崇拜四重含义，信仰多神。同时在发展过程中受到汉族、朝鲜族农耕文化和蒙古族游牧文化的影响，可以说是东北地区各民族宗教信仰的集大成者。

满族讲究礼节，平时见面要行请安礼。传统大礼为“打千”，即单腿下跪。满族不许打狗，禁食狗肉。满族人家中以西炕为尊，不能坐人和放杂物。

满族的文学有说唱文学和作家文学，具有代表性的有：清词三大家之一纳兰性德所作《饮水词》具有很高的艺术价值，现代著名戏剧家老舍创作出了名篇《四世同堂》《骆驼祥子》。满族音乐可分为民间歌曲、歌舞音乐和说唱音乐三类。民间歌曲有山歌、劳动号子、小唱三种，按内容来分有情歌、劳动歌、婚礼歌、祝寿歌、摇篮歌等。八角鼓是满族最有特色的乐器，此外还有太平鼓、龙笛等。满族歌舞有悠久的历史传统，传统歌舞有“莽式”和萨满舞。民间歌舞中最有特色的是秧歌舞。

（四）岁时民俗

满族的传统节日主要有春节、元宵节、二月二、添仓节、颁金节、虫王节、端午节和中秋节等。节日期间一般都要举行“珍珠球”、跳马、跳骆驼和滑冰等传统体育活动。

“添仓节”为每年农历正月二十五，是古代满族的民间祈年习俗。添仓节这一天，农村家家往仓房囤子里增添粮食，有的地方要吃饺子和煎饼，并投入到粮仓，寄托丰衣足食的良好愿望。

“颁金节”为每年农历十月十三日，即满族“诞生日”，是满族的诞生纪念日、命名纪念日。每年这一天，全国各地的满族同胞都以各种方式庆祝自己的节日。

（五）人生礼仪民俗

历史上的满族婚俗注重族第和八旗制度下的政治联姻，早婚和包办婚十分普遍。婚姻是一夫一妻制，讲究同姓不婚。青年男女相爱后，婚前有一个“相看”的程序。结婚时，男家要正式操办三天。拜天地入洞房后，新娘要在南炕上坐帐一日，称为“坐福”，寓意坐享幸福。小孩出生称“落草”，出生后第七天开始上悠车。满族的丧葬以土葬、火葬为主。人死后要停灵三天，第一天报丧，第二天入殓、祭奠，第三天出殡。满族人的棺具形状特别，上尖下宽，称为“旗材”。

知识延伸

满族的八旗制度

1615年，努尔哈赤正式建立“八旗制度”。八旗分为黄、白、蓝、红，将此色镶之为八色，成八固山。八色为正黄、正白、正蓝、正红、镶黄、镶白、镶蓝、镶红。每旗设固山额真（满语）一人，即都统之意；梅勒额真（满语）二人，即副都统之意。管辖五甲喇，每甲喇高甲喇额真（满语）一人，即参领之意，管辖五牛录，每牛录设牛录额真（满语）一人，即佐领之意，管辖三百人。牛录是八旗制度的基层单位，它以“地缘”为主、“血缘”为辅组成。牛录额真（佐领）下设带子二人为副职，再设五名牛章京（音牛占音），四名拨什库（音拨十户），并把三百人组成为牛录，分编成四个“塔坦”（满语）即村落或部落之意。一牛章京与一拨什库管理一个塔坦的各种事务。足见其为“以旗统人，以旗统兵”，军政合一的征兵制全族组织。出则备战，入则务农，具有行政管理、军事征伐、组织生产三大职能。

清太宗皇太极在推行盟旗制度的同时，又仿照清太祖所建满洲八旗，将降附的蒙古人和汉人编为“八旗蒙古”和“八旗汉军”，以后又将达斡尔、鄂伦春等少数民族编入“布特哈八旗”。因此形成满洲、蒙古、汉军八旗二十四固山（旗），成为满族八旗制度。到1911年辛亥革命后清王朝覆灭，满族八旗制度共存在了296年。

（转引自 www.songyuan.ccoo.cn）

二、蒙古族及其民俗文化

（一）概况

“蒙古”一词最早见于唐代，意为“永恒之火”。蒙古族主要分布在内蒙古自治区、新疆、青海、甘肃、黑龙江、吉林、辽宁等地，具有大杂居、小聚居的特点。蒙古族先民居住于额尔古纳河一带，逐渐分衍出许多部落。13世纪初，成吉思汗统一了蒙古诸部，蒙古因而成为一个多元文化融合形成的民族共同体。蒙古族有自己的语言和文字，蒙古语属于阿尔泰语系蒙古语族。

（二）物质民俗

蒙古族服饰具有浓厚的草原风格。服饰名为蒙古袍，主要包括长袍、腰带、靴子、首饰等。腰带是蒙古族服饰重要的组成部分，用长为三到四米的绸缎或棉布制成。男蒙古族喜欢戴帽和佩挂首饰，男子的佩饰有木碗、腰刀和火镰，女子的特色饰物为“哈布特格”，是一种像荷包一样的小饰物。蒙古族平时喜欢穿布料衣服，逢年过节或喜庆一般都穿织锦镶边的绸缎衣服。男装多为蓝、棕色，女装喜欢用红、粉、绿、天蓝色。

蒙古族的饮食有白食和红食之分。白食指奶制品，有奶豆腐、奶酪、奶酥、酸奶、奶酒等。蒙古族招待尊贵的客人，首先就要敬献白食。红食指肉食品，主要是牛肉和绵羊肉，其次为山羊肉、骆驼肉。特色食品有烤羊、手抓羊肉、大炸羊、烤羊腿、蒙古包子、蒙古馅饼等。蒙古族喜欢饮茶，主要为奶茶和红茶。多饮白酒和啤酒，有的地区也饮用奶酒和马奶酒。

蒙古族以游牧为主，大多居住于蒙古包。从事农业生产的蒙古族定居村镇。蒙古包多用白毡搭盖而成，用绳索从四面缚定，易拆易装，便于搬迁，同时采光条件好，冬暖夏凉。

蒙古族主要从事畜牧业、半农半牧和农业。畜牧经济长期以来一直是蒙古族主要的社会经济门类，至今在我国国民经济中占有重要地位。

（三）精神民俗

蒙古族早期信奉萨满教，崇拜自然、天地和祖先。直至元朝，萨满教在蒙古社会一直占据统治地位。16 世纪藏传佛教格鲁派在蒙古地区开始兴盛起来。

蒙古族崇拜火、火神和灶神，因而有火忌，即禁忌在火炉上烤脚、鞋、袜和裤子等，不得跨越炉灶，不能用刀子挑火、将刀子插入火中。蒙古人认为水是纯洁的神灵，视水为生命之源，因此也有水忌，即忌讳在河流中洗手或沐浴，或者将不干净的东西投入河中。蒙古人骑马、驾车接近蒙古包时忌重骑快行，客人出入蒙古包忌蹬踩门槛，忌坐佛龛前面，蒙古人忌食自死动物的肉和驴肉、狗肉、白马肉。

蒙古族有内容丰富、形式独特的神话传说、英雄史诗、歌谣祝词等，具有代表性的作品有文学名著《蒙古秘史》，民间叙事诗《成吉思汗的两匹骏马》《孤儿传》，蒙古文著《一层楼》《泣红亭》等。

蒙古族有“诗歌民族”之称，长调民歌是草原牧歌的代表。蒙古族的民间舞蹈也久负盛名，有萨吾尔登、安代舞、顶碗舞、筷子舞、盅子舞等。蒙古族的乐器主要有胡笳、火不思、四胡等，最有特色的乐器是马头琴，是一种两弦的弦乐器，因琴头雕饰马头而得名，流传至今已有 1 300 多年的历史。

蒙古族的书画艺术在元明清时期有了很大发展。元代出现了和礼霍孙、伯颜守仁、张彦辅等一批知名画家。明代画家有陈喜。清代画家有旺钦巴勒、布颜图等。

（四）岁时民俗

蒙古族的节日较多，主要有那达慕、白节、鲁班节、燃灯节等。

“那达慕”意为“娱乐”或“游戏”，是蒙古族最盛大的传统节日，也是蒙古族喜爱的一种传统体育活动形式。那达慕于每年每年农历六月初四开始，为期 5 天，原指蒙古族传统的“男子三竞技”——摔跤、赛马和射箭。如今已经演变为集文艺演出、田径比赛、文化展览、经贸洽谈、休闲娱乐等于一体的大型综合性活动。

白节相当于汉族春节，白节首日即农历正月初一。蒙古族崇尚白色，认为白色象征着纯洁和吉祥。现代蒙古人把白节看作最隆重的节日，除夕晚上，全家要穿上盛装，欢聚一堂，包饺子、烙饼，迎贺新年。初一的早晨，晚辈要向长辈敬“辞岁酒”，亲友开始互相拜年，直到正月十五或月底才结束。

鲁班节是云南蒙古族人的传统节日，于每年农历四月初二举行，为期一天。节日这天，外出修建的泥、木、石匠，无论路途远近都要赶回家里来欢度节日。各村寨都要杀猪宰羊，搭台唱戏，并把供奉的檀香木鲁班雕像迎到各村瞻仰。游行队伍敲锣打鼓、燃放鞭炮、耍龙灯、划彩船、跳蚌壳舞，十分热闹。

燃灯节为每年农历十月二十五日举行。这天晚上，蒙古族家家点燃酥油灯以示欢庆。有的地区不燃灯，代之以各种娱乐形式。娱乐活动有赛马、赛骆驼、摔跤、射箭射击、拔河、歌舞表演等。

（五）人生礼仪民俗

蒙古族同姓不婚。蒙古人一般在金秋八月开始谈婚论嫁，冬天是举办婚礼的好日子。蒙古族的婚俗从求亲开始，男方需多次向女家求亲，才能得到女家的许诺。求亲达成协议后，由男方带上哈达、奶酒和全羊到女家“下聘”，女方请亲友陪客人饮酒，表示正式定亲。娶亲的日子，由男方杀鸡占卜选定。拜火是蒙古族婚礼中的一个重要仪式。

受到汉族和其他民族的影响，蒙古族实行土葬。葬具用木棺，一种为卧棺，一种为坐棺。人死后要请喇嘛念经、指路，入殓时死尸要从窗户抬出去。蒙古族有守孝习俗，有祭七、祭百日、祭周年。

知识延伸

蒙古族的敬神习俗

蒙古民族的礼宴上有敬神的习俗。据《蒙古风俗鉴》描述，厨师把羊割成九个相等的肉块，“第一块祭天、第二块祭地、第三块供佛、第四块祭鬼、第五块给人、第六块祭山、第七块祭坟墓、第八块祭土地和水神、第九块献给皇帝”。祭天则把肉抛向蒙古包上方，祭地则抛入炉火之中，祭佛置于佛龛前，祭鬼置于包外，祭山则挂之于供奉的神树枝上，祭坟墓即祭本民族祖先。置于包外，祭水神扔于河泊，最后祭成吉思汗，置于神龛前。这种习俗可以追溯到古老的萨满教，其崇拜多种神祇，尔后蒙古人信仰的喇嘛教又吸收了其古老的民间信仰，把众多的神祇入了喇嘛教的轨迹。

（转引自 www.minzu56.net）

三、回族及其民俗文化

（一）概况

回族是我国分布最为广泛的少数民族，主要分布在宁夏、甘肃、青海、新疆、河南等地。回族最早可以追溯到唐宋时期的穆斯林“藩客”。回族的主要来源，是以13世纪蒙古军队西征而东来的中亚人、波斯人、阿拉伯人为主，并吸收汉人、蒙古人、维吾尔人成分以及别的成分，融合发展而成的一个民族。由于长期和汉族杂居，回族逐渐习惯于以汉语作为本民族的共同语言，并保留了一些阿拉伯语和波斯语的词汇。明代出现了经堂语和小儿锦。

（二）物质民俗

回族服饰具有鲜明的穆斯林特色，男子多带白色无檐小圆帽，老年妇女戴白色头巾，中年妇女戴黑色头巾，未婚女子戴绿色头巾。回族男女都爱穿坎肩。男子喜欢穿白衬衫、白高筒布袜、白布大裆宽松裤等。妇女衣服的颜色不喜欢妖艳，一般老年人多着黑、蓝、灰等几种颜色；中、青年喜欢穿鲜亮的，如绿、蓝、红等颜色。回族男子还喜欢随身佩带一把腰刀。妇女喜欢戴耳环。

由于分布较广，回族的食俗不完全一致。比如北方回族偏爱面食，南方回族以米为主食。油香、馓子是各地回族喜爱的特殊食品。特色食品有酿皮、拉面、打卤面、肉炒面、豆腐脑、牛头杂碎等。回族忌食猪肉、自死物、血液，不喝酒。肉食以牛、羊肉为主。回族擅长煎、炒、烩、炸、爆、烤等各种烹调技法，清真名菜众多。回族普遍喜欢喝茶，有煮湖茶、罐罐茶、烤茶、擂茶等，最有特色的是西北地区的盖碗茶。回族喜食甜食。典型食品主要有：清真万盛马糕点、羊筋菜、金凤扒鸡、翁子汤圆和绿豆皮等。

回族人盖房，注重选择地势平坦、日光好、清洁和用水方便的地方。回族的住房一般都是庭院式的平房。住房一般坐北朝南，一门两窗、呈长方形的平顶房屋，住房一般为三间，中间为客厅，两边是卧室。客厅正面是一张案桌，桌子正中放“炉瓶三设”，即香炉、香瓶、香盒。黄土高原回族民居中还有一些窑洞。回族人酷爱种养花草，常见的有玫瑰、月季、石榴、丁香等。

回族以农业经济为主，擅长制瓷、皮毛皮革加工、制药等手工业。回族也以擅长经商闻名于世，尤其是经营餐饮服务业较为突出。早在唐宋时期，回族先民就从阿拉伯、波斯等地来到中国经商。通过回族的商业活动，加强了边疆少数民族与汉族之间的经济往来和文化交流。

（三）精神民俗

回族信奉伊斯兰教，《古兰经》是穆斯林行为的最高规范。回族遵循“六大信仰”，即信真主、信天仙、信经典、信圣人、信复生、信前定。严格遵守执行“五功”，即念功、礼功、斋功、课功和朝功。

回族文学大体上可分为民间文学和作家文学两类。民间文学主要包括传说故事、叙事诗和说唱艺术等。当代回族文学作品有张承志的《心灵史》、霍达的《穆斯林的葬礼》、白先勇的《台北人》、查舜的《穆斯林的儿女们》、石舒清的《苦土》《清水里的刀子》等。回族的曲艺在评书、相声等方面都有很高的艺术水平。民间舞蹈有汤瓶舞、沐浴舞和口弦舞等。回族天文学家扎马鲁丁向元世祖忽必烈撰进《万年历》，颁行全国，并在北京建立观象台，制造浑天仪等七种天文仪器，为中华民族科技的发展做出了贡献。

（四）岁时民俗

回族有三大传统节日——开斋节、古尔邦节、圣纪节，这些节日都与宗教信仰密切相关，以伊斯兰教历计算。散居在汉族地区的回族，也过汉族传统的春节、中秋节等节日。

开斋节，也叫肉孜节，在回历每年十月举行，是穆斯林斋戒期满开斋的日子，也是回族最隆重的节日。每家人都要打扫卫生，布置房间、穿最整洁的衣服，准备佳肴来宴请亲朋好友，庆贺节日快乐。

古尔邦节，也称宰牲节，在回历十二月十日举行。节日当天人们不吃早点，收拾干净、穿戴整齐，前往清真寺参加节日会礼，互相拜贺。做过礼拜之后，一般家庭都要宰一只羊，还有的要宰牛。凡宰杀的牛羊，要体态端正，无缺损，绵羊要一百八十一天的，牛要两年零一天的。宰杀后分成三份，一份施散济贫、一份送亲友，一份留自己食用，以表达对真主安拉的诚心信仰。

圣纪节，在回历三月十二日举行，是纪念伊斯兰教先知穆罕默德的诞辰和逝世的纪念日。节日这天人们要到清真寺诵经、赞圣，讲述穆罕默德的生平事迹和功德，表示深切怀念。之后开始会餐和游玩。

（五）人生礼仪民俗

回族的婴儿出生后要请阿訇取一个“经名”，在举行命名礼这天，一般的家庭要炸油香、馓子等请阿訇食用，并分送给亲朋好友，以示庆贺。

回族反对终生独身。回族对婚姻条件看得很重，要求男女双方必须都是穆斯林，一般不与非穆斯林婚配。回族还严禁血亲、近亲之间结婚。回族婚俗有说亲、订婚和婚礼三个程序。婚礼通常选择开斋节、古尔邦节前后，为期三天，婚礼当天要请阿訇念“尼卡哈”。

回族称死亡为“无常”或“归真”，忌说“死了”。要请阿訇给病人念“讨白”，要“口唤”，即将有口角、有矛盾的邻里乡亲叫来，消除误会，互相原谅，了结往事。病人病危时要求周围肃静，屏除噪音。凡参加殡礼的人必须洗大净。妇女不参加殡礼，不送葬。回族实行土葬，忌火葬，主张速葬和薄葬。

知识延伸

回族的“花儿”

“花儿”又称为山曲子、野曲、情歌、花曲儿等。产生的原因主要是西北回民大多居住在自然条件非常恶劣的穷乡僻壤中，一山与一山相隔甚远，这山向那山或山下向山上高歌以传递信息。久而久之，内容逐渐丰富、曲调逐渐多样及婉转。“花儿”一般较多地表现了男女之间的爱情及亲朋之间的思念。“花儿”的主要特点是高亢嘹亮、委婉动听。“花儿”又因歌词多以“牡丹”等花卉比喻歌唱者所爱慕的人物，所以将此类民歌称之为“花儿”。

“花儿”经过长期的传唱，在民间又形成一定的形式，形式由两人对唱发展到多人与多人对唱以及各种形式的聚会演唱，场面越来越大，歌手越来越多。民间把这种形式称为“花儿会”或“花儿演唱会”。国内著名的“花儿演唱会”，有每年农历六月初六在甘肃省莲花山（临潭、临洮和康乐三县交界处）和青海五峰山同时举办的最为有名。

（转引自 www.minzu56.net）

四、维吾尔族及其民俗文化

（一）概况

“维吾尔”是维吾尔族的自称，意为团结、联合。维吾尔族主要分布在新疆维吾尔自治区天山以南的喀什、和田一带和阿克苏、库尔勒地区，其余散居在天山以北的乌鲁木齐、伊犁等地，还有少量居住在湖南、河南等地。维吾尔族的先祖可以追溯到公元前3世纪的丁零。维吾尔族最主要的来源为蒙古草原的回纥人和南疆绿洲上的居民，至16世纪初完全融合成为现代维吾尔族。维吾尔族语言属于阿尔泰语系突厥语族。

（二）物质民俗

维吾尔族的传统服饰花样繁多、鲜艳别致。男子一般都比较喜欢穿宽袖、无领、无扣、长及过膝的长袍，既紧身连体，又舒畅保暖，称为“袷袢”。男子喜欢穿硬底皮鞋或中皮长筒靴。妇女喜欢裙服，在颜色上追求艳丽，明快，喜欢在衣服领口、胸前、袖口、肩、裤脚等处绣花。妇女喜欢戴耳环、戒指、项链、胸针、手镯等配饰。维吾尔族男女都喜欢戴帽子。在新疆的喀什等地妇女要头戴面纱。

维吾尔族的饮食以面食为主，喜欢牛、羊肉。常吃的食品有烤全羊、馕、羊肉抓饭、包子、面条等。此外还有油馓子、银丝擀面、羊杂碎、曲连、烤南瓜等食品。维吾尔族喜欢饮茯茶、奶茶。

维吾尔族的民居一般是土木结构的平房，在建筑形式和材料运用上都很有特色。房屋方形，有较深的前廊；室内凿壁龛，并饰以各种花纹图案。房屋平顶，开天窗采光，四壁不开窗只留门，一般大门忌朝西开。庭院多种植果木和花草。

维吾尔族以农业为主，种植棉花、小麦、玉米、水稻等农作物，特别是棉花种植的历史十分悠久，如今棉花产业已成为新疆仅次于石油的第二大经济支柱。此外还擅长园林艺术、手工业和商业。新疆有“瓜果之乡”的美誉，盛产葡萄、苹果、甜瓜、香梨、蜜桃等。维吾尔族著名的手工制品有和田的玉石和地毯、英吉沙的小刀、艾德莱斯绸等。

（三）精神民俗

维吾尔族在历史上曾经信奉过萨满教、摩尼教、佛教、景教等多种宗教。到16世纪初，伊斯兰教成为维吾尔族全民信仰的宗教。礼拜寺是维吾尔族穆斯林宗教活动的中心。位于新疆喀什的艾提尕清真寺是目前我国最大的清真寺。

维吾尔族不食猪肉、血液及自死动物。穿衣禁忌短小，最忌讳在户外穿短裤。维吾尔族待人讲究礼貌，待客和做客都有讲究。如果用抓饭待客，饭前要提一壶水，请客人洗手。饭前、饭后必须洗手，洗手后忌讳顺手甩水。吃饭时，一般不把食物剩在碗中。做客时不能当着别人的面吐痰。

维吾尔族文学主要分为民间口头文学和书面文学两大类。例如民间流传极广的《阿凡提的故事》。《福乐智慧》是维吾尔族著名的古典叙事长诗。《突厥语大辞典》是我国第一部用阿拉伯文注释的突厥语辞书。维吾尔族是一个能歌善舞的民族。维吾尔族音乐源远流长，音乐舞蹈史诗《十二木卡姆》闻名中外。民族乐器有热瓦甫、都达尔等几十种之多。维吾尔族传统舞蹈有赛乃姆、多朗舞、萨玛舞、顶碗舞、大鼓舞、铁环舞、普塔舞等。

（四）岁时民俗

维吾尔族的节日多与伊斯兰教有关，主要有开斋节（肉孜节）、古尔邦节、诺鲁孜节等，其中古尔邦节最为隆重。届时家家户户都要宰羊、煮肉、赶制各种糕点等。节日期间人人都穿新衣服，戴新帽，到清真寺去做聚礼，唱歌跳舞，相互拜节祝贺。

诺鲁孜节是历史悠久的维吾尔族传统节日，在每年公历3月22日举行。“诺鲁孜”意为“春雨日”，这一天相当于汉族的春分，故而诺鲁孜节也叫迎春节。新疆凡信仰伊斯兰教的少数民族都过这个节。节日当天，维吾尔人要做“诺鲁孜饭”，家家户户用剩余的粮食和食物，加上多种佐料煮成稠粥，称作“克缺”。做饭时不再宰牲畜。随后大家成群结队地相互拜年。晚上男女老少跳舞和唱歌，尽兴表达对新春的欢悦之情。

（五）人生礼仪民俗

维吾尔族的婚俗中，提亲和定亲是重要环节。维吾尔族的婚礼比较隆重、热烈，通常要举行两至三天。婚礼前一天，男方家要将准备好的礼物送到女方家。结婚当天早晨，在女方家里举行证婚仪式。婚礼由阿訇主持，念《古兰经》，将两块干馕沾上盐水，让新人吃下，表示同甘共苦，白头到老。

维吾尔族民间在死者去世当日、3 日、7 日、20 日、40 日和周年时要进行祭奠活动，称作“乃孜尔”，对死者表示缅怀和哀悼。维吾尔族丧葬习俗中，还有一个在堆起的坟丘上立刻栽一根有胳膊粗的白杨树枝的习惯，称“栽哈达”。以后每年还要不定期地栽一棵新树枝，称为“换哈达”，表示人们对死者的祭奠、悼念和缅怀之情。

知识延伸

维吾尔族的乐器热瓦甫

热瓦甫是维吾尔族民间比较普及的弹拨乐器，古代称“喇巴卜”。琴身用核桃、桑、杏、桐木等制作，音箱为半球形，以羊皮、驴皮、马皮或蟒皮蒙面。琴颈细长，顶部弯曲。指板上缠丝弦为品，可以调换和移动品位。琴身、琴杆和琴头上部以兽骨镶嵌出美丽而丰富的民族图案，既是民族乐器又是非常精致的工艺品。演奏时将热瓦甫横置胸前，共鸣箱夹在右肩槽内，左手指按弦，右手用拨子弹奏，声音清脆、洪亮，渗透性强。

（转引自 www.minzu56.net）

第四节　西南地区少数民族及其民俗文化

西南地区的少数民族包括藏族、苗族、彝族、白族、哈尼族、傣族、纳西族、侗族、布依族、傈僳族、羌族等。以下介绍藏族、苗族。

一、藏族及其民俗文化

（一）概况

藏族自称“博”，主要分布于西藏自治区、四川、青海、甘肃、云南等地。藏族具有悠久的历史，藏族的先民们自远古时就居住在雅鲁藏布江中游两岸。明朝及以前称藏族和藏族地区为“吐蕃”，康熙年间始称“西藏”。藏族语言属于汉藏语系藏缅语族。藏族文字属于拼音文字。

（二）物质民俗

藏族服饰的基本特征是长袖、宽腰、大襟，还有右衽、长裙、长靴、编发、佩戴金银珠玉饰品等特点。藏袍是藏族的主要服装款式，种类很多，从衣服质地上可分锦缎、皮面、氆氇、素布等，藏袍花纹装饰十分讲究。妇女冬穿长袖长袍，夏着无袖长袍，内穿各种颜色与花纹的衬衣，腰前系一块彩色花纹的围裙，称为“邦典”。藏帽、藏靴都是藏族服饰的重要特征。佩饰以腰部的佩褂最有特色。藏族将“哈达”看作最珍贵的礼物。“哈达”是雪白的织品，一般宽约二三十厘米、长约一至两米，用纱或丝绸织成，在举办庆典或接待贵客时，都要献哈达以示敬意。

藏族的食品有四宝——糌粑、酥油、茶叶、牛羊肉。糌粑是由青稞或豌豆炒熟后磨制而成的炒面。酥油茶是藏族人民每日不离的饮料，是把砖茶的茶叶倒入一米长的木质长筒内，加上盐巴和酥油，用长轴上下冲击，使其各种成分均匀融合而成。喝酥油茶时一般要边喝边添，不要一口喝完。藏族的典型食品还有足玛米饭、血肠、奶酪等。藏族喜欢饮用青稞酒。

西藏民居的历史十分久远，大约 4 000 年以前已经出现穴居、半穴居式的居住建筑和原始聚落。房屋多为土木、石木混合结构，俗称“碉楼”，具有冬暖夏凉的特点。屋面均采用平屋顶，阿嘎土面。居室为方形，层高低。室内家具主要有卡垫床、小方桌、藏柜，具有矮小、拼装、多用的特点。藏族牧区则以帐篷为主。

藏族的畜牧业发展较早，是吐蕃王朝的经济支柱。畜种类型主要有藏绵羊、藏山羊、黄牛、犏牛、牦牛、马、骡、驴等。如今藏族以畜牧业为主，兼营农业。农作物有青稞、小麦、豌豆、玉米、土豆等。经济作物有茶、烟草和核桃等。藏族手工业在吐蕃时期已有较细的分工，有制陶、金属加工、造纸、氆氇、竹笔等。

（三）精神民俗

藏族信仰藏传佛教，俗称“喇嘛教”，属大乘佛教，重密宗。佛教从公元 7 世纪传入西藏，与藏族聚居区本地原始宗教进行融合后形成了藏传佛教，与汉地佛教差别很大。著名的寺庙有布达拉宫、甘丹寺、哲蚌寺、色拉寺、扎什伦布寺、拉卜楞寺、塔尔寺等。

藏族一般禁吃马、驴、骡、狗肉，有些地区也不吃鱼肉。孕妇不得食用兔肉。禁忌在别人后背吐唾沫，拍手掌。遇到寺院、玛尼堆、佛塔等宗教设施，必须从左往右绕行。不得跨越法器、火盆。经筒、经轮不得逆转。忌讳别人用手触摸头顶。

藏族文学艺术历史悠久，内容丰富。《格萨尔王传》是藏族文化的一部百科全书，是世界上最长的英雄史诗。《米拉日巴传》《汤东杰布传》等传记文学也很有特色。藏族的传统音乐特色鲜明、品种多样，包括民间音乐、宗教音乐、宫廷音乐三大类。乐器有札木聂、牛角胡、大号、竖笛等。歌舞形式多样，有果谐（圆圈舞，俗称“锅庄”）、囊玛、热巴、踢踏舞等。藏戏，称“鲁古拉姆”，有《文成公主》《诺桑王子》等传统剧目。藏族的绘画艺术有酥油花、唐卡、壁画等。藏医藏药是中华民族医学宝库中的奇葩，最著名的医学经典有《四部医典》。

（四）岁时民俗

新年藏族传统节日繁多，其中最为隆重的是藏历新年。藏历新年称为“洛萨”，相当于汉族的春节，欢庆活动从初一持续到正月十五。除藏历新年外，还有雪顿节、望果节、沐浴节、转山会、采花节、萨噶达瓦节等。

雪顿节，意为“吃酸奶子的节日”，为每年藏历六月底七月初举行。后来演变为以藏戏会演为主，所以又称为“藏戏节”。节日期间有哲蚌晒佛、藏戏表演、逛林卡等活动。如今雪顿节已发展为一个融文艺表演、经贸洽谈、产品展销、体育竞赛、旅游休闲为一体的综合性节日盛会。

望果节是藏族人民渴望丰收的传统节日，于每年七月举行，节期为一至三天不等。节日期间，人们便背着经卷转绕田间、预祝丰收，同时举行赛马、射箭、文艺表演等活动。

沐浴节，称“嘎玛日吉”（洗澡），在藏历七月六日至十二日举行，历时 7 天。藏族人民认为七月份是沐浴的最佳时间。节日期间，人们携带帐篷和酥油茶、青稞酒、糌粑等食品，纷纷来到拉萨河畔、雅鲁藏布江边，尽情在水中嬉戏、游泳，还要把家里所有的被褥统统清洗干净。

（五）人生礼仪民俗

藏族过去婚姻多数是包办，注意门当户对。如今的藏族青年男女多为自由恋爱，遵循求婚、订婚和婚礼程序。经高僧择定与谁结缘后，便由家族内品位最高的兄弟或舅舅带上丰盛的彩礼和清单，前往择定的家族求亲。送礼谈妥后，再请高僧占卜，择出订婚吉日。举行订婚仪式时，青年男女都不参加，只是家人出席。婚礼一般要举行 5 至 15 天，要请专人跳藏戏唱歌助兴。

藏族人死后有塔葬、火葬、天葬、土葬、水葬、树葬等六种葬法，最隆重的是塔葬。塔葬是等级最高的丧葬方式。小孩夭折或因疾病死亡的人要水葬。生前做过坏事的人用土葬。天葬仪式通常在清晨举行，不经允许一般不欢迎人们去观看。

知识延伸

藏族的酥油花

酥油花是塔尔寺的“艺术三绝”之一，它是用酥油作为原料造出的各种佛像、人物、山水、亭台楼阁、飞禽走兽、花卉树木等艺术精品。每年农历正月十五展出时，由民族管乐器为主组成的花架乐队演奏出节奏缓稳、庄严肃穆的花架音乐乐曲，来烘托气氛，并随着灯光的闪动，在含蓄典雅的音乐中，展示出酥油花雕塑的千姿百态。塔尔寺酥油花集雕塑艺术之大成，不仅具有很高的艺术水平和独特的艺术风格，而且规模宏大壮观，内容丰富多彩。

（转引自 www.minzu56.net）

二、苗族及其民俗文化

（一）概况

苗族属于山地民族，主要分布在长江以南的贵州、湖南、云南、重庆、广西、湖北、四川等地。苗族起源于黄帝时期的“九黎”部落，尧舜时期的“三苗”部落，经过长时间的迁移、重组和融合，逐步形成今天的苗族。苗族有自己的语言，属于汉藏语系苗瑶语族，没有独创的统一文字。

（二）物质民俗

苗族的衣服又叫苗服，样式繁多，据不完全统计多达 200 多种样式。男子服饰较为单调，多用布包头，身穿短衣裤。苗族妇女服饰变化较多，有便装与盛装之分。银饰、苗绣、蜡染是苗服的主要特色。妇女喜欢穿百褶裙，喜戴头饰。头饰包括银角、银扇、银帽、银围帕、银飘头排、银发簪、银插针、银顶花、银花梳、银耳环等。

苗族以大米为主食。男女老幼都喜爱吃糯米饭。苗族的菜肴种类繁多，常见的蔬菜有豆类、瓜类和青菜、萝卜，大部分苗族都善作豆制品。苗族普遍喜食酸味菜肴，几乎家家都有腌制食品的坛子，统称酸坛。食物保存普遍采用腌制法。典型食品主要有：血灌汤、辣椒骨、苗乡龟凤汤、绵菜粑、虫茶、万花茶、捣鱼、酸汤鱼等。苗族酿酒历史悠久，日常饮料以油茶最为普遍。

苗族的住房以山居为主，建筑形式有干栏式楼房、土木结构平房等。干栏式楼房一般为两层的“吊脚楼”，上层住人，下层堆放杂物或圈养牲畜，屋顶为双斜面。苗族村寨大都种植有松树、枫树等。

苗族早在两千多年前就定居在湖南洞庭湖和沅江流域一带，从事渔猎和农业生产，农耕文明历史悠久。农业、林业和畜牧业相结合是苗族经济的主要特点。妇女擅长纺织、刺绣、蜡染，工艺十分精湛。

（三）精神民俗

苗族过去信仰原始宗教，相信万物有灵，崇拜自然，祀奉祖先。自然崇拜物有巨石（怪石）、岩洞、大树、山林等。崇拜龙神、土地菩萨等。东部地区许多苗族与瑶族共同崇拜盘瓠（一种神犬）。苗族传统社会迷信鬼神、盛行巫术。有一部分苗族也信仰佛教、道教。近代也有部分苗族信奉基督教和天主教。

苗族人每年第一次往田里送粪归来时忌见外人，若遇之，忌打招呼。苗族禁杀狗、打狗，不吃狗肉。不许在家或夜间吹口哨。忌跨小孩头顶，否则孩子长不高。禁忌妇女与长辈同坐一条长凳。在苗族人家做客，不能去夹鸡头吃，一般也不能夹鸡肝、鸡杂和鸡腿。有些苗族地区，忌随时洗刷饮甑、饭盆。在山上饮生水忌直接饮用。

苗族能歌善舞，民歌可分为游方歌（情歌）、酒歌、苦歌、反歌、丧歌、劳动歌、时政歌、儿歌、谜语歌等几类，曲调各不相同。飞歌是流行于黔东南的一种特别的民歌演唱形式。苗族的乐器通常有芦笙、唢呐、箫笛、胡琴、月琴等。苗族民间舞蹈有芦笙舞、铜鼓舞、木鼓舞、湘西鼓舞、板凳舞和古瓢舞等，尤以芦笙舞流传最广。

（四）岁时民俗

苗族的传统节日有苗年、四月八、六月六（吃新节）、赶秋节、芦笙会、游方节、姐妹节等。此外还有一些与饮食有关的节日，比如吃鸭节、吃新节、杀鱼节、采茶节等。

苗年是苗族民间最隆重的节日，一般在农历的九、十或十一月的辰、卯、丑日举行，节期为 5 至 15 天，内容与春节基本类似。节日到来前苗族人家家户户都要打扫干净房子，打糯米粑、酿米酒、打豆腐、发豆芽，一般还要杀猪或买猪肉等。年三十晚上，全家要在家里团聚吃年饭，守岁到午夜才打开大门放鞭炮，表示迎接龙进家。

四月八起源于明代，是由纪念古代英雄亚努发展而来的，在每年农历四月初八举行。节日期间，苗族人都要蒸制花糍米饭，身着盛装聚集到固定的地方吹笙、跳舞或对唱情歌。

吃新节于每年农历六七月间举行。届时，每家将煮好的糯米饭、鱼、肉等摆在地上，并在自己的稻田里采摘几根稻苞来蒸熟祭祖、祈祷丰收，而后全家共食。

赶秋节于每年的立秋之日举行，为期一天。这一天青年男女要聚集起来打秋千，唱歌跳舞，寻求伴侣。

（五）人生礼仪民俗

苗族普遍实行以父系为中心的小家庭制。父母多同幼子或自己最心爱的儿子一起生活。苗族很讲究家教家规。苗族青年男女恋爱自由，多是通过“游方”等社交活动配对成婚，婚恋过程中必不可少的食品是彩色糯米饭。苗族妇女有婚后“不落夫家”的习俗，特别在黔东南至今仍有保留。

苗族人死后实行棺木土葬。人葬后十二天举行一次祭奠活动。较长时间后要举行较隆重的做斋仪式，请鼓手、芦笙手、歌手、献饭者，可以几代人做一次。贵州一带苗族现今保存有完好的悬棺葬和洞棺葬。

知识延伸

苗族的飞歌

苗族的飞歌，是苗族歌曲的一种，流行于贵州台江、剑河、凯里等一带。飞歌的音调高亢嘹亮，豪迈奔放、明快，唱时声振山谷，有强烈的感染力。飞歌，多用在喜庆、迎送等大众场合，见物即兴，现编现唱。歌词内容以颂扬、感谢、鼓动一类为主，过苗年、划龙舟等节日喜庆活动，一般要唱飞歌。

飞歌的歌词，每首一般在三十句左右。一首歌中，常有三字句、五字句、七字句、八字句等，但多数是五字句。曲调有大致固定的谱子，拍节的长短与快慢有大致固定的格式，但有时可以在原有的基础上进行发挥。在一首歌曲中开头较慢，第一句先快后慢，拖音渐高而长，第二句先快后慢，但拖音渐低而长，从第三句或第四句起，开始用中速唱下去，逐渐加快，唱到主要部分时，用快速连唱。高潮唱完之后，用渐慢渐拖音唱一小部分，即接近尾声了。唱到最后一、二句时，拖音渐低而长，飞歌开头一二句，中间接近高潮前的几句，收尾的一二句，一般都有拖音。歌唱者可以尽情拖唱，拖音的长短，凭歌唱人一口气的长短而定。

（转引自 www.minzu56.net）

第五节　中东南地区少数民族及其民俗文化

中东南地区的少数民族包括壮族、土家族、瑶族、黎族等。以下介绍壮族和土家族。

一、壮族及其民俗文化

（一）概况

壮族是我国人口仅次于汉族的第二大民族，主要分布于广西、云南、广东、贵州等地。壮族的先民属于古代百越族群，与百越中的西瓯、骆越一脉相承。壮族有自己的语言，属于汉藏语系壮侗语族。壮语有自己的文字，从唐代起就开始在民间使用，但至今使用面并不广。

（二）物质民俗

壮族服饰多用自织的土布做衣料，主要有蓝、黑、棕三种颜色。壮族男子服饰多为对襟上衣，纽扣以布结之，下裤短而宽大，有的缠绑腿，扎头巾。女子服装一般为一身蓝黑，上衣是左衽无领阑干衣，下身穿长裤，裤角稍宽，头上包着彩色印花或提花毛巾，腰间系着精致的围裙。壮族妇女普遍喜戴银制的耳环、手镯、戒指和项圈等首饰。

壮族的主食为大米、玉米，辅以芋头、红薯、豆类等。一日三餐中早、晚餐较正式。壮族食用猪肉、牛肉、羊肉、鸡、鸭、鹅等肉类，喜爱猎食烹调野味、昆虫，蔬菜有青菜、白菜、油菜、菠菜、萝卜、南瓜等。以水煮最为常见，也有腌菜的习惯。特色菜肴有：辣血旺、火把肉、壮家烧鸭、盐风肝、脆熘蜂儿、五香豆虫等。壮族还酿制米酒、红薯酒和木薯酒，度数一般较低。

壮族喜欢依山傍水而居。建筑形式可分为楼居、半楼居和地居。地居即平房，多为砖木结构的三间房，外墙粉刷白灰，屋檐绘有装饰图案。楼居和半楼居为干栏式建筑，多为两层，上层住人，下层圈牲畜或堆放杂物。

壮族先民很早就开始从事稻作农耕，主要经济作物有甘蔗、茶叶、桐油、田七、辣椒等，盛产柑橘、枇杷、龙眼、杧果、沙田柚、菠萝等水果。壮族的手工业以纺织、陶瓷、造纸闻名，其中壮锦是壮族纺织的精品，远销海外。

（三）精神民俗

壮族崇信万物有灵，崇奉多神和祖先。民间一般祭土地公、社公、禾神、牛神、花婆神等神灵。部分壮族人信奉道教，少数人信仰佛教和基督教。

壮族人忌讳农历正月初一这天杀牲。禁止用脚踩踏火塘上的三脚架以及灶台。壮族青年结婚，忌讳怀孕妇女参加。怀孕妇女不能进入产妇家。壮族严禁捕杀青蛙，也不能吃蛙肉。

壮族人民能歌善唱，有千余种山歌调，唱山歌会定期举行，称为歌圩。内容有请歌、求歌、激歌、对歌、客气歌、推歌、盘歌、点更歌、离别歌、情歌、送歌等。人人能歌，个个会唱，涌现出了不少像刘三姐、黄三弟这样的著名歌手。壮族舞蹈主要有铜鼓舞、纸马舞、扁担舞、捞虾舞、火猫舞等。壮族铸造和使用铜鼓已有 2 000 多年的历史。

（四）岁时民俗

壮族的传统节日很多，除了与汉族相同的春节、清明节、端午节、中秋节等外，还有孩儿节、三月三、药王节、牛魂节、送灶节等。

孩儿节也称“孩儿圩”，于每年农历二月初二或三月二十八日举行，是壮族民间儿童节日。壮族人认为孩子们过了孩儿节，便会更加聪明伶俐。节日期间，孩子们可选购玩具、文具物品，也可品尝米粉、糕点等美食。

三月三，又称“歌圩”，即壮族传统歌节，于每年农历三月初三举行。分日歌圩和夜歌圩。日歌圩在野外，以倚歌择配为主要内容；夜歌圩在村子里，主要唱生产歌、季节歌、盘歌和历史歌。歌圩期间，各家各户要吃五色糯米饭、五色蛋，预祝五谷丰登，还要举行抛绣球、“碰蛋”等娱乐活动。

药王节于每年农历五月初五举行，内容为祭祀药王并进行采药防病活动。此外，各家各户还包三角粽，在屋里熬醋液，烧柚子皮，在门边插艾草，以示驱邪逐疫。

牛魂节，又称脱轭节，于每年农历四月初八举行。壮族认为牛是天上的神物，四月初八日是牛王的诞日。这一天，人和牛都停止劳动。主人用枫叶水泡糯米蒸饭，然后先捏一团给牛吃。主人要祭祀牛魔王，还要唱山歌，唱彩调，欢庆牛的生日。

（五）人生礼仪民俗

壮族一般实行一夫一妻制，同姓不同宗可以通婚。婚姻一般要经过求亲、讨八字、订婚、结婚等过程。在一些偏远地区还保留有入赘婚、姑舅表婚、妇女婚后“不落夫家”的婚俗。“哭嫁”是流传于壮族农家的一种婚嫁习俗，即姑娘出嫁时，要以“哭”来表达离情，告别亲人。现在壮族恋爱自由，婚姻自主。

壮族多实行棺木土葬。一些地方盛行“二次葬”的传统，一般葬后三年揭棺，捡取骸骨放入陶缸，置于岩洞或土洞中，选择“吉壤”再行安葬。至此，死者才成为祖先神灵而受供奉。对非正常死亡的，被认为将变成恶鬼，因此必须火葬。

知识延伸

壮族的捞虾舞

壮族捞虾舞流行于广西德保县一带。它形象地描绘了壮族女青年在明媚的春光下，到小河去捞虾，遇上几个男青年在河边钓鱼的情景。表演的动作是捞、扒；演出的方式是：两个男青年手拿钓鱼竿，背着鱼篓，在河边钓鱼。不多时，来了四个女青年，她们手拿捞绞，腰系鱼篮，下河捞鱼虾。男青年向女青年打招呼，唱山歌；女青年亦唱山歌回答。在男女一问一答的嘹亮的歌声中，男女双方翩翩起舞，队形变化三次，对唱三次，场面悠然热烈。唱的歌，其词多是谈情说爱，喜获鱼虾丰收。此舞至今仍在民间流传。

（转引自 www.minzu56.net）

二、土家族及其民俗文化

（一）概况

土家族自称“毕孜长”，主要分布于湖南、湖北、贵州、重庆等地。土家族的先民与古代巴人有直接的渊源关系。土家族有自己的语言，属于汉藏语系藏缅语族。土家族没有自己的文字，长期以来使用汉文。

（二）物质民俗

土家族的服饰尚俭朴，喜宽松，衣短裤短、袖口和裤管肥大。男女老少皆穿无领绲边右衽开襟衣，传统衣料多为自织自纺的青蓝色土布或麻布，称为“溪布”“峒布”。男子上衣为“琵琶襟”，头包青丝帕或青布。妇女头发挽髻，戴帽或者用布缠头，喜戴耳、项、手、足圈等银饰物。土家族喜欢红色，有色必有红。

土家族日常主食有稻米、玉米，辅以红薯、马铃薯等。喜欢酸辣口味的菜肴，几乎餐餐不离酸菜。典型食品有粑粑（糍粑）、腊肉、油茶、合菜、团馓、绿豆粉（米粉）、油炸粑等。土家族视茶为圣物，茶俗甚多，茶歌丰富，五峰土家族自治县享有“中国茶叶之乡”的美誉。土家族喜欢饮酒，其中常见的是用糯米、高粱酿制的甜酒和咂酒，度数不高。

土家族的传统民居多为木结构，小青瓦、花格窗，主要有茅草屋、土砖瓦屋、木架板壁屋、吊脚楼等四种类型，除此之外还有石板屋和岩洞。结构分为正屋、厢房和司檐，一般为一正两厢，其中厢房为吊脚楼。

土家族主要从事农业，主要农作物有水稻、玉米、薯类、麦类等。经济作物有甜菜、棉花、生漆、油桐、茶叶等等。织绣艺术是土家族妇女的传统工艺。土家织锦又称“西兰卡普”，是中国三大名锦之一。此外，还有雕刻、绘画、剪纸、蜡染等传统手工艺。

（三）精神民俗

土家族信奉多神，崇拜祖先，没有固定的宗教信仰。土家族自称是“白虎之后”，崇拜白虎，以虎为图腾。

土家族的禁忌事项很多，包括农业耕作、岁时节日、婚丧嫁娶、生儿育女、饮食起居、祭祀行事等方面。比如：土家族待客忌用狗肉。除夕之日，妇女忌推磨舂碓，忌梳头、洗衣。立春之日，忌挑井水。女子未出嫁之前，忌剪发。姑娘及孕产妇不能坐在堂屋门槛上，不准用脚踏火坑和三脚架。过年过节，忌猫进屋。祭祀丧葬，亦忌闻猫声，严禁猫靠近。

土家族爱唱山歌，山歌有情歌、哭嫁歌、摆手歌、劳动歌、盘歌等，其中摆手歌最为著名。民间文学的代表作品有《梯玛神歌》《将帅拔佩》《向老官人》《西朗卡布》《哭嫁歌》《薅草锣鼓歌》等。传统舞蹈有“摆手舞”“八宝铜铃舞”“毛古斯”。乐器有唢呐、木叶、“咚咚喹”“打家伙”等。“傩堂戏”是土家族的一种祭祖活动，佩戴面具演出，融巫术、原始宗教和戏剧为一体。

（四）岁时民俗

土家族受汉文化影响较大，也要过春节、清明节、端午节、七月半、重阳节、中秋节等。此外，还有六月六、射虫节、牛王节、摸秋节、嫁毛虫节等传统节日。

六月六，也叫吃新节，于农历六月初六举行。传说这天是明初土家族首领覃后王殉难忌日。这一天土家族人要晒衣服和被子，称为“晒龙袍”。还要吃开始成熟的瓜果谷物，要用苞谷酒敬神。

射虫节，为惊蛰节气的头一天，即正月二十四。这天要在田地边用石灰画一把弓箭，意指射杀消灭所有的害虫，不让它生殖繁衍，以免害虫损害庄稼，贻误农事。这是流行于恩施土家族地区的古老习俗。

牛王节于农历四月初八举行。这一天牛不耕田，要用最好的饲料喂养，唱《祝牛王词》，歌颂牛的功德。家家户户杀鸡宰鸭，磨豆腐，打粑粑，摆筵席招待亲友。

（五）人生礼仪民俗

土家族人起名时男女有别，命名方法是在名字后边加上一个或两个区分性别的字，男人名字后边常加“保”字，女人名字后边常加“姐”“索”等字。

男女多经过对歌相爱结婚。女子出嫁前，有“哭嫁”的风俗，一般从新娘出嫁的前3天或前7天开始。亲族乡邻前来送礼看望，谁来就哭谁，作道谢之礼节。出嫁前的晚上则是哭嫁的高潮，同村亲友的女孩都来陪哭。

“热热闹闹送亡人，欢欢喜喜办丧事”是土家族豁达的生死观。灵堂上的舞者，每人手执一件乐器，鼓声一起，奔丧者几人一组，踏着鼓点，合着唱词，在灵堂上高歌狂舞，称为“跳丧”，一为死者歌功颂德，二为安慰死者家属。土家族过去多为火葬，如今基本是土葬。

知识延伸

土家族的天柱山

天柱山位于湖北省长阳县城西34千米的清江北岸的国家级清江森林公园旁。自唐开山设观以来，系道教三十六洞天，七十二福地之一。它与武当山南北辉映，为道教名山，亦名中武当。天柱山海拔1 445米，它石笋高标，孤峰峙立，拔地耸立，有健笔凌云之势。峰顶平坦，有清泉一眼，四季长流不涸。天柱峰独立，三座高130米的岩峰并峙，相距仅4米，两桥飞架三峰间，蔚为壮观，犹如擎天石柱。山上古建筑群宏伟壮观，唐始建道观，清同治年间，大兴土木，仿武当山修成地母宫、三帝宫、灵官殿、玉皇亭、玉虚宫、南岩宫等，开凿上山石阶一千余级。

（转引自 www.minzu56.net）

核心知识小结

民族是指人们在一定的历史发展阶段所形成的具有共同语言、共同地域、共同经济生活以及表现于共同的民族文化特点和共同心理素质的稳定的共同体。民俗是指一个国家或民族中广大民众所创造、享用和传承的生活文化。民俗大致可分为物质、社会、精神、岁时和人生礼仪五个类型。不同地区、不同民族的民俗文化有所区别。

复习思考

1. 什么是民族？我国的民族是如何分布的？
2. 什么是民俗？有什么特点？
3. 汉族具有哪些民俗文化？举例说明。
4. 北方地区少数民族具有哪些民俗文化？举例说明。
5. 西南地区少数民族具有哪些民俗文化？举例说明。
6. 中东南地区少数民族具有哪些民俗文化？举例说明。

第七章 中国饮食文化

■学习目标

- 了解中国饮食文化的组成部分
- 熟悉中国食文化、茶文化、酒文化的基本概念
- 掌握中国食文化的特点、发展历程以及中国饮食流派、茶叶和酒的分类

■引导案例

“饮食文化”对中国人格形成的影响

人们创造文化，文化同样也在塑造着人。作为国粹一绝的中国饮食文化，同样既是中国人饮食生活的“写照”，反过来也一代代丰富着中国人有关“吃”的哲学。自然中国“饮食文化”作为一种“烹调”技艺已达到炉火纯青的地步，无疑是对人类饮食文明的一大贡献。但是作为一种文化现象，须深究隐藏在这种“技艺”后面的文化底蕴，寻找它对中国人格形成的影响。

第一，中国“饮食文化”使人们产生了一种“身体化”存在的生命意向。中国人对“吃”的考究是享誉世界的，除了京、川、苏、粤各具特色的四大菜系外，还有数不胜数的各地民间风味小吃。中国的烹调术是精致完美的，它讲究“色”“香”“味”“型”一应俱全。“吃”不仅是维持生命的需要，而且“吃”本身就是一种“艺术”，具有“审美”的情趣，是一种人生享受。这与西方人的饮食习惯大相径庭。西方人的饮食方便简捷，倾向于把“吃”视为为“机器”加燃料，以便“机器”更好地运转，去实现自我的理想。“吃”在这里仅仅是为了维持肉体存在，以便使灵魂得以“自由”；而中国人往往把“吃”视为一种人生目的，吃不是为了维持生命去实现自我的理想，而是为了“养”。吃不再是一种“手段”，而变成“目的”。“千里做官，为的吃穿”。俗话说，“民以食为天”。

因而在中国人看来，人生的目的无非是个“养”字，即养自己、养双亲、养老婆、养孩子，即使所谓超越个体存在最高境界的“大同”社会，也无非是个普天之下皆有所养。这种“养”是“虚其心、实其腹、弱其志、强其骨，常使无知无欲”（《老子》第三章）。

中国人这种追求“身体化”存在的人格态度，在中国的儒学、道学和宗教中也有反映。儒学是“入世的”讲求秩序，“中庸”顺应环境以保存自己，所以“儒学”也称“身心性命”之学。道家是“出世的”，强调“保身养生”“清静无为”长生不老。

第二，中国饮食文化也影响着价值判断。在中国的人际交往中，“吃”是极为重要的，一般人打招呼的方式也是“吃了没有”。朋友在一起就得设法撮一顿，这既是一种友谊的需要，也是一种增加彼此了解的方式。

（资料来源：根据网络资料改编。）

思考：

1. 如何认识饮食文化对中国人格形成的效应？
2. 饮食文化在我国国民生活中的地位。

第一节　中国饮食文化概述

“开门七件事，柴米油盐酱醋茶”，件件与饮食有关。旅游六要素“食、住、行、游、购、娱”，领衔的还是饮食。中国饮食文化历史悠久，食文化、酒文化和茶文化内涵丰富，有“饮食王国”之美誉。如今“食在中国”，品尝中国大江南北风味佳肴，是成千上万的海内外旅游者的旅游动机之一。在今天的旅游活动中，饮食早已超越了单纯生物学意义上的目的，而是体现人们热爱生活、彰显自我、追求高雅、注重体验、丰富情趣的文化载体和符号，是一项包含着丰富社会意义的重要文化活动。

中国人的传统饮食习俗是以植物性食料为主，五谷为主食，蔬菜为辅食，外加少量肉食，形成这一习俗的主要原因是中原地区以农业生产为主要的经济生产方式。“茶”作为开门七件事（柴米油盐酱醋茶）之一，在古代中国是非常普遍的，据说中国人发现并利用茶始于神农时代，少说也有 4 700 多年了。中国是茶的故乡，茶文化是指中国制茶、饮茶的文化。中华茶文化源远流长，博大精深，不但包含物质文化层面，还包含深厚的精神文明层次。酒是人类最古老的食物之一，酒文化是中华民族饮食文化的一个重要组成部分。自从酒出现之后，作为一种物质文化，酒的形态多种多样，其发展历程与经济发展史同步，而酒又不仅仅是一种食物，它还具有精神文化价值。作为一种精神文化它体现在社会政治生活、文学艺术乃至人的人生态度、审美情趣等诸多方面。

正所谓“国以民为本，民以食为天”，治国安邦之本，离不开饮食。可以说中国饮食文化是中国数千年灿烂的民族文化遗产的重要组成部分，也是一种宝贵的旅游资源。

第二节　中国食文化

一、饮食文化的概念及其内涵

（一）文化的概念

"文化"一词出于《易经·贲卦》："刚柔交错，天文也；文明以止，人文也。观乎天文，以察时变，观乎人文，以化成天下。"不同的学科对文化有着不同的理解，通常意义上来说，广义的文化是指人类在社会历史实践过程中所创造的物质财富和精神财富的总和。狭义的文化是指社会的意识形态以及与之相适应的制度和组织机构。尽管"文化"的定义有很多种，但能明确的一点是：文化的核心问题是人，文化是人类智慧和创造力的体现。人类创造了文化，也享受文化，同时也受约束于文化，最终又要不断地改造文化。如果要了解和研究文化，其实主要是观察和研究人类的创造思想、创造行为、创造心理、创造手段及其最后成果。

（二）饮食文化的概念

《现代汉语词典》里"饮食"的义项有两个：一是名词性的，指吃的和喝的东西"；另一个是动词性的，指"吃东西和喝东西"。前者强调的是名称，后者强调的是动作。饮食文化是人类在饮食领域中智慧和创造力的体现，是指人们在长期的饮食生产和消费过程中所创造和引发的一切物质、行为和精神的现象及其关系的总和。

中国饮食文化随着中华文明源远流长，中国人讲饮食不仅仅是一日三餐、解渴充饥，它还蕴含着中国人认识事物、理解事物的哲理，饮食与文化密不可分，随着社会经济的不断发展，人们对饮食的基本生理需求逐步转变为更高层次的精神需求。中国饮食文化可以从时代与技法、地域与经济、民族与宗教、食品与食具、消费与层次、民俗与功能等多种角度进行分类，展示出不同的文化品位，体现出不同的价值。

二、中国饮食文化的发展历程

饮食文化是随着人类社会的出现而产生的，又随着人类物质文化和精神文化的发展而不断形成自己丰富的内涵。关于饮食文化的起源，目前说法不一。中国饮食文化的发展，首先要提及被奉为"火祖"的燧人氏，燧人氏钻木取火，开始制作熟食，使得华夏人民进入了石烹时代，结束了远古人类茹毛饮血的历史。随后，伏羲氏在饮食上教授"结网罟以教佃渔，养牺牲以充庖厨"；神农氏尝百草、发明耒耜、教民稼穑、开创农业、古医药学和陶具，其中陶具的开创使人们第一次拥有了炊具和容器，为制作发酵性食品提供了可能，如酒、醋、酪、醴等；黄帝时期，中华民族的饮食状况又有了改善，有了灶后，能集中火力节省燃料，使食物速熟，而其广泛使用是在秦汉时期，当时高脚灶具逐步退出历史舞台，"蒸谷为饮，烹谷为粥"，首次因烹调方法而区别食品的蒸锅："甑"发明了。

小贴士：

石烹时代主要烹调方法：①炮：即钻火使果肉而燔之；②煲：用泥裹后烧；③用石臼盛水、食，用烧红的石子烫熟食物；④焙炒：把石片烧热，再把植物种子放在上面炒。

随着生产力的飞跃发展，社会生活的各个方面发生了深刻的变化。中国自夏代以后，已进入青铜时代，人们开始用铜制炊具，而我国饮食文化的基本程式，就是在这个时期初步定下的。春秋战国时期，自产的谷物菜蔬基本都有了，但结构与现在不同。汉代，随着中西饮食文化的交流，不仅引进石榴、芝麻、葡萄、胡桃（即核桃）、西瓜、甜瓜、黄瓜、菠菜、胡萝卜、茴香、芹菜、胡豆、扁豆、苜蓿（主要用于马粮），莴笋、大葱、大蒜等，成为中国饮食文化的丰富时期，还传入一些烹调方法，如炸油饼；也是此时发明了豆腐，以及替代动物油的植物油。汉代以后，铁器逐渐取代铜器，植物油开始登灶入馔，人们已掌握了炖、煮、炒、煎、酱、腌、炙等烹调方法，对食品原料也十分讲究，烹饪操作的技术分工已趋成熟。魏晋南北朝时期，作为我国各族人民饮食文化大交流、大融合时期，中国饮食受道教思想的影响，人们开始追求“医食同源”“药食如一”。唐宋时期，随着商业和手工业的蓬勃发展，水陆交通的发达和城市的兴起促进了饮食业的发展，使其成为饮食文化发展的高峰，但这一时期在宴饮上过分讲究，其最具代表性的是烧尾宴，仅有名字的菜就达58道，正如描绘的那样，“素蒸声音部、罔川图小样”。

明清时期，不仅有唐宋食俗的继续和发展，也融入了满蒙的特点，呈现出融南北美食于一炉的特征，其典型代表是“满汉全席”。这一时期的饮食显然已经成为饮食文化发展的又一高峰，内容上更为丰富多彩，饮食结构上也有了很大变化。如主食菰米已被彻底淘汰；麻子退出主食行列改用榨油；豆料也不再作主食，成为菜肴；北方黄河流域小麦的比例大幅度增加，面成为宋以后北方的主食；明代又一次大规模引进马铃薯、甘薯；蔬菜的种植达到较高水准，成为主要菜肴；人工畜养的畜禽成为肉食主要来源。此时，无论是宫廷饮食、贵族饮食和官府饮食，还是民族饮食、地方饮食和民间饮食都出现了蓬勃发展的趋势。

三、中国饮食文化的特点

饮食是人类生存与发展的第一需要，也是社会生活的基本形式之一。中国饮食文化历经了几千年的历史发展，已成为中国传统文化的一个重要组成部分，在饮食结构、食物制作、食物器具、营养保健和饮食审美等方面，逐渐形成了独特的饮食民俗，最终创造了具有独特风味的中国饮食文化，成为世界饮食文化宝库中的一颗璀璨的明珠。

中国饮食文化的丰富内涵大致可以概括成四个字：精、美、情、礼。这四个字不仅反映了饮食活动过程中饮食品质、审美体验、情感活动、社会功能等所包含的独特文化意蕴，也反映了饮食文化与中华优秀传统文化的密切联系。精、美、情、礼，分别从不同的角度概括了中华饮食文化的基本内涵。换言之这四个方面有机地构成了中华饮食文化这个整体概念。其中，精与美侧重于饮食的形象和品质，而情与礼，则侧重于饮食的心态、习俗和社会功能。但是，它们不是孤立地存在，而是相互依存、互为因果的。唯其“精”，才能有完整的“美”；唯其“美”才能激发“情”；唯有“情”，才能有合科时代风尚的“礼”。四者环环相生、完美统一，便形成中华饮食文化的最高境界。我们只有准确地把握“精、美、情、礼”，才能深刻地理解中华饮食文化，因此也才能更好地继承和弘扬中华饮食文化。

（一）风味多样

我国地域广博、民族众多，各地气候、物产、风俗习惯都存在着差异，长期以来，在饮食上也就形成了许多风味；加之动植物品类繁多能为我国的饮食提供坚实的物质基础。从先秦开始，中国人的膳食结构就是以粮、豆、蔬、果、谷类等植物性食料为基础，主、副食界线分明。主食是五谷，副食是蔬菜，外加少量的肉食。据《武林旧事》记载的一次盛宴便列举菜肴有200多道，其中，以猪、鸭、鱼、虾等物经烤、煮等诸多工艺制作成的有41道，有42道果品和蜜饯，有20道多类蔬菜，有29道各类鱼干，有17种饮料，还有59道点心等。

实际上，在中国人的饮食结构里，主食是以稻米和小麦为主，蔬菜及肉类为辅，但就主食而言，小米、玉米、麦荞、土豆、红薯和各种苕类也占有一席之地，且不同地域的人们偏好不同的主食。自古以来，我国一直有“南米北面”的说法，口味上有“南甜北咸东酸西辣”之分；不同地域的民族也是按照季节的变化来调味、配菜：冬天味道醉厚，夏天清淡爽口；在菜品的烹制方法上，冬天多炖煮焖煨，夏天多凉拌冷冻。这些足以见得中国饮食文化的丰富多彩。

（二）讲究五味调和

五味是指甜、酸、苦、辣、咸。五味调和，指这五种口味既有变化又能搭配合理，保持和发挥食物的本味或真味。首先是满足人们饮食的需要和选择食品原料的要求。其次，五味调和还要合乎时序，对食品原料的选择，不同时令有不同侧重。《礼记·内则》中就有“凡和，春多酸、夏多苦、秋多辛、冬多咸，调以滑甘”的说法，强调既要满足人们的口感需要，又要与四时变化和人的生理需求和谐一致。最后，五味调和也是对烹调过程的要求。五味谁先放后放，如何掌握时机，放多放少，如何调配才能合适，都很有讲究。在烹调过程中，锅中异常微妙的变化难以用语言说明白，关键在于烹饪者把握适当的“度”，使菜肴具有“久而不弊，熟而不烂，甘面不哝，酸而不酷”的上乘特色，其宗旨是将诸味中和成一协调的有机体。

如果说，茹毛饮血只是人类之初为满足生存需求而产生的最原始的饮食行为，那么当调味品进入生活时，人类才真正开始享受食物带来的愉悦。为生存而进食的原始行为才开始向饮食文化发展。从宏观看，中华文明的发展亦有中国饮食文化的一份功劳，而其中也应有一份属于调味品。孙中山在《建国方略》中指出“烹调之术本于文明而生，非深孕乎文明之种族，辩味不精；辩味不精，则烹调之术不妙。中国烹调之妙，亦表明文明进化之深也”。在史料记载中，最早的调味品可以追溯到神农氏时代，那时的人类学会了制盐的方法，人类对味觉的追求开始从被动的接受转向了主动的调和。正所谓”民以食为天，食以味为先”，随后秦汉时期的丝绸之路促使越来越多的调味料传入中原，明代时期原产于美洲的辣椒传入中国，于是中国人不断追求调味，将“五味调和”看作调味的最高标准，“味”是饮食五味的泛称，“和”是中国古代哲学思想的精髓，在这里代表饮食之美的最佳境界。古人认为“辛、甘、酸、苦、咸”各有其味，单一的味道给人的感受并不尽善尽美，所以必须经过调和，才能取长补短，相互作用，达到适口和芳香，令人回味无穷。中国饮食文化在烹调上无论是对品味的追求，还是对菜肴的制作上都以五味调和为最高原则，其贯穿于中国饮食文化整体之中，是中国饮食文化的精髓。

（三）讲究美感

中国饮食文化具有很强的审美功能，不仅仅追求五味调和之美，还有对色、香、味、形、器、境综合之美的偏好，这是中国饮食文化的审美文化特性。中国烹饪不仅技术精湛，而且有讲究菜肴美感的传统，注意食物的色、香、味、形、器的协调一致，素有“吃的艺术”“吃的美学”之称。

在中国饮食中，常常把色美放在首位，可见辨色对触动食欲的重要，孔子就提出“色恶不食”，菜肴色彩搭配组合的优劣往往是筵席成功与否的关键。菜肴的香气，能引发人们品评菜点的欲望和动机，同时香的感受能够加深和促进人们对色与形的审美愉悦。饮食中的愉悦以“味”为主体，与色、香、形结合的美味是饮食审美感觉的高潮，“重味”是中国饮食文化区别于西方饮食文化的主要特征之一。形美有助于饮食审美情调与氛围的营造。美味配美食，犹如琴瑟和鸣、相得益彰、相映成趣。境美，主要是指优雅和谐的饮食空间环境和情感环境，它能使宴饮锦上添花，令人畅神悦情。色、香、味、形、器、境诸美的和谐统一，使饮食活动不仅是满足生理需求的行为，而且具有明显的审美欣赏和审美体验的价值，给人以精神和物质高度统一的特殊享受。因此，中国饮食在不断的发展中形成了“十美风格”：讲究味、色、香、质、形、序、器、适、境、趣的和谐统一。

（四）食医结合

“食医”自周就已出现，是指代掌管宫廷饮食滋味温凉及分量调配的医官。《周礼·天官·食医》记载道：“食医，掌和王之六食、六饮、六膳、百羞、百酱、八珍之齐。”可见，食医主要是对食、饮、膳、羞进行调和与搭配，而饮食的制作、烹饪是膳夫的事，这充分说明，早在两千多年前的古人就对饮食养生健身提出了较为系统的办法。王宫中把“食医”列于众医之首，又说明了当时对食养、食疗的重视。虽然这些做法还欠科学与全面，但仍不失它的参考、借鉴价值。我们今天讨论食医结合，是指中国的饮食文化中，烹饪与医疗保健有着密切的联系，如同几千年前有“医食同源”和“药膳同功”的说法，利用食物原料的药用价值，做成各种美味佳肴，达到对某些疾病防治的目的。

中国饮食中典型的饭菜结构是以谷物为主，肉少粮多，辅以菜蔬，注重饮食的营养保健，主张营养成分合理搭配，平衡饮食，通过调配食用五谷、五果、五畜、五菜等气味、功用各不相同的食品，以达到阴阳平衡、脏腑协调、补精益气、养身健体的目的。早在春秋战国时期，孔子就提出了“食不厌精，脍不厌细”的饮食观，同时还概括了十条“不食”以及注重卫生，遵守时节，讲究营养，有节制不过量的科学饮食法则。晋唐时期为药膳食疗学的形成阶段，出现了一些记载药膳食疗的专门著述，如晋代葛洪的《肘后备急方》、北魏崔洁的《食经》。宋元时期为食疗药膳学全面发展时期，其官方修订的《太平圣惠方》专设“食治门”，记载药膳方剂160首，可以治疗28种病症，且药膳以粥、羹、饼、茶等剂形出现。元朝也重视医药理论，提倡蒙、汉医的进一步结合和吸收外域医学的成果，如饮膳太医忽思慧所编著的《饮膳正要》为中国最早的营养学专著。明清时期，中医食疗药膳学进入更加完善的阶段，尤其是医学巨著《本草纲目》给中医食疗提供了更加丰富的资料，仅谷、菜、果3部就收有300多种，其中专门列有饮食禁忌、服药与饮食的禁忌等。在生活质量明显提高和改善的今天，人们对饮食的追求也不仅仅是解决温饱问题、审美问题，而是更多地考虑健康饮食，这也是很多餐馆兴起了“药膳热”的原因。

（五）爱好聚食制

中国人的聚食制延续千年，聚食制是指在筵席时使用圆桌，大家团团围坐，共享一席，从形式上营造团结、礼貌、共趣的气氛。聚食制的起源很早，从许多考古发掘的遗存可见，古代炊间和聚食的地方是统一的，炊间在住宅的中央，上有天窗出烟，下有篝火，火上安放陶釜、陶鼎，在火上做炊，就食者围火聚食。这种聚食古俗一直延续至后世，摆放在桌子上的美味佳肴，不仅是人们欣赏、品尝的对象，也是人们感情交流的媒介物。聚食制的长期流传，符合了中华民族大团圆的普遍心态，反映了中国古典哲学中和的思想，也折射出了中国重视亲属关系和家族观念。

聚食制的“共食”方式是中国人宴饮中追求的一种人生境界：中国古代君王通过宴饮“以通上下之情”借以获得国家的长治久安，民间宴饮则是通过吃喝来达到联络感情、清除隔阂、和睦家庭、邻居相亲乃至民族团结的目的。无论是文人墨客雅集宴饮的吟咏唱和，还是民间酒肆游戏的相互争逐，都期望在对不同口味菜肴的共同品尝中，在诗情画意的宴饮氛围中，达到人与自然、人与人之间和谐美的人生境界。

孔子在两千多年前说：“有朋自远方来，不亦乐乎!”这句话集中体现了中国人热情好客的传统。中国现代旅游饮食文化仍然遵循这一传统，热情接待来自各国的旅游者，在宴饮中追求感情的融洽、气氛的亲切、主宾之间情感的交流与沟通。西方人虽然也有同桌而食，却是各吃各的“分餐”吃法，与中国人同吃一菜、共饮一汤不同。在饮食中应充分尊重客人的饮食习惯，在“共食”的方式中运用公筷，或保持“共食”的形式而采用分餐的进食方式，使西方旅游者既感受到我国饮食文化和谐的诗意氛围，又能在心理和习惯上相适应，也使当代中国饮食文化适应现代人对生活的卫生质量追求。

（六）追求诗意的宴饮情趣

中国饮食重视人生体验，重视品味情趣，不仅对饭菜点心的色、香、味有严格的要求，而且对它们的命名、品味的方式、进餐时的节奏、娱乐的穿插等都有一定的要求。中国菜肴的名称可以说出神入化、雅俗共赏。菜肴名称既有根据主、辅、调料及烹调方法的写实命名，也有根据历史掌故、神话传说、名人食趣、菜肴形象来命名的，如“全家福”“将军过桥”“狮子头”“叫花鸡”“龙凤呈祥”“鸿门宴”“东坡肉”。

与此同时，中国饮食重视从色、香、味、形、器、境的和谐统一中获得精神上的愉悦，进入诗意的生活环境，充分地体验饮食的乐趣和美好。对宴饮诗意情趣的追求最早起源于文人士大夫。晋代王羲之等名流会集于有“崇山峻岭，茂林修竹，又有清流激湍”的兰亭，“一觞一咏，畅叙幽情”。这种“曲水流觞”的宴饮与咏诗唱和一直延续到明清时期。在诗情画意的自然环境中聚饮，又在宴饮中追求和创造诗情与画意，对宴饮环境的诗意氛围的追求，已经成为中国饮食文化的重要传统。唐宋以来，茶楼、饭馆或建于风光旖旎的湖边江畔，或建于水榭花坛，竹径回廊之中，还力求通过室内环境的装饰安排，创造与自然相联系的环境气氛。茶楼、饭店的名称选择也力求具有诗意的情趣，匾额、楹联和字画的装点进一步渲染了宴饮的气氛。

四、中国饮食风味流派

风味流派是指在某一特定范围内沿承流行的、具有一定特色的饮食流派，中国饮食由于地理环境、原料资源、历史状况、习俗文化、宗教信仰等原因形成了不同的饮食风味流派，依据不同的划分标准可分为十二大类。如地域流派，民族、家常风味流派，市肆风味流派，宫廷风味流派，官府风味流派，荤食风味流派，素食风味流派，食疗风味流派，保健风味流派和食堂风味流派等。

中国饮食文化的魅力得益于复杂多样的地理环境和不断交融的历史文化，由于不同地方的人的口味千差万别，促进了人们进食心理的不同选择，也造就了餐桌上的肴馔丰富多变。按地域性差别区分，中国饮食文化可划分为十一个饮食文化圈和八大菜系，下面主要介绍最有影响、代表性的，也为社会所公认的中国八大菜系。

小贴士：

十一个饮食文化圈，即东北地区饮食文化圈、中北地区饮食文化圈、西北地区饮食文化圈、黄河中游地区饮食文化圈、京津地区饮食文化圈、黄河下游地区饮食文化圈、长江中游地区饮食文化圈、长江下游地区饮食文化圈、西南地区饮食文化圈、东南地区饮食文化圈、青藏高原地区饮食文化圈。

（一）中国八大菜系的概念

菜系，也称“帮菜”，是指在一定区域内，由于气候、地理、历史、物产及饮食风俗的不同，经过漫长历史演变而形成的一整套自成体系的烹饪技艺和风味，具有鲜明的地方风味特色并为社会所公认的中国菜肴流派。早在明清时期，中国饮食分为京式、苏式和广式。民国开始分为华北、江浙、华南和西南四种流派。后来华北流派分出鲁菜，成为八大菜系之首，江浙菜系分为苏菜、浙菜和徽菜，华南流派分为粤菜、闽菜，西南流派分为川菜和湘菜。鲁、川、苏、粤四大菜系形成历史较早，后来，浙、闽、湘、徽等地方菜也逐渐出名，就形成了我国的“八大菜系”。经过竞争，排次发生变化，首先川菜上升到第二，苏菜退居第三。后来形成最有影响和代表性的也为社会所公认的有：鲁、川、苏、粤、闽、浙、湘、徽等菜系，即被人们常说的中国“八大菜系”。其后，又增加了北京菜、上海菜，形成了中国的十大菜系；也有增加河南菜、陕西菜，形成中国的十二大菜系。

（二）八大菜系的形成、特点及代表性菜品

1. 鲁菜

鲁菜，八大菜系之首，有北方代表菜之称，形成于春秋战国时期，南北朝时期初具规模，唐宋成为北方菜肴主要代表，并流传到全国各地。元、明、清各代，山东菜进入宫廷，并称为御膳支柱。现今的鲁菜由济南菜（齐鲁风味）和青岛菜（胶东风味）组成，孔府菜自成体系。鲁菜讲究调味纯正，口味偏于咸鲜，具有鲜、嫩、香、脆的特色，十分讲究清汤和奶汤的调制，清汤色清而鲜，奶汤色白而醇；烹调技法以爆、扒技法为专长，善用酱、葱、蒜调味。济南菜擅长爆、烧、炸、炒，其著名品种有“糖醋黄河鲤鱼”“九转大肠”“汤爆双脆”“烧海螺”等。青岛菜以烹制各种海鲜而驰名，口味以鲜为主，偏重清淡，其著名品种有“崂山菇炖鸡”“油爆海螺”等。

2. 川菜

川菜，起源于古代的巴国和蜀国，在秦末初期就初具规模，唐宋时发展迅速，明清时已富有名气，现今川菜馆遍布世界。川菜由蓉派（成都、乐山）、渝派（重庆、达州）和盐帮（自贡、内江）三派组成。川菜重视选料，讲究规格，分色配菜主次分明，鲜艳协调，其特点是酸、甜、麻、辣香、油重、味浓，注重调味，离不开三椒（辣椒、胡椒、花椒）和鲜姜、豆瓣酱的不同配比，以辣、酸、麻脍炙人口，为其他地方菜所少有，形成川菜的独特风味，享有“一菜一味，百菜百味”“食在中国，味在四川”的美誉。

川菜其烹调方法擅长于烤、烧、干煸、蒸，善于综合用味，收汁较浓，在咸、甜、麻、辣、酸五味基础上，加上各种调料，相互配合，形成各种复合味，如家常味、咸鲜味、鱼香味、荔枝味、怪味等。其代表菜肴品神有“宫保鸡丁”“鱼香肉丝”“毛血旺”“夫妻肺片”“回锅肉”“麻婆豆腐”等。

3. 苏菜

苏菜由淮扬菜、江宁菜、苏锡菜等几部分组成，以淮扬菜为代表。淮扬菜起始于南北朝时期，唐宋以后，与浙菜竞秀，成为“南食”两大台柱之一。苏菜口味偏甜，配色和谐，用料广泛，以江河湖海海鲜为主；刀工精细，擅长炖、闷、煨、焐；追求本味，清鲜平和，适应性强；菜品风格雅丽，形质均美。著名的菜肴品种有“松鼠鳜鱼”“清蒸蟹粉狮子头”“三套鸭”“太湖银鱼”“碧螺虾仁”“大煮干丝”等。

4. 粤菜

粤菜又称广东菜，以广州菜、潮州菜、惠州菜为代表而形成。粤菜以选料广博奇杂、菜肴新颖奇异而闻名，讲究鲜、嫩、爽、滑，一般夏秋力求清淡，冬春偏重浓醇。调味有所谓“五滋”（香、松、臭、肥、浓）、“六味”（酸、甜、苦、威、辣、鲜）之别。其烹调擅长煎、炸、烩、炖、煸等，菜肴色彩浓重，滑而不腻，著名的菜肴品种有“三蛇龙虎凤大会”“五蛇羹”“盐焗鸡”“蚝油牛肉”“烤乳猪”“干煎大虾碌”“冬瓜盅”和“白云猪手”等。在长期与西方的经济往来和文化交流中，粤菜汲取了外来的各种烹饪原料和烹饪技艺，从而使得粤菜日渐完善，而旅居海外的华侨把欧美、东南亚的烹调技术传回家乡，也大大丰富了粤菜菜谱的内容。

5. 闽菜

闽菜发源于福州，以福州菜为基础，后又融合闽东、闽南、闽西、闽北、莆仙五地风味菜形成的菜系。闽菜以烹制山珍海味而著称，在色香味形俱佳的基础上，尤以“香”“味”见长，其清鲜、和醇、荤香、不腻的风格特色。由于福建地处东南沿海，盛产多种海鲜，如海鳗、蛏子、鱿鱼、黄鱼、海参等，因此，多以海鲜为原料烹制各式菜肴，别具风味。著名菜肴品种有“佛跳墙”“醉糟鸡”“酸辣烂鱿鱼”“烧片糟鸡”“福州鱼丸”“太极明虾”“清蒸加力鱼”“荔枝肉”等。

6. 浙菜

浙江菜以杭菜为主，以杭州、宁波、绍兴、温州等地的菜肴为代表。其特点是选料讲究，烹饪独到，注重本味，制作精细；讲究品种和季节时令，追求细、特、鲜、嫩；烹调技法丰富多彩，以炒、炸、烩、熘、蒸、烧六类为擅长。浙江盛产鱼虾，又是著名的风景旅游胜地，湖山清秀，水光山色，淡雅宜人，故其菜如景，不少名菜来自民间，制作精细，变化较多。其烹调技法擅长于炒、炸、烩、熘、蒸、烧，重原汁原味。久负盛名的菜肴有“西湖醋鱼”“生爆鳝片”“东坡肉”“龙井虾仁”“干炸响铃”“叫化童鸡”“冰糖甲鱼”“干菜焖肉”等。

7. 湘菜

湘菜早在汉朝就已经形成，是以湘江流域、洞庭湖区和湘西山区的菜肴为代表发展而成。其特点是用料广泛、油重色浓，多以辣椒、熏腊为原料，刀法奇异、形态逼真、巧夺天工，口味注重香鲜、酸辣、软嫩；烹调方法擅长腊、熏、煨、蒸、炖、炸、炒。湘菜的主题是下饭，多喜食辣椒，喜用酸泡菜作调料，喜爆炒。著名菜肴品种有“腊味合蒸”“东安仔鸡”“麻辣仔鸡”“红煨鱼翅”“百鸟朝凤”“霸王别姬”“剁椒鱼头”等。

8. 徽菜

徽菜起源于南宋时期的徽州府，兴盛于明清，由徽州菜、沿江菜和沿淮菜构成。其独特的地理人文环境赋予徽菜独有的味道，由于明清徽商的崛起，这种地方风味逐渐进入市肆，流传于苏、浙、赣、闽、沪、鄂以至长江中、下游区域，具有广泛的影响，明清时期一度居于八大菜系之首。其特点是选料朴实、讲究火功、重油重色、味道醇厚，保特原汁原味。徽菜以烹制山野海味而闻名，早在南宋时，“沙地马马蹄鳖”“雪中牛尾狐”就是那时的著名菜肴了。其烹调方法擅长于烧、焖、炖，著名的菜肴品种有“符离集烧鸡”“火腿炖甲鱼”“腌鲜桂鱼”“火腿炖鞭笋”“无为熏鸭”“奶汁肥王鱼”“红烧果子狸”“方腊鱼”等。

五、中国风味小吃

小吃，不仅是中国饮食不可缺少的一部分，也是中国饮食生活的主要内容。提及中国饮食文化，大家会想到以《舌尖上的中国》为代表的、家喻户晓的一系列关于美食的纪录片，而关于小吃的纪录片，诸如《小吃中国》，作为首部新媒体上去比肩“舌尖”的纪录片，它通过深入挖掘、介绍各地传统小吃，通过地方美食文化折射一个城市的历史变迁，希望让每个中国人家乡的味道、小时候的味道得以传承。因此可见，食物是我们赖以生存的必需品，是我们从出生第一天起就与自然产生的连接，而每一道小吃的出现、形成、演变都承载着当地生活与文化的变迁，是最接地气的艺术。

阅读材料 7-1：

万千小吃：少不了那一抹甜（节选）

四川小吃天下闻名，从清晨吃到天黑，从初一吃到十五，都不带重样儿的。川味小吃中，砂糖多用于制作枣泥和豆沙等甜馅，而白糖、水熬红糖、饴糖、果酱和蜜饯常见于小吃、面食和甜点中。

1. 蛋烘糕

在成都，能包进万物的是一枚巴掌大的蛋烘糕。红糖、白糖与鸡蛋调配的面糊，摊进锅里成型，以花生、芝麻与核桃仁擀成面再同糖、蜜饯调制而成甜馅，放进糕皮里慢慢烘烤，对折煎好，蛋香诱人。最初蛋烘糕是纯甜口的街边小吃，经过创新，包进果酱、肉、菜、豆沙……开发出酸甜麻辣咸怪味等多种味道。作为街头最野的“烙饼”，买的时候起码要两个打底，甜咸口换着吃。

2. 四川甜锅盔

在中国面饼地理中，四川的锅盔必须拥有姓名。四川的锅盔和蛋烘糕一样百变，有甜、咸、白味等口味，有芝麻椒盐桂花红糖卤肉鲜肉等用料，有包酥抓酥空心油旋子混糖等做法，有带馅的不带馅的，各有风格各有味道。

街头小巷中，支一口热锅，把锅盔煎得两面金黄，再放进炉子里小火烤得酥脆焦香。红糖揉进面粉里一起做成面坯，烘烤至熟，制成面实诚、味醇甜，酥脆香甜的混糖锅盔。而红糖锅盔则将面粉里包红糖馅，趁热时候吃，有的还会流心。

3. 三大炮

砰！砰！砰！”犹如鸣炮的三声巨响，吸引了过路人，这种糍粑由此得名“三大炮”。把三个糍粑团甩进木盘，掉落后粘上熟黄豆粉，装盘撒芝麻再浇一勺红糖汁，吃三大炮重在观看制作过程，有趣又好玩。

4. 红糖糍粑

进了小店在桌前坐定，要一盘红糖糍粑。炸得酥脆的糍粑裹上熟黄豆粉，整整齐齐地码在盘子里，浇上红糖汁。还有一种红糖糍粑在街边售卖，大保温桶里装着糍粑，小贩把糍粑从圆洞中挤出来，切成小块，在熟黄豆粉里一滚，装进小碗淋上红糖汁，插几根牙签，食客边走边吃，热乎甜糯暖心间。

5. 甜水面

以红油辣椒和复合甜酱油调成料汁在碗里，捞入粗如筷子的面条，浇上蒜泥和芝麻油。一碗甜水面，用它娇艳的外表，迷惑了很多初来乍到的外地人。甜水面因重用复合甜酱油、面中无碱、煮面的水中微带甜味而得名。一碗面端上来，张扬的红色并非火辣，化于其中的甜才是真相，加盐的面条粗壮却有韧性，咸甜鲜香、微辣稍麻。

6. 钟水饺

能与甜水面一块打配合迷惑敌人的非成都钟水饺（红油水饺）莫属。钟水饺平平无奇但绝在选料妙在调味，葱姜花椒水调制的净猪肉馅，被包成扁平不起眼的饺子，盛进碗里，浇上红油辣椒和复合酱油的料汁，撒上蒜泥，才让它真正走上了饺生巅峰。红油的微辣和复合酱油的醇甜，是钟水饺的精妙所在，酱油的配方也秘不外宣。在北方人掌控话语权的饺子江湖里，钟水饺为四川挣来了一席之地。

7. 赖汤圆

北方过节有饺子，到了南方就变成圆润软糯的汤圆。成都的赖汤圆以煮时不浑汤，吃时“三不粘”（不粘牙、不粘筷、不粘碗）而挣得名声。早期最讲究的吃法，光馅料就有黑芝麻、玫瑰、冰橘、洗沙、枣泥、桂花、樱桃等十多种，不同馅心的汤圆还长得不一样，有圆的、椭圆的、一头尖的、枕头形的。但如今赖汤圆已不似那般讲究了。

8. 醪糟汤圆

冬日清冷，一碗香甜的醪糟小汤圆，无论是大人还是小孩，都很喜欢。实心的小汤圆，与新酿的醪糟、糖同煮，散着淡淡的酒香，若再打进一个鸡蛋花，清晨可加满元气，深夜能抚慰灵魂。

9. 冰粉

到了盛夏，冰粉和凉虾、凉糕这几样地道川味甜品，是四川人的心头好，而红糖水则赋予了它们灵魂。冰粉以假酸浆籽制成，像果冻似的剔透Q弹，红糖水自不必说，花样的配料才是重头戏，花生碎、葡萄干、山楂片、蜜豆、芝麻……在吃过红油火锅后，一碗清甜的冰粉是最好的解腻小点。

10. 凉虾

凉虾是以漏勺盛了米浆，漏进冷水中制成，形似大虾故名。旧时在成都，小贩们在午饭后出担，“吃凉虾啰，吃凉虾……”，连“虾”带水盛在碗中，添一勺红糖汁，卖给食客，消暑解渴。

11. 凉糕

凉糕也是米浆制品，呈滑溜溜的半圆形，淋上一勺红糖汁，小勺一挖，就颤巍巍地抖起来，入口软糯甘甜，清凉宜人。宜宾长宁的葡萄井凉糕早在明清就名闻蜀地，夏日水凉透骨，用井水浸凉糕，鲜嫩可口，最是盛夏好味。

12. 麻糖

“叮叮当，卖麻糖，没得吃的心头慌。”在旧时成都，小贩左手一块铁钉板右手一把小钉锤沿街售卖白麻糖，边走边敲，故名“叮叮糖”。娃娃们远远听到声音就知道卖叮叮糖的来了，赶快叫大人去买，小贩拿带刀口的铁板按在麻糖上，小锤一敲就是一块。

13. 米花糖

以糯米制成的米花糖，将淀粉和糖完美结合。糯米蒸熟以后，先用油酥泡，再加花生米核桃仁芝麻白糖冰糖玫瑰花糖和猪油拌匀，浇上黏稠的饴糖结成团再压块切割成长方条块。甜而不闷、油而不腻、脆而化渣、酥而不粘，是一块上好米花糖应有的样子。乐山苏稽香油米花糖、成都浦江米花糖和重庆江津米花糖，都是巴蜀的名品牌。

14. 苕丝糖

在雅安，把红苕（红薯）用水烫、入油炸、再粘上糖，冷却后压平切块，做成的苕丝糖是不少四川娃儿时的最爱。如果说类似做法的拔丝地瓜是温暖而柔软的，那苕丝糖就是凌厉又直白的，单刀直入，甜上心尖。

15. 波丝油糕

成都的波丝油糕，对厨师的技巧要求极高，这道菜也是烹饪考试的一题。烫面化猪油成坯包裹甜馅料，在锅里炸，难的是要把面皮炸成顶部呈蜘蛛网状（川西一带俗称蛛网为波丝），那波丝极脆、蜜枣玫瑰核桃白糖的馅泥极甜，和冰糖银耳羹在一起最好不过，趁热吃，是筵席中很受欢迎的甜点。

16. 糖油果子

糖油果子与麻团的外形和味道都很像，但是做法迥异。以糯米球粘芝麻油炸后即成麻团，而糖油果子的油锅里要加红糖，所以叫“糖油”。糯米大米磨成吊浆粉，做成中空的面团，炸成外圆中空的果子，再粘上芝麻，串成一串，边走边吃。

17. 白糖蒸馍

在阆中古城（古称保宁），相传一千多年的白糖蒸馍，至今仍很受欢迎。1 份糖配 5 份面，加点蜜桂花，蒸成洁白绵实的大白馍，蒸馍久存不变其味，回笼不破其皮，而且糖分极高也不必加碱中和酸味。在从前，很多外地客商买回家馈赠亲友，即使运送到千里之外，水分蒸发变燥，用水浸透回锅一蒸，还是正值韶华的姑娘，甜美依旧。

18. 内江蜜饯

素有“甜城”之称的内江，位于沱江之滨，气候十分适宜甘蔗的种植，自清代逐渐兴起了甘蔗业，随之兴盛的是制糖业和蜜饯业。水果中的红橘、樱桃、苹果等，蔬菜中的冬瓜、茄子和萝卜，药材中的天冬、寿星桔，都能被制成蜜饯。梅花状的橘饼蜜饯晶莹透红，入口化渣，桔香悠远，名扬中外。

（资料来源：https://www.guokr.com/article/455273/）

（一）小吃的形成

小吃在定义范畴上主要指口味上具有特定风格特色的食品，其类型丰富多彩，遍及粮食、果蔬、肉蛋奶各类，酸甜辣各味俱全，热、凉吃法不一。《醒世恒言·钱秀才错占凤凰俦》有：“三汤十菜，添案小吃，顷刻间，摆满了桌子。”《镜花缘》第十二回中，“酒过一二巡，则上小盘小碗，其名南唤‘小吃’，北呼‘热炒’”。元代无名氏的《居家必用事类全集》中出现“从食”一词，指饼类小食，同时该书卷十二庚“饮食类”中详细记述了湿面食品 14 种、干面食品 12 种、从食品 12 种、煎酥乳酪品 5 种、造诸粉品（粉制食品）3 种。由此可见，小吃经过若干年的发展，其品种多样、烹饪技术成熟，对中国饮食文化的发展具有浓墨重彩的意义。

（二）小吃的代表类型

明清时期，中国出现资本主义萌芽和商业文化，在当时一些大城市或者商业中心城市出现了小吃群。最先出现且影响力比较大的是南京、上海、苏州和长沙。在徐珂的著作《清稗类钞》中记载了中国最先出现的这四大小吃群，南京夫子庙秦淮小吃（始于明洪武年间）、上海城隍庙小吃（始于明永乐年间）、苏州玄妙观小吃（始于明弘治年间）和湖南长沙火宫殿小吃（始于清乾隆六年，1741 年），被称为中国四大小吃。这四大小吃今天依然深受大家的喜爱，如南京小吃：五香茶叶蛋、豆腐脑、鸳鸯烧饼、翡翠包、桂花糖山芋、蜜汁藕等；苏州小吃：五芳斋的五香排骨、升美斋的鸡鸭血汤、小有天的藕粉圆子、炸酥豆糖粥等；上海小吃：生煎馒头、南翔小笼、蟹壳黄、薄荷糕等；长沙小吃：臭豆腐、口味虾、酱板鸭、糖油粑粑、浏阳油饼等。

小吃的分类可按地域、口味、荤素和烹饪方式来划分，无论哪一种划分，小吃的品种都务必是丰富的。今天，伴随着物质生活的发展小吃群也越来越多，各具特色，几乎每个城市都有小吃群，许多新兴小吃群的名气已经完全超过了原先的小吃群，这些小吃群构成了中国丰富的饮食文化。

第三节　中国茶文化

一、茶文化的概念及其内涵

前面我们说“开门七件事，柴米油盐酱醋茶”件件与饮食有关，而文人雅士七大宝：“琴棋书画诗酒茶”，由此可见饮茶在人们生活中是非常普遍的，被人们视为生活之享受，治病之良药，提神之佳品，友谊之纽带，文明之象征，被誉为“国饮”。

关于茶文化的概念，有学者认为茶文化的含义应包括茶业的物质生产、流通活动和人类各种方式饮茶的精神内涵，包含了有关茶领域物质和精神两个方面；也有学者认为，茶文化是以茶为题材的物质文化、制度文化、精神文化的集合。简而言之，茶文化可概括为人类在发展、生产、利用茶的过程中以茶为载体表达人与自然以及人与人之间各种理念、信仰、思想情感的各种文化形态的总称。

二、茶及饮茶的起源

关于茶的起源，据说在 4 700 多年前的神农时期，我们的祖先在从事与自然界的斗争中已经发现茶及其药用价值，所谓“茶之为饮，发乎神农氏，闻于鲁周公”。《神农本草经》中记载流传的茶的起源时写道：“神农尝百草，日遇七十二毒，得茶而解之。”后人在解释时有两种说法：其一，神农为人们治病，尝试用各种草木治病的功效，煎煮药水时，偶然有茶叶从树上枝头飘入锅内，因此发现茶叶可作治病方。其二，神农尝试草木治病的功效时，尝到金绿色滚山珠中毒，倒在茶树下，茶树上的水流入他口中，神农因此而得救，遂发现茶叶具有药用价值。

据考证，周成王时已有饮茶习俗，茶也用于祭祀大礼之中。《尚书・顾命》载：“王三宿、三祭、三咤”。“咤”即茶，证据有两方面：其一，司马相如《凡将篇》中，已经将“栗”“咤”并提，而“栗”亦为茶的别名之一；其二，“咤”与“茶”

在古音韵上非常接近，周朝文献亦多处涉及“咤”的记载，《周礼・地官・序言》中有掌茶的记载；《诗经・邢・谷风》中有“谁谓茶（古”茶“字）苦，其甘如荠”的句子等。这说明茶的发现和利用在我国已有 4 000 年以上的历史。的确，茶原产于中国，与陶瓷、丝绸作为三大特产，是世界三大饮料之一，而中国也是最早发现茶叶功效、栽培茶树和制成茶叶的国家。自古以来中国饮茶之风盛行，并形成了中国独特的茶文化。

西汉时，饮茶文化兴起，茶已是京城宫廷及官宦臣僚的一种高雅的消遣。王褒《憧约》“烹茶尽具”之句，显示了饮茶已约定俗成，茶叶为社会上贵族豪绅和士大夫所享用。三国时，崇茶之风进一步发展，曾出现了以茶代酒的风习，并开始注意到茶的烹煮方法。张揖《广雅》中称：“欲煮茗饮，先炙令赤色，捣末置瓷器中，以汤浇复之，用葱、姜、橘子芼之。”这是我国最早探索烹茶的记载。到了两晋、南北朝，饮茶相效成风。茶叶从原来的珍贵饮料逐渐成为人们的普通饮料。尚茶品饮习以为常，“客来敬茶”“以茶会友”，已成为社交上的待客礼仪，并为一些文人雅士象征养廉、雅志、修身的美德。唐朝，茶事兴旺，饮茶蔚为风尚。茶圣陆羽的卓越贡献，精湛的茶艺，芸芸的饮茶者，姗起了炽热的饮茶文化，并展露了“比屋皆饮”“投钱取饮”的饮茶黄金时代。犹如《封氏闻见记》所说：“古人亦饮茶耳，但不如今人溺之甚，穷日尽夜，殆成风俗。始自中地，流于塞外”文成公主娘藏，伴饮茶文化，茶与佛教进一步融合，布道弘法，并升华为西藏喇嘛寺中空前规模的茶之盛会。“茶兴于唐，盛于宋”，到了宋朝，饮茶文化大盛，并呈现了“饮茶热”与茶文化的繁盛景观。宋朝李靓说：“……君子小人靡不嗜之，富贵贫贱靡不用也。”可见，饮茶日趋普及，“全国各地无不知饮茶”。茶叶成为我国各族人民生活的必需品。社会上的“斗茶”“茗饮”及茶馆文化崛起，被誉为“盛世之清尚”。同时，煮茶开始向饱茶演变，千姿万状的茶叶促成了吐溢文化气息的品茶风尚。元、明、清至今，饮茶文化，久兴不衰。社会上不仅饮茶区域、人口日益扩大，而且烹茶与品茶方法日益完臻。

三、茶叶的分类

我国的茶叶产区主要有华南、西南、江北、江南等；茶叶按季节分有春茶、夏茶、秋茶；按生长环境分有平地茶和高山茶。根据茶叶的发酵程度可分为三大类：不发酵茶、半发酵茶、全发酵茶。

目前常用的分类是依据茶汤颜色和加工方法的不同，将茶叶分为绿茶、红茶、白茶、乌龙茶、黄茶、黑茶六类。

（一）绿茶

绿茶是最古老的茶叶品种，是我国品种最多、产量最大、饮用最普遍的第一大茶种。绿茶是不发酵的茶叶，指采取茶树的新叶或芽，未经发酵，经杀青、整形、烘干等工艺而制作的饮品，其干茶色泽和冲泡后的茶汤、叶底以绿色为主调，故名绿茶，清汤绿叶是绿茶品质的共同特点。中国生产绿茶的范围极为广泛，河南、贵州、江西、安徽、浙江、江苏、四川、陕西（陕南）、湖南、湖北、广西、福建都是我国的绿茶主产省份。绿茶的多酚类全部不氧化或少氧化，叶绿素未受破坏，香气清爽、味浓、收敛性强，冲泡后，汤澄碧绿，清香芬芳，味爽鲜醇。西湖龙井、黄山毛峰、洞庭碧螺春是绿茶中的代表。

（二）红茶

红茶出现于清朝，是一种全发酵茶叶，用全发酵方法制成。红茶是经过采摘、萎凋、揉捻、发酵、干燥等步骤生产出来的；比绿茶多了一个发酵的过程。红茶具有红汤红叶，经久耐泡和香甜味醇的特征。按其加工的方法与出品的茶形，一般又可分为三大类：小种红茶、工夫红茶和红碎茶。我国红茶品种以祁门红茶最为著名，为我国第二大茶类；除我国外，红茶的主要产地还有斯里兰卡、印度、肯尼亚等地。

（三）白茶

白茶是福建省的特种外销茶类，主要产于福建的政和、福鼎等地，名品有白毫银针、白牡丹等。古代白茶是采自“白茶树”的鲜叶制成的。据《大观茶论》载：白茶自为一种，与常茶不同，其条敷阐，其叶莹薄，崖林之间，偶然生出……芽英不多，尤难蒸焙，汤火一失，则已变而为常品。传统白茶鲜叶采自适宜的茶树品种，以独特的“不炒不揉”工艺制成，品质别具一格。白茶是不发酵的茶叶，加工过程中不揉捻，仅经过萎凋便将茶叶直接干燥制成。白茶色白如银，汤色浅淡或初泡无色，滋味鲜醇，毫香明显。现代白茶又增加了新工艺白茶、福建雪芽和仙台大白。白茶性清凉，民间认为可治病，被海外侨胞视为珍品。

（四）乌龙茶

乌龙茶是半发酵茶叶，又称“青茶”，始现于清朝。乌龙茶素以香高味浓著称，这与乌龙茶选用的茶树品种独特，鲜叶采摘比较成熟，并采用晒青、做青的特殊制茶工艺，在适宜的制茶环境中，诱发内含物的变化与转化，形成特有的“绿叶红镶边”和“三红七绿”的品质特征。其特点是叶色青绿，汤色金黄，香气芬芳浓郁，既有红茶的醇厚，又有绿茶的清香。乌龙茶的产地主要集中在福建、广东、台湾一带，名品有福建的武夷岩茶、铁观音、广东凤凰单枞，台湾的乌龙等。

（五）黄茶

黄茶是所有茶类中最稀有的，是中国安徽、四川、浙江和湖南省的特产。作为中国特产茶类，黄茶的生产历史悠久，唐朝时就成为贡品，真正大量生产发展在 1954 年以后，其特点是黄叶黄汤，酯型儿茶素大量减少，香气清悦醇和，味厚爽口。黄茶按制茶原料老嫩分为黄小茶（芽茶型）和黄大茶。黄小茶主要有湖南的君山银针，北港毛尖、四川蒙顶黄芽、湖北远安的鹿苑茶、浙江平阳黄汤、安徽霍山黄芽等。黄大茶主要有安徽金寨、六安黄大茶、湖北英山黄大茶和广东大叶青茶等。

（六）黑茶

黑茶，是具有 400 多年历史的后发酵制成的一种独特的茶。在中国，黑茶通常被称为边销茶，从字面上讲，边茶通常被压缩成砖块形式并在中国西部少数民族地区销售。黑茶的名字来源于干粗茶叶的颜色，是由旧粗原料和长时间堆积发酵生产而成的。黑茶的特点是叶色油黑或褐绿，汤色褐黄或褐红，香气纯，味不涩。由于黑茶含有丰富的营养素，最显著的维生素和矿物质，加上蛋白质、氨基酸、糖类物质，因而黑茶是西北居民吸收矿物质和维生素的重要来源，甚至称黑茶为“生命之茶”。根据产地和生产过程，可分为湖南黑茶、湖北黑茶、四川黑茶、滇贵黑茶等。

四、中国十大名茶

中国的茶类品种万紫千红，名茶在国际上享有很高的声誉。名茶，有传统名茶和历史名茶之分，名茶之所以独特，是因为茶叶在色、香、味、形四个方面，往往以“色绿、香郁、味醇、形美”四绝著称。人们对其概念尚不统一，仅以“十大名茶”为例，就有数种不同说法。下面采用 1915 年巴拿马万国博览会列出的中国十大名茶：西湖龙井、碧螺春、信阳毛尖、君山银针、黄山毛峰、武夷岩茶、祁门红茶、都匀毛尖、安溪铁观音、六安瓜片（见表 7-1）。

表 7-1 中国十大名茶

名称	产地	特点
西湖龙井	浙江省杭州西湖山	属绿茶，茶叶扁平光滑挺直，色泽嫩绿光润，香气鲜嫩清高，滋味鲜爽甘醇，叶底细嫩呈朵状
碧螺春	江苏省苏州市洞庭山	属绿茶，碧螺春条索紧结，蜷曲似螺，边沿上一层均匀的细白绒毛
信阳毛尖	河南信阳市	属绿茶，外形细、圆、光、直、多白毫，色泽翠绿，冲后香高持久，滋味浓醇，回甘生津，汤色明亮清澈
君山银针	湖南省君山岛	属黄茶，茶芽头茁壮，长短大小均匀，茶芽内面呈金黄色，外层白毫显露完整，且包裹坚实，茶芽外形很像一根根银针，雅称“金镶玉”
黄山毛峰	安徽省黄山市	属绿茶，茶外形微卷，状似雀舌，绿中泛黄，银毫显露，且带有金黄色鱼叶
武夷岩茶	福建省武夷山市	属青茶，叶端扭曲，似蜻蜓头，色泽铁青带褐油润，内质活、甘、清、香，有明显的岩骨花香
祁门红茶	安徽省祁门县	属红茶，外形条索紧结细小如眉，苗秀显毫，色泽乌润，茶叶香气清香持久，似果香又似兰花香，因而专称“祁门香”
都匀毛尖	贵州省都匀市	属绿茶，外形条索紧结纤细卷曲、披毫，色绿翠。香清高，味鲜浓，叶底嫩绿匀整明亮
安溪铁观音	福建泉州市安溪县	属青茶，清香雅韵，冲泡后有天然的兰花香，滋味纯浓，香气馥郁持久，有“七泡有余香之誉 ”
六安瓜片	安徽六安市	属绿茶，是唯一无芽无梗的茶叶，单片形体，无青草味；无梗确保茶味浓而不苦，香而不涩

五、中国茶文化与茶道

茶文化包括关于茶的物质文化、制度文化、行为文化以及心态文化四个方面的内容。而关于茶道的解释，吴觉农先生认为，茶道是“把茶视为珍贵、高尚的饮料，因茶是一种精神上的享受，是一种艺术，或是一种修身养性的手段”。庄晚芳先生认为，茶道是一种通过饮茶的方式，对人民进行礼法教育、道德修养的一种仪式。陈香白先生认为：中国茶道包含茶艺、茶德、茶礼、茶理、茶情、茶学说、茶道引导七种义理，中国茶道精神的核心是和。周作人先生则说得比较随意，他对茶道的理解为，“茶道的意思，用平凡的话来说，可以称作为忙里偷闲，苦中作乐，在不完全现实中享受一点美与和谐，在刹那间体会永久”。

可见，关于茶道的解释尚未统一，但能明确的是茶道，应该是茶文化中的行为和心态文化，属于精神文明的范畴。茶道是以修行得道为宗旨的饮茶艺术和精神，包括了茶艺、礼法、环境和修行四大要素，是茶文化的核心部分。中国的茶道精神，据庄晚芳先生归纳的中国茶道的基本精神为“廉、美、和、敬”。他解释说：“廉俭育德、美真廉乐、合诚处世、敬爱为人。”通俗来讲，茶道是一种通过饮茶的方式，对人民进行礼法教育、道德修养的一种仪式，引导个体在美的享受过程中走向完成品格修养以实现全人类和谐安乐之道，表现为四个方面：中和之道、自然之性、清雅之美以及明伦之礼。

茶道最早起源于中国，中国人至少在唐或唐以前，就在世界上首先将茶饮作为一种修身养性之道，唐朝《封氏闻见记》中就有这样的记载："茶道大行，王公朝士无不饮者。"这是现存文献中对茶道的最早记载。当时社会上茶宴是一种很流行的社交活动。唐吕温在《三月三茶宴序》中对茶宴的优雅气氛和品茶的美妙韵味，都做了非常生动的描绘。在唐宋年间，人们对饮茶的环境、礼节、操作方式等饮茶仪程都很讲究，有了一些约定俗称的规矩和仪式，茶宴已有宫廷茶宴、寺院茶宴、文人茶宴之分。

阅读材料 7-2：

第二十六届上海国际茶文化旅游节开幕

2019 年 9 月 5 日，以"茶，品位高品质生活"为主题的第二十六届上海国际茶文化旅游节在上海展览中心开幕。旅游节汇集了来自浙江、安徽、云南、湖北、广西、福建、贵州等地的茶业、旅游和文化创意企业。

本届茶文化旅游节突显"文化为魂、茶旅为体"理念，通过"丝路源起""唐宋元明清沉浸式情景体验""四雅工匠回廊"等展厅，为观众呈现了一场文旅融合后全新升级的茶文化盛宴。展会面积 6 800 平方米，设展位 200 余个，展出了各类新茶名茶、茶制品、茶科技产品及茶衍生产品、茶具茶器等，并推出讲座、少儿茶艺展示、茶艺技能竞赛、茶叶推介、旅游推广等近百场活动。

据本届茶文化旅游节组委会副秘书长、上海静安区文化和旅游局局长陈宏介绍，今年是静安文化与旅游融合的第一年，围绕传承中华优秀传统文化和以茶修身的主题，本届旅游节更注重文旅融合、交流展示和惠及民生，突出商贸与文旅相结合、传承与创新相结合、普及与提升相结合、一周与全年相结合，今年"茶文化和旅游进社区"将继续在静安区各街道、镇开展一系列活动，如识茶品茶、饮茶保健、饮茶养生、茶文化知识讲座和文明旅游宣讲等，给市民带来更多样、更优质的文旅融合体验。

（资料来源：https://www.mct.gov.cn/whzx/qgwhxxlb/sh/201909/t20190910_846747.htm）

第四节　中国酒文化

一、酒文化的概念及内涵

酒，在许慎《说文解字》中记载：酒，就也，所以就人性之善恶也。《释名》中记载：酒，酉也，酿之米曲，酉泽久而味美也。酒文化是文化的一个组成部分，是指酒在生产、销售、消费过程中所产生的物质文化和精神文化总称。酒文化包括酒的制法、品法、作用、历史等酒文化现象。既有酒自身的物质特征，也有品酒所形成的精神内涵，是制酒饮酒活动过程中形成的特定文化形态。

随着社会的发展和酿酒业的普遍兴起，酒逐渐深入人们日常活动的各个领域，酒事活动也随之广泛，并逐渐程式化，形成较为系统的酒风俗习惯。在中国各族人民的日常生产、生活、社交活动中，酒与民风民俗保持着血肉相连的密切关系。诸如农事节庆、婚丧嫁娶、生日寿庆、庆功祭奠、迎送宾客等民俗活动，酒不仅成为必备物品，也成为一种特殊的文化载体，在人类交往中占有独特的地位。

二、酒及饮酒的起源

酒是用高粱、麦、米、葡萄或其他水果等原料经糖化、发酵制成的含有食用酒精等成分的饮品。有关酒的起源问题，历史上出现了很多说法。由于中国酿酒起源早于文字问世，所以，有文字记载的酿酒信息只能对更早时期的情况进行追溯性的推断。

古人论及酒之发明，主要附着于两位人物，一位是仪狄，一位是少康（也叫杜康）。仪狄与禹同时，少康则晚于禹五代，亦为夏朝君主。古代最早涉及酒类的文献资料，总离不开他们的形象，如《世本》卷一有言："帝女仪狄始作酒醪，变五味；少康作秫酒。"《战国策·魏策二》有言："昔者帝女仪狄作酒而美，进之禹，禹饮而甘之。"《古今图书集成》食货典卷引晋人江统《酒诰》云："酒之所兴，肇自上皇，或云仪狄，一曰杜康。"仪狄是夏禹时代司掌造酒的官员，宋代司马光曾用"酒醴乃人功，后因仪狄成"的诗咏来肯定仪狄的作用。元初人赵文更有发自肺腑的倾诉："前有一尊酒，有酒即无愁。吾评仪狄功，端与神禹侔。微禹吾其鱼，微狄吾其囚。人生十九不如意，一醉之外安所求。"可见，杜康和仪狄都是发明酒的人，由于民间流传的杜康造酒则派生出许多俗文化的形态，更加深了人们对酒的发明人的认可，也就有更多的人信奉杜康造酒的传说。宋人高承《事物纪原》卷九就曾感叹："不知杜康何世人，而古今多言其始造酒也。"唐人李瀚编著儿童识字课本《蒙求》，也要把"杜康造酒"与"仓颉制字"相提并论，视为同一类型的发明。凡是生产酒和销售酒的场所，杜康均被奉为行业神，清人周召《双桥随笔》卷六这样描述："市井中人，酒保则祀杜康，屠户则祀樊哙……鬻茶者以陆羽为茶臣。"这种行业性质的崇拜，始终把杜康推到酒业的最高位置，杜康不仅作了酿酒的祖师，更是酒的代名词，在今天河南汝阳有为纪念杜康而建造的酒祖殿。

除了杜康、仪狄造酒外，关于酒和饮酒的起源也有其他说法。其一把酒的发明追溯到上古"尧"的时代。宋人窦苹在《酒谱·酒之源》指出："世言酒之所自者，其说有三。其一曰……尧舜千种，则酒作于尧，非禹之世也。"《宋史》卷一三八《乐志》也列出这样的辞章："舜韶更奏，尧酒浮觞，皇情载怿，洪算无疆。"唐人白居易在《太平乐词二首》所言："湛露浮尧酒，熏风起舜舞。愿同尧舜意，所乐在人和。"其二认为黄帝时人们就已经开始酿酒。《黄帝内经·素问》中记载了黄帝与岐伯讨论酿酒的情景，黄帝问道："为五谷汤液及醪醴如何?"岐伯答曰："必以稻米，炊之稻薪，稻米者完，稻薪者坚。"书中还提到一种古老的酒——醴酪，即用动物的乳汁酿成的甜酒。但《黄帝内经》一书实乃后人托黄帝之名而作，其可信度尚待考证。其三认为猿猴造酒。明代文人李日华在《蓬栊夜话》中记载："黄山多猿猱，春夏采杂花果于石洼中，酝酿成酒，香气溢发，闻娄百步。野樵深入者或得偷饮之，不可多，多即减酒痕，觉之，众猱伺得人，必嬲死之。"清代文人李调元在《粤东笔记》中记述："琼州（今海南岛）多猿……尝于石岩深处得猿酒，盖猿以稻米杂百花所造，一石六辄有五六升许，味最辣，然极难得。"清代《清稗类钞·粤西偶记》中也说："粤西平乐等府，山中多猿，善采百花酿酒。樵子入山，得其巢穴者，其酒多至娄石。饮之，香美异常，名日猿酒。”其四认为酒是农业生产的附带产物，因为最早的酒都是用谷物酿造出来的，先有谷物而后有酿酒。为此《淮南子·说林训》首先提出了“清醠之美，始于耒耜”的观点。晋朝人江统《酒诰》有云：“有饭不尽，委余空桑，郁积成味，久蓄气芳。本出于此，不由奇方。”

阅读材料 7-3：

敦煌壁画揭秘河西走廊千年酒文化

榆林窟第 3 窟的酿酒图（敦煌研究院供图）

敦煌研究院从敦煌壁画和文献里梳理了古人立夏酿酒、开设酒肆、饮美酒消夏的千年河西走廊酒文化。

河西走廊素有“河西酒廊”之称，从古至今酒文化盛行，敦煌在河西最西端，作为古代东西方文化交流的丝路重镇，早在魏晋时期，敦煌酿酒业已颇负盛名。

莫高窟第 146 窟中描绘的五代时期的露天酒肆（敦煌研究院供图）

店家把餐桌从室内挪到户外，整条街道都热闹起来，空气中弥散着佳肴美酿的香味。

据敦煌研究院解读，古代敦煌，高档的是麦酒，普通的是粟酒，还有葡萄酒。酿酒的专业户中，分官酒户、寺院酒户以及众多的私人酒户。私人酒户一般采用传统的卧酒法，即将蒸煮后的麦、粟发酵，产生酒液，这种酒的浓度较低。

在敦煌壁画中出现了先进的酿酒技术，榆林窟第3窟的酿酒图采用的蒸馏法，在酒锅上有一套方形套叠的蒸馏设备，从而大大提高了酒的浓度，得到较为纯净的酒，即烧酒。酿酒时，还以女性司炉。

莫高窟第12窟中描绘的晚唐时期的帐篷酒肆（敦煌研究院供图）

唐宋时期敦煌地区饮酒渐成风气，到了岁时节令的庆典活动或喜庆之日，更是要畅饮庆贺。敦煌研究院称，在敦煌，酒还有一项特殊社会功能，即奖惩之用。

敦煌文献记载，吐蕃时期的敦煌僧人龙藏先前务农种田生活拮据，改行经营酒店后便成了“小康人家”。当时，敦煌的酒肆比比皆是。

事实上，敦煌壁画中的酒肆画面从盛唐到五代均有绘制，莫高窟第146窟中描绘了五代时期的露天酒肆，多设在宽敞的原野，在花树环抱之中，人们坐在长形酒桌两边的条凳上开怀畅饮，同时还欣赏舞伎的表演。

莫高窟第108窟中描绘的中唐时期的宅子酒肆（敦煌研究院供图）

莫高窟第12窟中还记载着晚唐时期的帐篷酒肆，即以简易的布幕帐篷搭成，更大众化，更接地气。百姓来此任意喝上一碗，称作“打碗”。可以随时售卖零酒，因此也叫“散酒店”。

此外，莫高窟第108窟中还有中唐时期的宅子酒肆，这属于档次较高，多为仕宦阶层来此消费，往往设在一间庑殿顶、带鸱吻的宅子内，装修豪华，宅外设舞伎表演，宅内围坐的酒客群中还有乐队演奏。

从敦煌研究院的解读中发现，博大精深的敦煌文化里亦记载着“立夏之夜，坐听虫鸣，举杯邀月，别有一番抒怀的风景”这样美好的古人生活日常和时令节气文化。

（资料来源：http://ishare.ifeng.com/c/s/v0021UvvFS1z0Mjv3rLLcahMUw9gyyNGu3swqBew9DpIEng__）

三、酒的种类

（一）按酿造方法分类

1. 发酵酒

发酵酒又称酿造酒、原汁酒，这类酒酿造以后，只经过简单澄清、过速、贮藏以后即作为成品。其特点是酒度低，一般在3%~8%（v/v），保质期短，不宜长期贮藏。如黄酒、葡萄酒和啤酒。

2. 蒸馏酒

这类酒是用各种原料酿造产生酒精后的发酵液、发酵醪或酒醅等，经过蒸馏技术，提取其中酒精等易挥发物质，再冷凝而制成。其特点是含酒精高，一般在30%（v/v）以上，致醉性强。如白兰地、威士忌、朗姆酒和中国的白酒。

3. 配制酒

此类酒品种多，制造技术也极为不同，它是以酿造酒或蒸馏酒或食用发酵酒精为酒基，用混合蒸馏、浸泡、萃取液混合等各种方法，混入香料、药材、动植物、花等组成，使之形成独特的风格。这类酒差异很大，但共同特点是经过风味物质、营养物质或疗效性物质等强化的酒。其酒精浓度通常介于发酵酒和蒸馏酒之间，一般在18%~38%（v/v）范围内。配制酒的品种繁多，风格各有不同，划分类别比较困难，较流行的分类法是将配制酒分为Aperitif（开胃酒）、Dessert Wine（餐后甜酒）、Liqueur（利口酒），以及中国的配制酒（如竹叶青酒、五加皮酒、北京虎骨酒）、药酒。

（二）按照用途分类

1. 白酒

白酒又称烧酒、老白干、烧刀子等，以谷物及薯类等富含淀粉的作物为原料，经过糖化、发酵、蒸馏制成，酒质无色（或微黄）透明，气味芳香纯正，入口绵甜爽净，酒精含量较高，一般酒度在40度至65度。白酒根据曲种不同，白酒分为“大曲酒”“小曲酒”“麸曲酒”“混曲酒”等。白酒因酿造所采用的原料不同，所选用的糖化发酵剂不同，所使用的发酵容器设备不同，所采取的酿造工艺不同，所处酿造环境的气候条件不同，从而产生各不一样的香韵特点，目前普遍认可的是五类香型（见表7-2）。

表7-2　白酒的五类香型

香型	特点	举例
酱香型	也称茅香型，属大曲酒类，其酱香突出，幽雅细致，酒体醇厚，回味悠长，清澈透明，色泽微黄	如茅台酒、湟金梦、古酱坊酒、国台酒、百年酱坊酒、酱门传奇酒、天长帝酒、酱客3721、罗氏家酒、罗酱1987等
清香型	也称汾香型，属大曲酒类，其清香纯正，醇甜柔和，自然协调，余味爽净，可概括为“清、正、甜、净、长”的特点	如山西汾酒、浙江同山烧、河南宝丰酒、青稞酒、河南龙兴酒、厦门高粱酒、天长帝酒等
窖香型	也称浓香型、泸香型，其芳香浓郁、绵柔甘冽，香味协调、入口甜、落口绵、尾净余长	如五粮液、泸州老窖和洋河大曲等
米香型	也称蜜香型，属小曲酒类，其酒质特点琥珀色，蜜香清雅，入口绵甜，落口爽净，回味怡畅，具有令人愉快的药香	如桂林三花、冰峪庄园大米原浆酒等
混香型	也称复香型、兼香型，属大曲酒类，其特点是绵柔、醇甜、味正、余长	如董酒、郎酒，西凤酒，湖北白云边，湘泉湘酒等

2. 黄酒

黄酒是我国特有的酿造酒，与啤酒、葡萄酒并称世界三大古酒。黄酒以稻米、黍米、黑米、玉米、小麦等为原料，经过蒸料，拌以麦曲、米曲或酒药，进行糖化和发酵酿制而成，酒度一般在16°~20°，属于低度酿造酒，其颜色黄亮，香气浓郁，富含营养，含有21种氨基酸，故被誉为“液体蛋糕”。黄酒产地较为广泛，品种琳琅满目，名称丰富多样，其分类方式一是按酒的产地来命名，如代州黄酒、绍兴酒、金华酒、丹阳酒等；二是按酿造黄酒所使用的曲种分为“麦曲黄酒和红曲黄酒”。

3. 果酒

果酒是以各种含糖量较高的水果为原料，经糖化发酵后压榨过滤而成的低度饮料酒，一般应具有原果实特有的香气，度数一般在15°左右，主要包括葡萄酒、苹果酒、山楂酒等，其中以葡萄酒最为著名。

葡萄酒是用新鲜的葡萄或葡萄汁经发酵酿成的酒精饮料。其按颜色可以划分为白葡萄酒、红葡萄酒、桃红葡萄酒；按葡萄酒中含糖量可分为干葡萄酒、半干葡萄酒、半甜葡萄酒和甜葡萄酒。

4. 啤酒

啤酒是以麦芽（包括特种麦芽）、水为主要原料，加啤酒花（包括酒花制品），经酵母发酵酿制而成的、含二氧化碳的、起泡的、低酒精度的发酵酒。啤酒于20世纪初传入中国，属外来酒种。啤酒是人类最古老的酒精饮料，是继水和茶之后世界上消耗量排名第三的饮料。世界著名品牌的啤酒有比利时生产的特拉普啤酒、美国啤酒、麦城黑啤酒等，中国著名品牌的啤酒有西藏青稞啤酒、青岛啤酒、北京华润雪花啤酒、北京燕京啤酒、郑州金星啤酒、哈尔滨啤酒等。

5. 米酒

米酒，又叫酒酿，甜酒，江米酒。旧时叫“醴”。用糯米酿制，是汉族传统的特产酒。其酿制工艺简单，口味香甜醇美，含酒精量极低。米酒含有十多种氨基酸，其营养成分更易于人体吸收，是中老年人、孕产妇和身体虚弱者补气养血之佳品。唐代有“把酒话桑麻”和“樽酒家贫只旧醅”的诗句，可见当时农家已有自酿自饮和用米酒待客的风俗。大家所熟悉的《游山西村》：“莫笑农家腊酒浑，丰年留客足鸡豚。”这首诗中提到的腊酒，就是俗称的“米酒”，因是腊月酿制，春节饮用，故也称“腊酒”或“春酒”。

6. 药酒

药酒是将强身健体的中药与酒“溶”于一体，使得药借酒力、酒助药势而充分发挥其效力，提高疗效。最早的药酒命名，如《内经》中的“鸡矢醴”及《金匮要略》中的“红蓝花酒”等，多以单味药或一方中主药的药名作为药酒名称，中国药酒是中医的一部分，一般分为四类：滋补类药酒（如五味子酒、十全大补酒、人参酒、枸杞酒等），活血化瘀类药酒（如当归酒），抗风湿类药酒（如三蛇酒、五蛇酒），壮阳类药酒（如多鞭壮阳酒、淫羊藿酒、参茸酒、海狗肾酒）。

（三）按酒精含量分类

按酒精含量可分为：

（1）低度酒。酒中含酒精成分在20%（v/v）以下的酒类。

（2）中度酒。酒中含酒精成分在20%~40%（v/v）的酒类。

（3）高度酒。酒中含酒精成分在40%（v/v）以上的酒类。

四、中国四大名酒

中华人民共和国成立后，中国对白酒共进行过五次的国际级评比。1952年，第一次开展了全国性评酒会，评选出了四种国家级名酒：贵州茅台、泸州老窖、山西汾酒、陕西西凤酒。随后，1963 年、1979 年、1984 年和 1989 年举办了四次全国评酒会，前两次评选出八大名酒，后两次评选出的名酒逐渐增多。中国四大名酒如表 7-3 所示。

表 7-3　中国四大名酒

名称	香型	产地	特点
贵州茅台	酱香型	贵州省仁怀县茅台镇	有"国酒"之称，与苏格兰威士忌和法国干邑白兰地一起，它被誉为世界三大名酒之一。酒液无色透明，饮时醇香回甜，无悬浮物及沉淀，酒香突出，幽雅细腻，酒体醇厚，回味悠长，空杯留香持久，经久不散
泸州老窖	浓香型	四川省泸州市	无色透明、窖香幽雅、绵甜爽净、柔和协调、尾净香长、风格典型
山西汾酒	清香型	山西省汾阳市兴化村	入口绵、落口甜、饮后余香、回味悠长
陕西西凤酒	其他香型	陕西省凤翔县柳林镇	醇香典雅、甘润挺爽、诸味协调、尾净悠长、不上头、不干喉、回味愉快

核心知识小结

本章主要论述了中国饮食文化的相关知识，包括中国食文化、茶文化和酒文化三部分，重点探讨了中国食文化的特点、发展历程，中国饮食流派，中国风味小吃，茶文化和酒文化的基本内容，在茶文化和酒文化这两部分的论述中详细梳理了茶叶和酒的种类，并简单列举了中国十大名茶和四大名酒。本章通过对中国饮食文化的论述，希望作为旅游活动的参与者，不仅能正确理解旅游文化，也能在增强文化自信、拓展文化视野、提升自身的文化素养方面发挥积极的指导作用。

案例解析

成都博物馆 130 件（套）文物揭秘"民以食为天"

香格里拉成都熊猫亚洲美食节将于 2019 年 5 月 15 日启动。作为配套展览之一的"民以食为天——餐桌上的文化之旅"，已在成都博物馆免费开展。5 月 10 日，该展策展团队揭晓了 130 件（套）文物中的诸多精品。这些 3 000 多年前至明清时期的文物，共同呈现出中华饮食文化的丰富多彩。

此次展览以考古学、历史学、民族学研究成果为基础，以实物、图片、文献资料为支撑，梳理了中华饮食文化从先秦时期到明清时期的发展脉络，对饮食文化中所体现出的中外文明交流与互鉴进行了细致勾画，展示出中华饮食文化博大精深的同时，也证明了中华饮食对世界餐饮文化的影响。展览还通过对天府之国饮食文化亮点与特点的重点诠释，凸显天府饮食文化在中国乃至世界饮食文化中的独特地位。

展出的文物来自广东省博物馆、云南省博物馆、洛阳博物馆等9家国内博物馆。展览中最老的文物当属三星堆博物馆的商代陶质三足炊器。炊器成三足鼎立之势，足下可生火加温，袋状炊器中就可盛水置物，极似北方火锅。四川大学博物馆的唐代胡人抱角杯，是成都平原多元文化交会的证据之一：这件文物为邛窑烧造，刻画的人物是唐代在成都经商的胡人。展览中，还可以看到成都平原的陶池塘、陶灶、陶厨俑等，它们勾勒出在都江堰修筑后，成都平原"沃野千里""不知饥馑"的富庶景象。来自东莞展览馆的各种外销瓷也极为吸引眼球。清代中国海禁解除，外销瓷很快崛起，其中既有青花矾红描金花卉纹瓷碗这种日本风格的瓷器，也有来自景德镇窑和福建漳州窑的克拉克瓷，以及欧美国家皇室贵族等专门在中国定制的徽章纹瓷器。

值得一提的是，此次展览除展出精美文物外，还制作了大量图版，其中包括清代川菜第一书《醒园录》、清末烹饪名著《筵款丰馐依样调鼎新录》等资料，详尽揭示了现代川菜在清代中后期至民国初年，如何融合南北菜系发展定型。

思考与讨论：

1. 请选择案例中提到的天府饮食文化进行详细分析。

2. "民以食为天——餐桌上的文化之旅"展览对你有何启示？

复习思考

1. 什么是饮食文化？

2. 中国食文化、茶文化、酒文化的内涵分别是什么？

3. 中国食文化的特点是什么？有哪些菜系？其特点是什么？

4. 依据茶汤颜色和加工方法的不同，可将茶叶分为几类？其特点分别是什么？代表性茶有哪些？

5. 茶文化与茶道的基本内容分别是什么？我国茶道与日本茶道的联系与区别是什么？

6. 关于酒的起源有哪些说法？白酒的香型有哪些？特点是什么？代表性酒有哪些？

参考文献

格尔茨，2014. 文化的解释［M］. 韩莉，译. 南京：译林出版社.

梁漱溟，2018. 中国文化要义［M］. 上海：上海人民出版社.

孙隆基，2015. 中国文化的深层结构［M］. 北京：中信出版社.

杜甜甜，2017. 旅游文化［M］. 长沙：湖南师范大学出版社.

刘志红，2018. 旅游文化［M］. 北京：中国旅游出版社.

程庆，2010. 旅游文化［M］. 桂林：广西师范大学出版社.

张岱年，方克力，教育部高教司，2020. 中国文化概论［M］. 北京：北京师范大学出版社.

陈艳珍，张新凤，赵德辉，2017. 旅游文化［M］. 北京：北京理工大学出版社.

张作耀，蒋福亚，邱远猷，等，2000. 中国历史辞典［M］. 北京：国际文化出版公司.

张荣明，2019. 国学概论［M］. 北京：高等教育出版社.

张勇，2017.《老子》阴阳五行思想研究［D］. 武汉：华中师范大学.

万飘逸，2022. 秦汉阴阳家思想初探［D］. 武汉：武汉大学.

章启群，2018-05-23. 阴阳五行说与科学及真理之关系［N］. 中华读书报（5）.

许嘉璐，1991. 中国古代礼俗辞典［M］. 北京：中国友谊出版公司.

周远成，夏群芳，2005. 汉族姓氏演变源流述略［J］. 湖南城市学院学报（1）：75-80.

龚鹏，2016. 旅游文化［M］. 北京：北京理工大学出版社.

霍普费，伍德沃德，2018. 世界宗教［M］. 辛岩，译. 北京：北京联合出版有限公司.

杜继文，2018. 佛教史［M］. 南京：江苏人民出版社.

方立天，2012. 佛教哲学［M］. 北京：中国人民大学出版社.

詹石窗，2012. 道教文化十五讲［M］. 北京：北京大学出版社.

王卡，2019. 道教与道家思想史［M］. 郑州：中州古籍出版社.

南怀瑾，2016. 中国道教发展史略［M］. 上海：复旦大学出版社.

加尔文，2017. 基督教要义［M］. 钱曜诚，译. 上海：生活·读书·新知三联书店.

冈萨雷斯，2016. 基督教史［M］. 上海：上海三联书店.

赵林，2013. 基督教与西方文化［M］. 北京：商务印书馆.
施密特，2013. 基督教对文明的影响［M］. 上海：上海人民出版社.
金宜久，2019. 伊斯兰教史［M］. 南京：江苏人民出版社.
爱敏，2019. 阿拉伯伊斯兰文化史［M］. 成都：商务印书馆.
梁思成，2007. 中国建筑史［M］. 北京：百花文艺出版社.
楼庆西，2008. 中国传统建筑文化［M］. 北京：中国旅游出版社.
伊东忠太，2018. 中国建筑史［M］. 北京：中国画报出版社.
中国建筑工业出版社，2010. 宫殿建筑［M］. 北京：中国建筑工业出版社.
杨鸿勋，2012. 宫殿建筑史话［M］. 北京：社会科学文献出版社.
白云翔，2011. 民居建筑史话［M］. 北京：社会科学文献出版社.
北京市古代建筑研究所，2014. 陵墓［M］. 北京：北京美术摄影出版社.
徐建融，2013. 图说中国古典建筑：宫殿·陵墓［M］. 上海：上海人民美术出版社.
周红卫，2005. 繁花似锦，林木绝胜：谈拙政园的种植设计［J］. 美与时代（下半月）（1）：49-50.
周维权，2008. 中国古典园林史［M］. 3 版. 北京：清华大学出版社.
唐东芹，许东新，2001. 园林植物景观评价方法及其应用［J］. 浙江农林大学学报，18（4）：394-397.
朱建宁，杨云峰，2005. 中国古典园林的现代意义［J］. 中国园林，21（11）：1-7.
管宁生，1999. 试论园林艺术的美学特征［J］. 中国园林（3）：29-31.
杨圣敏，丁宏，2003. 中国民族志［M］. 北京：中央民族大学出版社.
宋蜀华，陈克进，2001. 中国民族概论［M］. 北京：中央民族大学出版社.
尹华光，2008. 旅游文化［M］. 北京：高等教育出版社.
钟敬文，2006. 民俗学概论［M］. 上海：上海文艺出版社.
吴澎，2014. 中国饮食文化［M］. 北京：化学工业出版社.
杜莉，姚辉，2016. 中国饮食文化［M］. 2 版. 北京：旅游教育出版社.
邵万宽，2016. 中国饮食文化［M］. 北京：旅游教育出版社.
共产党员网. 习近平在庆祝中国共产党成立 100 周年大会上发表重要讲话［R/OL］.（2017-07-01）［2022-09-22］. https://www.12371.cn/2021/07/02/VIDE1625156041226532.shtml.